Silja Luft-Steidl

Woher das Böse?

Die Lösung einer Menschheitsfrage bei Eugen Drewermann

VERLAG KARL ALBER

Diese theologische Magisterarbeit ist ein Beitrag für Wissenschaftler und allgemein Interessierte, die in der Frage nach dem Bösen Orientierung suchen. Seit Jahrtausenden verwirken Menschen ihr eigenes und gemeinsames Glück durch Einstellungen und Verhaltensweisen, die die kirchliche Tradition mit dem Begriff der »Sünde« erklärt. Ob man Sünde heute als verstaubten Begriff abtut oder am moralistischen Traditionsstrang der Selbstdisziplinierung festhält – die Erklärungsnot für Ursachen und Umgang mit dem Bösen bleibt bestehen.

Seit den 1980er-Jahren hat der von der Katholischen Kirche verfemte Theologe und Psychoanalytiker Eugen Drewermann Zusammenhänge zwischen den tiefenpsychologischen Motivationen, biblisch-mythologischen Überlieferungen und wiederkehrenden Verhaltensmustern der Menschen ans Licht gebracht, die das Bild vom sich selbst bezwingenden Menschen umkehrt und einbettet in eine Matrix existenzieller Bedürftigkeit: Kein Mensch könne »gut« sein, der sich nicht bedingungslos angenommen fühle. Drewermann appelliert damit an ein angstnehmendes Christentum sowohl im Individuellen als auch in den sozialen Verkettungen von Sünde und Schuld.

Silja Luft-Steidls Arbeit rekonstruiert Drewermanns Ansatz in den drei Horizonten seines Œuvres: der Theologie, der Psychologie und der Philosophie. Hermeneutisch wird Drewermanns Denken der Tauglichkeitsprüfung am konkret erfahrbaren Leid unterzogen und auch aus Vergleichsperspektiven erschlossen wie der Theologie Paul Tillichs.

Die Autorin:

Silja Luft-Steidls theologisches Interesse wurde in ihrer Jugendzeit einerseits durch evangelisch-kirchengemeindliche Laienarbeit ausgelöst, andererseits durch die persönliche Auseinandersetzung mit den Gewalten psychischen und somatischen Leidens. Zunächst, nach einem Abschluss als Diplom-Verwaltungswirtin, leitete sie 15 Jahre eine heilkundliche Herstellerfirma, bis sie 2005 ihr theologisches Magisterexamen in Erlangen ablegte. Inzwischen vertieft Silja Luft-Steidl das Gebiet Leiblichkeit, Heilung und Heil auch als Philosophin an der Universität Freiburg i. Br. sowie in freiberuflicher Bildungsarbeit. Dabei ist sie weitreichend um die in der Moderne zerbrochene Beziehung von Mensch und Religion, Mensch und Natur sowie Religion und Natur engagiert.

Seele, Existenz und Leben

Band 28:

Silja Luft-Steidl

Woher das Böse?

Die Lösung einer Menschheitsfrage
bei Eugen Drewermann

Lieber Harald,
aller Schmerz und
alle Liebe mögen
von unserer Freund-
schaft getragen sein.
Dir zu Weihnachten
2016
ganz herzlich

Verlag Karl Alber Freiburg / München

Silja

Seele, Existenz und Leben

Herausgegeben von
Rolf Kühn und Frédéric Seyler

Forschungsstelle für jüngere französische Religionsphilosophie,
Forschungskreis Lebensphänomenologie, Universität Freiburg
im Breisgau

und

Department of Philosophy
DePaul University, Chicago

Ursprünglicher Titel:
Die Sündenlehre Eugen Drewermanns –
Chance für eine moderne theologische Anthropologie?
Magisterarbeit im Fach Systematische Theologie / Dogmatik
an der Friedrich-Alexander-Universität Erlangen-Nürnberg
Vorgelegt im Mai 2005 von Silja Luft-Steidl

MIX
Papier aus verantwortungsvollen Quellen
FSC www.fsc.org
FSC® C083411

Originalausgabe

www.verlag-alber.de

Satz: SatzWeise GmbH, Trier
Druck und Bindung: CPI books GmbH, Leck

Printed in Germany

ISBN 978-3-495-48885-0

Inhalt

Technische Hinweise

Abkürzungen

Zur flüssigeren Lesbarkeit werden folgende Abkürzungen verwendet:

atl. = alttestamentlich
Exphil., exphil. = Existenzialphilosophie, existenzialphilosophisch
EEK = Evangelischer Erwachsenen Katechismus
J, j = Jahwist, jahwistisch
KKK = Katechismus der Katholischen Kirche
Psa., psa. = Psychoanalyse, psychoanalytisch

Hebräische Transkription derjenigen Buchstaben des hebräischen Alphabets, die in dieser Arbeit vorkommen:

Konsonanten:

ʾ = weicher Stimmeinsatz (Abend), hebr. Aleph
d = d, hebr. Daleth
z = weiches S (sehr), hebr. Zajin
m = m, hebr. Mem
n = n, hebr. Nun
ʿ = harter Stimmeinsatz (acht), hebr. Ajin
p = f, hebr. Pe
r = r, hebr. Resch
š = sch (waschen), hebr. Schin
t = t, hebr. Taw

Vokalzeichen:

ā = langer A-Laut (malen), hebr. Quames
a = kurzer A-Laut (lachen), hebr. Patach
ê = sehr langer E-Laut (Beet), hebr. Sere magnum
ĕ = kurzer Ä-Laut (kämmen), hebr. Segol parvum
ĭ = kurzer I-Laut (singen), hebr. Chireq parvum
ô = langer O-Laut (loben), hebr. Cholem magnum

Versuch eines fächerübergreifenden Vorworts

Das Böse – kann man es erklären? – wird man mit dem Thema überhaupt fertig? Man muss nicht den Kirchenkritiker Eugen Drewermann gelesen haben, um mit ihm zu meinen, in einem amtskirchlichen Katechismus von Missetaten sei das Thema nicht zu behandeln, ebenso wenig nach strafrechtlichen Kodierungen, nach ungeschriebenen gesellschaftlichen Moralvorstellungen oder nach Verhaltenslastern, die, von belanglos über harmlos bis gefährlich, den Alltag beeinflussen, sei es die Missachtung von Respektformen oder das Übertreten der Straßenverkehrsordnung. Indem sich die genannten Beispielgruppen überschneiden, zeigt sich schon das Gewaltige sowie schwer Greifbare der Thematik an. Und es scheint aus der formalen Perspektive, die immer nur Konstruktionen zur Bewältigung einer Sache erfasst, vieles unberücksichtigt oder in seinem Wesentlichen verschleiert zu werden, anders als wenn man in persönlicher Weise Gefühlen wie Ärger, Wut, Schmerz, Leid, und Resignation bis hin zum inneren Zerbrechen nachgeht, dort wo böses Verhalten in seiner Destruktionskraft erlebbar ist oder war. Und natürlich hat man auch Angst vor dem Bösen, sollte es einen selbst aktuell oder zukünftig treffen. Zur Erhaltung einer möglichst unbeschadeten Existenz in der modernen zivilisierten Gesellschaft ist solche Angst das Geschäft der Versicherungsunternehmen. Das Böse sind ja, vordergründig beurteilt, immer »die Anderen«.

Soweit soll die Erfahrungsebene des Bösen angeschnitten werden, und es ist die Frage, ob man sich diesem Thema im Rahmen einer nach übergeordneten Gesichtspunkten denkenden systematischen Philosophie tiefer nähern kann. Der Philosophiehistorikerin Susan Neiman gebührt das Verdienst, mit ihrer Schrift »Das Böse denken« (2003) klargestellt zu haben, wie Philosophie in ihrem Fragen nach den Gründen, dem Sinn und dem sinnhaften Bewältigen des Seins unausgesprochen immer schon von der Problemstellung ausging, dass die Welt nicht gut, sondern böse sei. Oder, wie sie sich Wittgensteins Diktum zu eigen macht: Das Offensichtlichste ist das Verborgenste. Dabei unterliegt die Epoche der Aufklärung der Prämisse, die deutlich der erste Absatz dieses Vorworts widerspiegelt, das Böse ausschließlich im menschlich-moralischen Bereich zu verorten. Dagegen wurde es in früheren Epochen auch mit äußeren Übeln wie z. B. Naturkatastrophen als Kontrast zu einer eigentlich wohlgeschaffenen Naturordnung verbunden. Was Neiman nicht erwähnt, ist die Tatsache, dass gerade in der theistischen Ordnung äußere Übel zumeist personifiziert oder mit der Moral der Menschen in Verbindung gebracht wurden. Als man physikalisch definierte Naturkräfte, Mikroben oder Schadstoffimmissionen noch nicht kannte, wurden Unfälle vielfach als Folgen von Geisterwirken oder göttlichem Strafen bewertet, wurden Brunnen vergiftet durch Teufels-Paktierer, fielen Kinder in Öfen oder Gewässer, weil sie vom bösen Blick getroffen waren. Insofern kann auch früher schon das Böse in seinem Kern als ein menschliches Problem bezeichnet werden.

Seit Kant Gott hinter die Grenze der Erkenntnis verlegt hat, sollte die Welt eine wissenschaftliche werden. Zu dieser Zeit zerbrach das Erdbeben von Lissabon, 1755, den Optimismus der Aufklärung, die Welt zu verbessern, und machte die Desillusionierung zum wissenschaftlichen Programm. Wenn Susan Neiman das Entsetzen über Lissabon als einen Meilenstein der modernen Weltanschauung ansieht, so setzt sie das moralische Grauen von Auschwitz mit seiner Sprachlosigkeit und Unfassbarkeit als Grenze, Fortschritt mit den Möglichkeiten der Vernunft überhaupt bewältigen zu können. Mit Ausnahme von Hannah Arendt hat ja tatsächlich niemand die philosophische Beschäftigung mit den Entstehungsbedingungen von Auschwitz gewagt. Vielleicht gelangt man an dieser Grenze des Wissenschaftlichen wieder zu Gott – Neiman jedenfalls schreitet in ihrer Geschichtsmetrik fort bis zum 11. September 2001 und meint, man stünde seit diesem Schreckensszenario mit seiner Offensichtlichkeit, insofern es politisches Versagen eruptierte, im Zeitalter der Einsicht zur bürgerlichen »Verantwortung«, also einer restaurierten kantianischen Moral. Gerade der erschütterte Mensch solle sich moralisch bezwingen zum gedeihlichen gesellschaftlichen Engagement. Vom Prinzip her erinnert das an die alttestamentliche Bibelstelle Gen 4,7b, wonach der junge Kain den Hass auf seinen Bruder bezwingen soll. Eugen Drewermann gefällt diese Stelle im wörtlichem Sinn überhaupt nicht, obwohl Kain dann das Abscheulichste tut: Er ermordet seinen Bruder.

Eugen Drewermann fragt nicht historisch, sondern existenziell, er folgert nicht moralisch, sondern therapeutisch. Man *sollte* Eugen Drewermann gelesen haben, um Anleitungen zum Tiefenverständnis der menschlichen Seele zu finden, in der sich das Verhalten eines jeden Menschen sedimentiert und zusammenbraut. Als ich 2005 die Drewermannsche Sündenlehre zum Thema meiner theologischen Magisterschrift wählte, hatte ich aus dieser Lektüre so viel erfahren, dass ich es schade fand zu bemerken, wie die Rezeption und Nachfrage des Drewermann-Œuvres um dieses theologisch-psychologisch-philosophische Kernthema seines Arbeitens eher einen Bogen macht. Mit Drewermanns Schlüsselschrift »Strukturen des Bösen« (1988) liegt ein dreibändiges Werk vor, das den Auftakt seines wissenschaftlichen und sodann schriftstellerischen Werdegangs bildete und seine später sehr populär gewordenen Themen der Gnade, der Liebe und der Selbstfindung von einer anthropologischen Problemstellung her aufschließt. Schließlich bildet diese Schrift auch für Drewermanns pazifistisches Engagement eine ideelle Fundierung. »Das Böse« entpuppt sich hier in existenzieller Weise glasklar als ein rein menschliches Problem. Tiere sind im Prinzip nicht böse, weshalb der Zoologe Konrad Lorenz vom »sogenannten« Bösen sprach. Vielleicht nur höhere Tiere in ihren seelischen Überschneidungsformen zum Menschlichen sind es, etwa ein Hund, der aus Eifersucht ein Menschenbaby zerbeißt. Pflanzen und mikrobielle Lebensformen sind erst recht nicht böse. Sie können nicht bewusst-selbstbestimmt auf ihre Umwelt reagieren. Man erahnt spätestens aus dem Vergleich der Lebensformen, dass das Böse etwas mit der menschlichen Freiheit zu tun hat und mit einer hoch ausgeprägten seelischen Verletzlichkeit. Daher soll in diesem Vorwort das Teilgebiet der Anthropologie als fachliche Schnittstelle zwischen Theologie, Philosophie, Sozial- und Humanwissenschaften fungieren. Methodisch möchte ein Aufzeigen von Beispielphänomenen zu Einsichten verhelfen, denn Denken, das Eugen Drewermann in die Strukturen der menschlichen Seele folgen will, sollte sich am besten aus einer betroffenen Perspektive an persönlich erfahrbaren Phänomenen des geläufigen Lebens abtasten.

Vor Abfassung meiner Magisterarbeit hatte ich Drewermanns Auseinandersetzung mit dem Bösen, in der jüdisch-christlichen Religiosität unter den Fundamentalbegriff »Sünde« gefasst, mehrere Jahre aus eher privatem Interesse studiert. Inhaltlich meinte ich damals so viel verstanden zu haben, als dass mein aus Drewermanns Schrift übernommenes Prologion eines islamischen Mystikers, »Sünde ist, dass du da bist – eine schwerere gibt es nicht«, prägnanter die Intention Drewermanns und das Wesen der menschlichen Bosheit nicht ausdrücken könnte. Nebenbei bemerkt berührte mich die undogmatische und interkulturelle Reichweite der Mystik angenehm, insofern der verfasste Islam den Terminus der Sünde nicht besitzt. Aber ist dieser Satz, den ich treffsicher in die Magisterschrift übernahm, nicht schlimmste Zumutung? Wer Eugen Drewermann gelesen und gehört hat, kennt in ihm alles andere als einen Unterdrücker und Züchtiger der menschlichen Disposition. Und wer könnte nicht selbst wieder anführen: *Wohl* sind die Anderen die Bösen, ich selbst wurde zum Guten viele Jahre meiner Kindheit und Sozialisation so intensiv erzogen, dass ich dessen Spielregeln kenne und beherrsche. Gottlob, wo es so ist. Wo nicht – das Böse würde sich in einem marginalen Rahmen der Fahrlässigkeit und der Überforderung abspielen, womit die Strafanstalten recht leer wären, manche Versicherungsverträge überflüssig blieben und die Angst vor Krieg gar, Wahnsinn noch der modernsten Menschheit, sich weiträumig legen könnte. Die Abrüstung westlicher Industriemächte auf Basis besserer Erziehungsprogramme – Eugen Drewermann im Stand seiner Kenntnisse und Erfahrungen würde hohnlachen, doch Gutmeinende würden dies aufrichtig unterstützen. Aber leider gibt es »die Anderen«, deren Bosheit meine Schutzeinrichtung erfordert und schlimmstenfalls meinen Gegenschlag. So erfährt die Macht und die Widerständigkeit des Bösen jedes kleine Kind: Der Bruder hat mich im Zorn geschlagen, die Freundin hat aus Neid mein Spielzeug weggenommen. Durch Gegenschlag oder Erdulden, Entladen oder vorübergehendes Speichern der Aggression führen die im Menschen genetisch angelegten, in der Kultur tradierten und hier in ihrer Dynamik bisher nicht bewältigten Reaktionsmuster zu dem, was René Girard als Spirale der Gewalt bezeichnet hat, basierend auf dem Sündenbockmechanismus.

Bei Tieren, folgerte der vergleichende Verhaltensforscher Konrad Lorenz (1963), könne bis auf Ausnahmefälle und -situationen das Erleiden fremder Aggression in gegenseitige Reaktionen gelenkt werden, die eine Eskalation, insbesondere die Vernichtung von Artgenossen, vermeiden. Intraspezifisch sei die Aggression sogar notwendig zur Arterhaltung im Zuge des Revierbedarfs, der Nahrungsbeschaffung und der Nachwuchspflege. Nach Lorenz ist eine Tierart mit umso größeren instinktiven Tötungshemmungen ausgestattet, je größer ihre Tötungsmöglichkeiten aufgrund der körperlichen Ausstattung sind. Da der Mensch ursprünglich, physisch gesehen, keine Tötungsmöglichkeiten gegen den Artgenossen besaß, habe er auch keine instinktiven Hemmungen von der Natur mitbekommen. Dies veränderte sich mit der Entwicklung des Gehirns und der Herstellung von Werkzeugen und Waffen. Eine gefühlsmäßig-instinktive Moral, wie die Kultur sie geschaffen habe, könne nach Lorenz überschaubaren Lebensmustern nützen, nicht mehr aber Strukturen der modernen Komplexität oder gar der Ausschaltung des Anschaulichen durch technologisch geführte Massenvernichtungswaffen. Außer solchem phylogenetisch begründeten Aggressionsverständnis entstanden im 20. Jahrhundert mehrere Theorien, tiefenpsychologisch basierte (voran Freuds Lehre vom Lebens- und Todestrieb), lernpsychologisch und soziologisch abgeleitete Modelle. Heute gilt Aggression als zu komplexes Verhalten, um auf ein einziges Muster reduziert zu werden. Verschiedene Modelle, etwa das Frustrations-Aggressionsmodell nach N. E. Miller (1941) und der lernpsychologische Ansatz von B. F. Skinner (1937) sind, mehr auf die individuellen oder sozialen Konditionen bezogen, in das allgemeine Bewusstsein zur Gewaltentstehung mit eingeflossen. Sie alle nützen den Maßnahmen heutiger Institutionen der Bildung und der Humanitätsbestrebungen, um Gewalthandlungen unter Menschen möglichst von ihren Entstehungsbedingungen her zu verhindern.

Aggression kann begrifflich, verhaltenswissenschaftlich sowie landläufig, synonym für Gewalt verwendet werden, ist aber kategorial etwas anderes als »das Böse«, auch wenn sie häufig als dessen Mitursache oder Erscheinungsweise auftritt. Aggression und Gewalt sind ungeachtet ihres Bedeutungsgehalts wertneutrale Begriffe, während »das Böse« ein originär religiöser Begriff ist. Unter üblicherweise sehr engen oder säkular verflachten Vorstellungen von Religion, aus denen Eugen Drewermann wegführen will, fungiert das Böse als moralisch-veräußerlichter Begriff polarer Gesellschafts- und Weltanschauungen, obwohl er sich inhaltlich gesehen Abgrenzungen entzieht, weit mehr als der Aggressionsbegriff es tut. Noch schwieriger sieht eine Eingrenzung auf der praktischen Seite aus. So sehr die moderne, als fortschrittlich geltende Humanität bemüht ist, den Schutz jedes Menschen durch den unbedingten Wert der Menschenwürde, durch Formen ihrer Sicherung sowie durch gründliche Gesetze für ein geregeltes, gerechtes und möglichst auch angenehmes Miteinander zu schützen, kann sie nicht verhindern, dass unter Menschen, Einzelnen und Gruppen, speziell auch unter staatlich-militärischem

Befehl, tagtäglich gemordet, gefoltert, unterdrückt, geraubt und auf erdenklichste oder subtilste Weise einander gequält wird. Allein eine umfassende Durchsetzung von Schutzeinrichtungen wie genannt verhält sich aufgrund unterschiedlicher ethnischer, religiöser oder nationaler Wertvorstellungen gewalttätig. Extrem schwierig gestaltbar stellt sich das Einwirken des Menschen auf den außermenschlichen Bereich dar, die Quälerei an Tieren etwa bedingt durch Massenwirtschaft und -konsum sowie eine gleichgültig-rabiate Umgangsweise mit der pflanzlichen, vor allem der wilden Natur. Gerade erst mühsam beginnt man die Würde dieser Lebewesen zu erkennen. Schließlich gerät heute auch das menschliche Einwirken auf nicht lebende, aber für alles Leben wichtige natürliche Güter wie Wasser, Boden, Luft, Klima und Energie in den Blick, ohne diese bisher vor den wenig nachhaltigen Interessen einer wachsenden Weltbevölkerung wirksam schützen zu können.

Dabei ist die neue Erkenntnis, die ähnlich wie einst die Installierung der Menschenrechte der Erfahrung ihrer permanenten Verletzung folgte, erst Folge eines dramatischen, nun auch die menschliche Existenz selbst bedrohenden ökologischen Frevels. Dies geht im Positiven also damit einher, dass Fächer wie Biologie, Ökologie oder Philosophie (wieder) spüren und begreifen, wie die Strukturen des Lebens in Ketten und in Übergängen verfasst sind. Und dies führt auch zu deren stärkerer Verflechtung. Man kann sich nicht mehr ohne Weiteres in einem wie auch immer gearteten Zwei-Kulturen-Raster einrichten. Der soziologische Begriff »Humanökologie« (Chicago, um 1920) wird zum Teil adaptiert, der die Interaktionen von Gesellschaft, Mensch und Natur beschreibt. Heute erlebt man, dass Umweltzerstörungen Genoziden gleichkommen können, dies vor allem durch die dramatische Abholzung der tropischen Regenwälder (z. B. zur Bio-Sprit-Gewinnung für den europäischen Wohlstand). Auf einer elementaren Ebene wird klar, die Kriterien für den Eigenwert eines Lebewesens sind im Bereich der Sensitivität, vor allem für Schmerz- oder Lustempfindung, und des Ausdrucksvermögens den Pflanzen, Tieren und Menschen gemeinsam. In der philosophischen Anthropologie thematisierten dies Max Scheler und ähnlich Helmuth Plessner schon ab ca. 1930 als »Innerlichkeit« aller Lebewesen. Und sie alle werden vom Menschen unablässig in absichtlicher oder gleichgültiger Weise misshandelt. Ethisch arbeitet die christliche Theologie, die sich sonst selbstverständlich in die gesellschaftliche Werteschaffung einbringt, erst zögerlich an einem begründeten Miteinander zwischen

Mensch und anderen Lebewesen, von bisherigen Einzelengagements abgesehen. Eugen Drewermann schrieb Abhandlungen über die dem Menschen geschwisterliche Verfassung der Tiere vor Jahrzehnten, als das Thema allgemein als naiv galt. Denn Gut und Böse, Liebe und Hass finden für ihn in der menschlichen Weltzuwendung keine Grenzen. Es ist etwas sehr Schönes und Fortschrittliches bei Eugen Drewermann, dass sein Fühlen und Denken nie von einem nur anthropomorphen Weltbild ausging.

Das schwierige Dingfest-Machen des menschlichen Bösen in Begriff und Umgang kann nur gelingen mittels Erkenntniskonzentration in eine Ursachentiefe, die alle Menschen in ihrer Seele tragen. In dieser Tiefe des individuellen Menschen fand Eugen Drewermann seinen Forschungsgrund, methodisch im Gegenüberstellen theoretischer Einsichten mit eingehenden Erfahrungen aus der Seelsorge. Um dagegen noch einmal die übliche, äußerlich-polare Ansicht von Gut und Böse, in der Regel Erziehungsprägung eines Kindes, aufzugreifen, halte ich an dieser Stelle ein Beispiel meines eigenen kindlichen Erlebens für treffend, das mit meiner stets laut zeitunglesenden Großmutter zu tun hat. Dabei las meine Großmutter nur die Überschriften, und zwar von Negativmeldungen, um in ihrem Wunsch zur Mitteilung nach jeder Lesung auszurufen: »Ach Gott, ach Gott, wie ist die Welt nur böse!« Es wurde damit deutlich, dass innerhalb Großmutters Dreizimmerwohnung die Welt gut war, mochten draußen Diebe umherschleichen und in der weiten Welt Machthaber elendige Kriege austragen. Das Böse fand sich damals in den Nachrichten der Zeitungen, Radio- und Fernsehsender, nach deren Aufnehmen, sofern sie einen nicht direkt betrafen, die Kehrtwendung ins Privatleben erfolgte. Gesetze, Polizei, vernünftige Politik und Militär sollten mit dem Bösen draußen fertigwerden. Eine Verantwortung im Sinne bürgerlichen Engagements, wie Susan Neiman sie seit 9-11-2001 aufzukommen hofft, war trotz aller Grauen, die die moderne Vernunft schon hinter sich hatte, wenig wachgerüttelt. Für einen Kulturkritiker, wie mit Konrad Lorenz vorgeführt, hatte die Vernunft ausgedient. Ihm zufolge konnte unter modernen Lebensbedingungen mit überkommener Moral und überforderter Vernunft eine Verbesserung des Menschen nur durch nachhaltige Pflege des Sinnlichen und des Gefühlslebens gelingen. Er sieht, was Eugen Drewermann später aus der tiefenpsychologischen Warte und der Menschenkenntnis bestätigen wird, dass beim rein moralischen Sich-Zusammenreißen Menschen früher oder später aus Überforderung zusammenbrechen. Zumindest wird es Krampf, wenn Menschen auf Befehl z.B. Artenschutz, Klimaschutz und Energiesparen betreiben sollen, die gefühlsmäßig von der Natur entfernt sind, wozu u.a. eine Politik des rein materiellen Wohlstands jahrzehntelang beigetragen hat.

Die Behandlung des medialen Sektors, ausgehend von einer zeitungslesenden alten Dame vor 40 Jahren, kann sich vielleicht gut eignen, um Eugen Drewermann in die Vorgänge der menschlichen Seele weiter zu folgen. Unter den rapiden Umwälzungen dieses Sektors mit dem Internet und seinem allverfügbaren Empfang binnen nur einer halben Generation dürfte das Frappierendste die Verschmelzung zwischen Öffentlichkeit und Privatsphäre sein. Man befürchtet bereits den Zerfall der Demokratie durch die ungehemmte Verbreitung privater Daten von Personen öffentlicher Posten. Doch umgekehrt hat die gefallene Grenze zwischen Innen und Außen eine Anteilnahme und Kritikfähigkeit gegenüber Personen und Ereignissen zur Folge, was ein besonderes Interesse an menschlichen Konditionen überhaupt aufbringen kann, Manipulation der Berichterstattung eingeschlossen. In Bezug auf die Darstellung der Schrecken in der Welt als nun auch mediale Ereignisse entpuppt sich jedenfalls Susan Neimans Meilenstein der stürzenden Twintowers, das wiederholbare Anklicken der Bilder angesichts deren Unfassbarkeit gerade bei Einblendung in Räume wie Wohnzimmer, Bistro oder Shoppingcenter, als zutreffendes böses Omen. Inzwischen weiß man unter den globalen Verkettungen von Politik, Wirtschaft, Medialität und privaten Lebensmustern nicht mehr, welcher Sektor welche Reaktion evoziert. Mit den alltäglich gewordenen Clashs of Civilizations, dem neuen Schrecken des religiös-fanatischen Terrors und dem explodierten Flüchtlingselend, das an den privaten Haustüren des Wohlstands weitgehend erst durch die Medien anklopft, kommt eine erste schamhafte Diskussion darüber auf, ob nicht der westliche Wohlstand an den katastrophalen Strukturen in anderen Teilen der Welt mit beteiligt oder erheblich schuld sei. Im Prinzip versuchen nun offensichtlich die jahrzehntelang durch Billiglöhne ausgebeuteten Völker, sich von diesem Wohlstand das Ihrige zurückzuholen.

Man möchte fast sagen, das Internet konfrontiert uns mit dem Bösen so geballt und hautnah, in unmittelbarer Nachbarschaft mit Glamour, Banalem, Interessantem, Sensationellem, Vulgärem und Obszönem, dass man zur Auseinandersetzung gezwungen wird. Da das Netz auch beruflich, für die Alltagsorganisation und für soziale

Kontakte benutzt wird, schaltet man es nicht in der Weise ab wie den nur unterhaltend oder informativ benutzten Fernseher. Lange konnte man sich vor der Tatsache verschließen, dass die moderne Zivilisation die »perfektionierte Barbarei« (Michael Schwandt 2009) hervorgebracht hat, an der Menschen wie du und ich im Wege eines »banalen Bösen« (Hannah Arendt) beteiligt waren. Auch konnte diese Zivilisation radikale Ideologiesysteme beiderseits eines Eisernen Vorhangs zementieren, deren Propaganda heute gewandelt und nur scheinbar harmloser die Medien durchschleust sowie draußen neue Gewalttaten der ideologischen und wirtschaftlichen Motive entfacht. Insofern kann die Durchdringung aller Sektoren mit Mediendaten einerseits grauenhafte Ansichten und Handlungen forcieren, anderseits Hoffnung zu mehr Kritik an Horrorszenarien aufkeimen lassen. Dabei zeigt das Internet in seiner plötzlich aufgetretenen Allverfügbarkeit durch – erstens – handliche Empfangsgeräte, in die sich – zweitens – jeder einschalten kann, die Spitze einer medialen Entwicklung ab. Flexiblere Techniken ermöglichten schon vorher, über die reine »Berieselung« hinaus, eine zunehmende Beteiligung von Empfängerpersonen »wie du und ich«, man denke etwa an Hörer- oder Leserforen. Zudem gingen die komplexeren Strukturen im Gegenzug mit mehr Normierungen des Lebens einher sowie mit komplexeren Formen des Scheiterns, man denke an Einflüsse wie Stress oder monetäre Diktate. Beobachtbar geht dies inzwischen auch alles einher mit einer größeren psychologischen Sensibilität, die viele Schwarzweißmalereien abgeschafft hat. Eine zunehmende Psychologisierung ergab sich schon vor Jahrzehnten u.a. auf juristischem Weg, ausgehend vom Straf-, Jugend- und Ehescheidungsrecht, wiederum Folge von mehr Wissen, allgemeiner Komplexität, politischen Prägungen und Zeitgeist. Auf den Umgang mit dem Bösen wirkt sich das Genannte offensichtlich wie ein notgeborenes Innewerden aus, das sich mit Neimans moralischer Hoffnung zu decken scheint.

Inzwischen, um beispielhaft erschütternde Ereignisse zu nennen, wenn etwa Ende März 2015 ein schwer an Depressionen leidender Copilot 149 Menschen und sich selbst absichtlich in den Tod reißt, gilt das Verständnis dem Täter ähnlich stark wie den Opfern. Hinterbliebene der Opfer haben bereits öffentlich ein insofern mangelndes Verständnis für ihre Trauer und Situation beklagt. Wenn etwa eine Lebensmittel-Herstellerfirma die Eigenschaften ihres Produkts gegenüber einem gesetzlichen Soll manipuliert, ahnen trotz entstandener Gesundheitsgefahr viele, dass brutale Konkurrenz und bürokratische Einengung den Betrug evozierten, ähnlich wie kaum ein deutscher Bürger eine richtige Steuererklärung abgeben kann. Kompliziert und überfordernd, verdoppelter Stoff an Wissen und Anforderungen in immer kürzeren Abständen an Jahren – ist hier der Plagiatsfall eins Politikers böse oder harmlos zu nennen, wenn anders eine notwendigerweise zügige Karriere eines fähigen und engagierten Menschen kaum gelingen kann? Wo ist Schuld, wo ist Zwang, wo ist Ohnmacht? Der Ausbruch einer psychischen Krankheit und eine daraus folgende Verzweiflung, Scheitern durch Überforderung, Unvermögen über sich selbst, all das könnte auch mich treffen oder meinen Nachbarn.

Die Freudsche Naturalisierung der Sünde dürfte hundert Jahre später, viel weitgefasster als Freud es meinte, Allgemeinbewusstsein geworden sein und ein wohlwollendes Menschenbild geschaffen haben. Der Soziologe Gerhard Schulze diagnostizierte zur Berner Ausstellung »Lust und Laster« (2010) einen neuerlichen Umbruch von »begeisterten Befreiten« zu »nörgelnden Freien«, um damit das Bewusstsein menschlicher Schwäche und notwendiger Verantwortung auszudrücken. Verantwortungslos wäre es aber, zerknirscht oder wohlwollend an der Akzeptation menschlicher Schwäche als Naturfaktum stehenzubleiben. So sieht derzeit die Tendenz eines theologischen Ringens um den Sündenbegriff zwischen Ballast und Befreiung aus. Für moralische Bagatellen würde diese Lösung reichen, nicht aber für das Verstehen und Behandeln der Destruktion und der Schmerzwirkung des Bösen. Die Ambivalenz des Freiheitsbegriffs, der als unabdingbar für Humanität angesehen wird, zeigt sich gravierend dort, wo dem Inhumanen ausgewichen wird. Ein naturalistisches Verständnis der Sünde wäre auch nur am Rande das, was der islamische Mystiker im tiefen Sinn seines Verses meint. Dazu sollte gesehen werden, dass der Mystiker nicht im Konjunktiv spricht, also nicht von Möglichkeiten des Versagens und von Pannen, sondern im unverbrämten Indikativ: Meine ganze Existenz – eine einzige Verfehlung.

Was hat ein schwirrendes bis durchorganisiertes Lebensumfeld, das mit Machbarkeiten, Perfektion, Druck und Stress in neuen Weisen als anfällig zum Bösen erscheint (also in sich schon Widerlegung einer globalen Ubiquitäts-Utopie ist), mit dem autochthonen Lebensgang neolithischer Bauern, die nach Bericht von Genesis 4, 1–16 unter den Vorgaben der Natur, den Spielregeln ihres Clans, auf dem

Erdboden ihrer Scholle und unter dem Himmel ihres Gottes Jahwe ihrem Tagwerk nachgingen? Laut Eugen Drewermann: Alles. In der Geschichte eines Brudermords vor weit mehr als 3000 Jahren findet er den Prototyp der bösen Tat, bezogen auf die seelisch-geistige Verfasstheit der Menschen, wann und wo immer es sie gibt. Zunächst beginnt eine aussichtsreiche Geschichte zweier Brüder mit ihrer Berufswahl, worin die Verschränkung von Freiheit und Festlegung der Existenz für wohl die meisten Menschen einen Brennpunkt zeigt. Der Jüngere, Abel, ergreift den Vorteil, sofern man die evolutionäre Folie der Geschichte betrachtet, einen fortschrittlicheren Beruf zu wählen und wird Schäfer, Kain, der Ältere, ist Ackermann. Doch wie sinnvoll, meint die Vernunft, könnten sich die Verschiedenen bei Bedarf ergänzen, verdrängend, wie selten solche Kooperationen unter Lebenspartnern, Berufskollegen, politischen Ressorts oder aufeinander angewiesenen Staaten in Wirklichkeit funktionieren. Dann kommt das Schlimme, Kain wird eifersüchtig auf Abel, denn Jahwe liebt Abels Tieropfer, Kains Pflanzengaben dagegen lehnt Jahwe ab. Es gibt aber keinen Gott, der Menschen unterschiedlich wertet, liebt oder ablehnt. Für Drewermann ist das zugleich mit dem Druck der Moral reine Projektion, festgemacht an den eigenen Wertvorstellungen zur Anerkennung oder Verdammung der Existenz.

Ein leerer Fachbegriff des Psychologen? Wer das behauptet, sollte den Vorgaben menschlicher Geschichten nachgehen. In Drewermanns Nachgehen überschneiden sich interdisziplinär Theologie, Tiefenpsychologie und Philosophie, wenn man Theologie von der Intention des Mythos her auffasst, Psychologie als zuhörende Seelsorge und Philosophie originär als wahrnehmende Phänomenologie. Hermeneutisch fokussiert geht es in Drewermanns Untersuchung um den Zustand der Seele, in dem die Vorgaben der Existenz als Gestimmtheit zur Destruktion ihren Zündfunken bekommen. Die Morallehre nennt diesen Funken »Versuchung«, doch ist der Begriff viel zu stark mit Bewusstheit aufgeladen. Zusammen mit Søren Kierkegaard nennt Drewermann diesen Zustand »Angst«. Gemeint ist eine Daseinsangst des Menschen, der aufgrund seiner Bewusstseins- und Gefühlsausstattung sich niemals selbst genügt, sondern in einer Schwebelage aus Freiheit und Bindungen sein Leben zu rechtfertigen hat. Darum steht das Drama von Kain und Abel in logischer Abfolge der Erzählung vom Sündenfall in Gen 3,1–24. Auch diese ist nur hintergründig Metapher der Evolution, sondern wie der Brudermord in ihrer Gattung als Mythos eine thematische »Verdichtung«, wie Drewermann es formuliert, nämlich von Grundphänomenen des menschlichen Seins, gefasst in eine archetypische Bildersprache. Prototypisch exakt hier findet sich der Kierkegaardsche »Sprung«, ein Bewusstseinsmoment feinsten Zweifels, der über Leben und Tod entscheidet, die Beschleichung der Angst im Bild der sprechenden Schlange »Sollte Gott gesagt haben?« – ob nämlich die eigene Existenz trotz absoluten Werts, lebendig zu sein, denn wohl genügen könne? Justament dieser Zweifel setzt vergleichende Vorstellungen in Gang und verstrickt so die Kultur des Menschen in ein Geflecht aus egoistischem Streben, Absicherungen, Hass und Gewalt. Auf Kind und Kindeskind, ein gerne gewähltes Zitat Drewermanns (vgl. Ex 20,5 par.) werden Vorstellungen und Zwangshandlungen übertragen, die den Kessel der Gewalt aus einem Vakuum an Geborgenheit zu Brutalität und Opferszenarien hochkochen. Freud drückte es etwa so aus, dass die Verletzungen des Einzelnen gesellschaftlich weiterwirken. Die Kindeserziehung war auch für ihn der akuteste Traditionskanal.

In der philosophischen Ethik hat sich unter anderen Robert Spaemann mit Kain und Abel befasst (Personen, 1996). Dem Bibeltext entnimmt er, dass Miteinander unter Menschen nicht erzwungen werden könne, insofern solches das eigentliche Verhalten in sich unverletzter Menschen wäre. Als Gott Kain nach dem Bruder fragte, traf Kains Gegenfrage ins Zentrum. Denn natürlich solle er seines Bruders Hüter sein, er wäre es ja ungezwungen und in förderlicher Weise, wenn er nicht selbst in seiner inneren Geborgenheit zerbrochen wäre. Analog weist Spaemann auf die Zehn Gebote hin, deren hebräische Grammatik als »Du wirst« statt »sollst« übersetzt werden müsste, also auf den geborgenen Zustand verweist, in dem kein Mensch einen anderen zu töten, verletzen, unterdrücken, übervorteilen und ignorieren bräuchte. Auch die Ignoranz gegen das nicht menschliche Leben durch Menschen, die interessenmäßig um sich selber kreisen, liegt augenscheinlich im Zeitalter ökologischer Massenzerstörungen auf derselben Schiene, von einer kaum steuerbar wachsenden Zahl der Weltbevölkerung und Massen, die auf pures Überleben drängen, ganz abgesehen. Das Augustinische *Curvatus in seipsum*, die Selbstverkrümmung, so diabolisch sie nach Horizonterweiterung schmeckte (Gen 3,5.6), ist in Drewermanns Worten ein Getriebensein. Kapitalistisches Profit-Maximieren liegt als Beispiel auf der Hand, imperialistisches Streben nach politischem Einfluss und genauso der private Rückzug aus Bequemlichkeit oder Überforderung gemäß der

Meinung »Nach mir die Sintflut«. Dem jahwistischen Mythenschreiber ist solche Katastrophe längst bekannt, wobei diese seine Geschichte in Gen 7 und 8, textkritisch gesehen, auch späteren Autoren, nämlich denen der Priesterschrift, vertraut ist. Hunderttausende Tote aufgrund der Gier nach Ölquellen und globalpolitischer Macht im Orient reichten in den letzten 40 Jahren nicht an die Abgestumpftheit des westlichen Lebensstils heran. Das Böse steckt im Tun wie im Unterlassen. Die Gleichgültigkeit und ihre typischen Ausreden »Darauf kommt's nicht mehr an«, »Renkt sich schon wieder ein« oder »Ich kann die Welt sowieso nicht ändern«, wäre nach Drewermann Symptom von Menschen, die eine Anteilnahme am Leben zusammen mit der eigenen Lebendigkeit aufgegeben haben.

Unmittelbar hat die Genese der Angst zu tun mit Werten, wobei schon die Zweiteilung in Liebe und Hass der maßgeblichste ist. Die Geborgenheits- oder Abgelehnt-Seins-Erfahrungen eines Kindes entscheiden über dessen Weltbild. So soll hier nochmals die Verschränkung von Brudermord und »Sündenfall« der Ureltern Adam und Eva betrachtet werden, d.h. dass dieser Sündenfall als eine Angstbeschleichung mit der Ausbildung von Werten auf einer elementaren Ebene des Annehmens und Ablehnens einhergeht. Der Sündenfall-Mythos ist originär eine Beschreibung über die Gestimmtheit des Menschen, der an der Schwelle zu Gedeih oder Verderb steht und in seiner Angst den Verderb wählt. Das ist wichtig zu betonen, insofern manche Philosophen in ihrer Beschäftigung mit der biblischen Urgeschichte das Böse der Kulturgestaltung zuschreiben. Man wolle »Schöpfer« sein, was eigentlich Gott gebühre, meint Walter Benjamin, und es ist völlig richtig, dass unter ethischem Aspekt eine Weltgestaltung nach den Motivationen der Selbstprofilierung und des Eigennutzes misslingen muss. Nur stellt dies eben nicht die Sünde selbst in ihrer Genese dar, sondern erst in ihrer Äußerung und Progression. Es ist bei Benjamins Position auch nicht einsehbar, warum der Mensch originär zum »Schaffen« motiviert sein solle; vielleicht zwar von einem jüdisch geprägten positiven Bild der Arbeit her, doch stünde gerade solche im Miteinander zum Schöpfer (Gen 2,15), jedoch jenseits von Eden wird die Arbeit als Plackerei erfahren.

Entsprechend bezeichnen Biologie und Psychologie den Menschen genauso wie das wilde Tier von Natur aus als bequem oder zumindest als Kräfte-haushaltend, womit alles Wirken über das Notwendige oder Angenehme hinaus einem »Getriebensein« zuzuschreiben wäre. Der moderne, kapitalistisch geschürte Arbeits- und Alltags-Stress in seiner Überflüssigkeit kommt dabei in den Sinn. Dazu gehört auch der materielle Wohlstand, dessen Waren durch einen Aufwand ohnegleichen erkauft werden und zum größten Teil für Auskommen und Glücklichsein der Menschen unnötig sind. Um Missverständnisse zu vermeiden, so ist mit der Spirale der Angst bzw. Gewalt nicht unbedingt eine historische Progression aufs Ganze gesehen gemeint, also nach banaler Ansicht, dass »früher alles besser« war. Die moderne Zeit bemüht sich schließlich mehr denn je (oder überhaupt erstmals) um Verständnis und Durchsetzung von Humanität gemäß ihrer Überzeugung. Es geht vielmehr um Dynamiken in allen verschiedenen und sich überlappenden Kulturformen, so dass historisch gesehen jede Zeit wohl zu besonderen Ausformungen des Bösen neigt. Dies dürfte gerade auch in deren »Normalität« aufgrund eines Zeitgeistes gelten. Dem Konkurrenzgeist des modernen und spätmodernen Kapitalismus sind natürlich besondere Anfälligkeiten immanent. Drewermann findet mit Kierkegaard und der Psychoanalyse Phänomen-Kategorien, durch die jegliche brutale oder subtile Form des Bösen am Individuum hermeneutisch dingfest gemacht werden kann. Diese Kategorien werden in Kierkegaards Begriff der Verzweiflung gefasst, der somit den moralisch abqualifizierenden Begriff der Sünde ersetzen kann.

Nicht Schaffung ist das Problem des Menschen, sondern Tötung, Destruktion. Es ist die Tötung des Mitmenschen aufgrund einer Unerträglichkeit der eigenen Existenz, der jeder andere Mensch zur Anfrage wird. Aus Unerträglichkeit am Menschsein werden via Konkurrenz statt Sich-genug-Sein bzw. statt Miteinander, verstärkt noch durch Gruppendynamiken, Tötungsmechanismen an letztlich gleich welcher Form von Leben in Gang gesetzt. Nach beispielsweise einer fragwürdigen Preisdumping-Wirtschaft betrifft das auch Tiere, Urwälder und das Klima. Die Unausweichlichkeit schuldhaften Handelns Einzelner in solchen Strukturen bezeichnet die Theologie als »strukturelle Schuld«. Theodor W. Adorno pointierte das private Verhältnis zur Umgebung mit der bekannten Sentenz: »Es gibt kein richtiges Leben im falschen.« Allein unter Menschen zeigen sich zahllose Spielarten von Tötungen, wie Jesus mit Mt 5,21 f. deutlich macht, von Ignoranz und Ablehnung des Anderen bis zur Unterdrückung durch Arroganz, Manipulation und offene Machtausübung. Die meisten Spielarten sind zu normal, um an ihnen zu leiden; man hat sie im Wege der Angstspirale hinreichend verdrängt, kompensiert oder gar sublimiert. Die Rechthaberei, die Aufdrängung der eigenen Meinung, der Wunsch nach Bewunderung, alles eigentlich Zwang, den Anderen auszuschalten bzw. zum Klon seiner selbst zu machen, werden selten als Ausdruck der Bedürftigkeit eines Menschen erkannt. Die größte Verletzung und folglich das maximale Böse erzielt man, wenn man einen anderen für verkehrt oder böse erklärt. Eine Außenpolitik der Feindbilder, ob es Russen, orientalische Diktatoren oder Terroristen sind, ist daher schon im Ansatz für Drewermann ein GAU. Eine Spirale des Bösen entsteht gerade auch dann, wenn ein Opfer sich nicht wehren kann und im Schmerz sich selbst zerstört. Psychologisch geht es dabei um jede Gewalt, die das Opfer in seinem Selbstsein beschränkt. Mit dem Vorhandensein öffentlicher Schutzrechte für Leib, Leben, Eigentum und den gesellschaftlich heute reichen Möglichkeiten zur Selbstbestimmung hat dies wenig zu tun. Die Weitergabe solcher Verletzungen über kompensatorisches bis sublimiertes Verhalten ist vorprogrammiert. Wie treffend erkannte Nietzsche, dass es nur jenseits der Werte Persönlichkeitsentwicklung geben könne. Doch wie irrtümlich schaffte er eine elementare Güte ab, die er wohl persönlich am dringendsten gebraucht hätte.

Erzieherisch betont Drewermann wiederholt, dass selbst die besten Eltern nicht das geben könnten, was jedes Menschenkind von seiner seelisch-geistigen Bedürftigkeit her bräuchte. Eine absolute Geborgenheit, die die Wunden der Existenz beruhigt, kann bei allen Ausprägungen von Angst nur im Glauben an einen gütigen Gott gefunden werden, der jeden Menschen bedingungslos meint, d.h. im paulinischen Sinne »aus Gnaden« ansieht. Verstehen, was du fühlst und was dir angetan wurde, heißt bei Drewermann, die Güte Gottes zu glauben. Moralisierende Großeltern wie beschrieben wären für ein Kind ein eher geringes Problem, weil sie nicht direkt in die Belange des Kindes einwirken, und das macht Großeltern in der Regel angenehm. Eine ganz andere, wahre Geschichte ist die von einem Vater, der aus Selbstfragwürdigkeit seine Familie sich in allem dienstbar machte und ihr alles zu halten sowie zu tun befahl, wie er selbst es hielt. Die Andersheit des Anderen – eine permanente Selbstanfrage, ein ständiger Argwohn. Sein Ziel schlechthin war das psychisch-leibliche Klonen von Menschen nach Ebenbild seiner selbst. Keine fremde Identität duldete er, ein Kampf im Grunde gegen die gesamte Weltbevölkerung. Die größten Gewaltakte, zweiseitig gesehen, waren die Umformung von Ehefrau und Tochter jeweils zum möglichst gefühllosen, schmerzlosen und vernunftlosen (männlichen) Knecht. Er war das Maß aller Dinge, und gerade nicht gestaltend, sondern wertend, durch Vorgaben, Verdammungsurteile und Strafen, hatte er sich zu Gott gemacht, zum Inquisitor über alle Nicht-er-Seienden, der Persönlichkeitsstruktur nach vergleichbar mit Diktatoren, Ideologen und Völkervernichtern, gebremst nur noch (oder in perfekter Weise) vom gesellschaftlichen Anstand – das Böse bzw. die Verzweiflung in Reinform. Andere Menschen bzw. Wesen ignorieren, benutzen oder wegwerfen, das ist der ganze kurze, subtile, bestialische Verhaltenskodex des Bösen.

Man wird sagen, in Zeiten einer Erziehung nach dem Geist der Toleranz, des Wohlwollens und der materiellen Sorglosigkeit gibt es Geschichten wie eben genannt nicht mehr, ähnlich wie es Drewermanns Beispiele gluckenhafter Mütter der deutschen Nachkriegszeit so nicht mehr gibt. Doch auch die relativierende, inhaltslose Toleranz und der Überfluss des maximalen äußeren Glücks und Erfolgs können Zwang unterliegen sowie Zwang ausüben, ganz anders, als ein Kind zum lebendigen Selbst-Sein zu führen, das mit anderen eine echte Menschengemeinschaft bilden könnte. Neue Fremdbestimmungen im Sog der digitalen Revolution scheint man aktuell einfach so hinzunehmen, doch zeigen sich Symptome wie Überforderung und Zeitdruck als ernste Leiden schon der Kinder und Schüler. Schließlich ist der Zwang zum Besitz digitaler Mittel, dessen Alternative die soziale Ausgrenzung wäre, ein bedrohliches Zeichen totalitärer Herrschaft. So analysierte es 2005 der in Tradition der Frankfurter Kritischen Theorie stehende Soziologe Hartmut Rosa. Auch könnte zum Beispiel des letzten Absatzes eingewendet werden, dass dieser Vater der spezielle Fall eines Sadisten, eines Gestörten sei. Doch sind die Übergänge der Pathologien des Bösen fließend und die Absurdität der Handlungen Gestörter kennt keine Grenzen. Man erfährt Letzteres z. B. auch aus den Berichten über die Verbrechen der Kindesentführungen, man denke etwa an das brutale Schicksal der Natascha Kampusch.

Auf welch dünnem Eis die Vernunft eines jeden Menschen steht, weist gerade die Kriminalpsychologin Lydia Benecke in populären Büchern auf. Fast abgeklärt wirken die reichen Kenntnisse über den Verbrechertypus, mit denen Benecke nebenbei TV-Krimimacher zwecks Authentizität der Filmdarsteller berät. Gemeinsam ist diesem Typus das Psychopathische, die Sucht, Erfolgskicks zu genießen. Dafür können quasi nebenbei hemmungslos Menschen an Leib und

Leben geschädigt werden oder sie werden gezielt gequält, um dem Täter Macht über das Opfer zu verleihen. Solches wurde z. B. im Frühjahr 2016 mit langjährigen Serientaten unglaublicher Peinigungen an Frauen nahe der Stadt Höxter bekannt. Durchweg sind Verbrechenstäter Menschen, die in den ersten Lebensjahren von ihren Bezugspersonen so abgelehnt, misshandelt oder erniedrigt wurden, dass sich Mängel an selbst erlebten angenehmen Gefühlen in den Hirnstrukturen niedergeschlagen haben. Der Hunger nach Ersatzbefriedigung und das Fehlen jeder Empathie führen zum Desaster, sollten nicht Erbanlagen und positive Umstände letzte Umlenkmanöver fahren können. Jedenfalls erkennt man als günstiger Ausgestatteter und Aufgewachsener beim Lesen dieser Fälle erschrocken und dankbar, was Eugen Drewermann im Feldzug gegen das Moralurteil stets betont: dass man lediglich mehr Glück gehabt habe.

Schließlich: Das Böse durchschaut sich selbst in seinen Tiefenmotivationen am wenigsten, wie Luther das Augustinische Motto betonte, eben schon deshalb, weil alle Bösen eigentlich Opfer sind und weil das Böse vom größten Widerstand, dem Guten, provoziert wird. Wer heute, etwa aufgrund von Diskrepanzen zwischen Theologie und säkularer Gesellschaft, mit der christlichen Lehre nichts mehr anfangen kann, findet im zuletzt genannten Aspekt Christus am Kreuz mit dem Menschsein solidarisch vor. Wissenschaftlich bemüht sich die philosophische Rezeption der Lebensphänomenologie französischer Linie zur Zeit um ein Wahrheitsverständnis aus dem subjektiven, pathischen Erleben, das in urteilsfreier Transzendenz aufgeht, im Gottesbegriff, ähnlich wie Sujets des Menschseins als Sinnhaftes auf Basis eines Symbiotischen hier neu interpretiert werden (Jacques Lacan – Rolf Kühn 2015, 2016). Zum Solidarischen der Lebewesen können an dieser Stelle mystische Religionsformen erwähnt werden, die unter »Sünde« keine personal-moralische Metapher im kirchlichen Sinne der »Trennung von Gott« verstehen. Sondern Sünde bedeutet hier lediglich sowie zugleich dramatisch, z. B. explizit bei Meister Eckhart, die Abwendung der Aufmerksamkeit von dem Einen, Ungeteilten, alles Sein verbindenden Lebensgrund, was soziale und ökologische Verletzungen unweigerlich mit sich zieht. Im Buddhismus entspricht dieser Lebensgrund dem Göttlichen, Brahman, das den Lebewesen immanent ist, so dass der Mensch Verletzung von Leben vermeiden sollte. In besonders konsequenter Weise drückt das *Ahimsa*-Gebot der Jainas den Gedanken der Nichtverletzung aus. Auch die biblische Schriftstelle vom Lebensatem im zweiten Schöpfungsbericht, Gen 2,7, ähnlich wie ansatzweise einige Bilder in den Psalmen und Propheten (z. B. Ps 36,6–10) wissen von einer gemeinsamen Lebensquelle, sprechen vom Schmerz ihres Nicht-Erlebens und vom Hunger (Augustin nennt es später »Unruhig-Sein«) nach Erfahrung dieser Quelle so wie gleichermaßen nach innerem und äußerem Frieden unter den Lebewesen. In der Meditation, wenn nicht schon in der wachsamen Aufmerksamkeit für die alltäglichen Lebensphänomene, können solche Einsichten gewonnen werden, die heute eine wichtige interkulturelle Qualität besäßen. Besonders im sozialen Umgang können sie sich, nicht moralisch, sondern aus Einsicht motiviert, äußern, in einer Haltung, die Jesus »Barmherzigkeit« nennt (Mt 5,7).

Die Bedürftigkeit des Menschen, die den Zuspruch sucht, wäre ein realistisches und mutiges Eingeständnis sowie ein verantwortliches Menschenbild einer erschütterten Moderne, die doch hierzulande gerade Martin Luther feiert. Man muss nur genug gelitten und mitgelitten haben, um die Fragwürdigkeit der menschlichen Existenz in Geschichten zu lesen, die Gleichsetzung von Tätern und Opfern zu erkennen und das Verlangen beider nach Heilung durch eine alles verstehende Liebe zu spüren, um am Schluss sagen zu können: Ich bin Kain. So hätte die Beschäftigung mit Eugen Drewermann auch in der Philosophie ihren Platz. Das Sich-Einfühlen in menschliche Geschichten, in Reichtum und Not der menschlichen Seele, vor allem dann die Erschließung einer mythologischen Sprache der Bilder, dies scheinen mir die großen Verdienste an Drewermanns Werk zu sein, begleitet von einer fachlich-systematischen Transparenz ohnegleichen und der Fähigkeit zum sprachlichen Ausdruck. Insofern kann diese Einleitung nur als »Versuch« bezeichnet werden, weil sich eine äußerste Interdisziplinarität bei Eugen Drewermann selbst schon findet. Inhaltlich-hermeneutisch kann wohl gesagt werden, dass in der Gegenwart niemand außer Drewermann derartige Wege des Verstehens schafft, um mit dem Bösen in dessen Destruktion und Schmerz zurechtzukommen. Das macht Drewermann m. E. in der Philosophie, die ja nach Verstehen strebt, zu einem unerlässlichen Autor.

Zuletzt sollen Gedanken auf das Nachwort zur Magisterschrift verwendet werden. Man kann und braucht Eugen Drewermann nicht zu aktualisieren, weil er sich mit Grundphänomenen des Menschseins befasst, und insofern soll dieser – mein eigener – Kommentar, der

Vorschläge zur praktischen Umsetzung nach Drewermanns Erkenntnissen macht, unangetastet bleiben. Heute würde ich dieses Nachwort aber anders akzentuieren. Der in ihm beschriebene soziale Umgang, die Freundlichkeit, speziell das Lächeln als Ausdruck von Güte einer fremden Person gegenüber, ist angebracht, wenn die fremde Person sich offensichtlich in ihrem Selbst verunsichert zeigt. Das darf aber auf keinen Fall als Mittel geschulter Sozialkompetenz missverstanden werden, die nach Weise der Leistungsgesellschaft bzw. Easygoing-Funktionsgesellschaft das Miteinander geschmiert halten will. Mit dem Motto »Menschen die Angst nehmen«, das Drewermanns Therapeutik auf den Punkt bringen möchte, sollten vielmehr die Brutalitäten speziell dieser Leistungsgesellschaft im Getriebe des Alltags gelindert werden. Denn es ist nur vordergründig so, dass die Infrastruktur des materiellen Wohlstands, der Absicherungen und der Toleranz Menschen sichere Geborgenheit und hohe Entfaltung ihres Selbst ermöglichen. Sondern in Wirklichkeit gehen komplexe Strukturen, wie schon erwähnt, zwangsläufig auch mit erheblichen Vorgaben und dichten Normierungen zu deren Organisation und Überwachung einher. Kurz: Die zivilisierte Welt, in der man alles Erdenkliche tun kann, ist eine gnadenlose geworden. »Wir helfen Ihnen – aber Sie müssen erst 'mal …« ist Maßstab für fast alle mit der Außenwelt vernetzten Alltagshandlungen, ob bei Stellung eines Antrags, beim Antritt einer Ausbildung, bei Anmeldung zur Prüfung, Gründung und Führung einer Geschäftsexistenz, Aufnahme eines Bankkredits oder Besuch eines Arztes, um wahllos Beispiele herauszupicken.

Die meisten Stationen der gewöhnlichen Lebensführung hängen heute von Vorleistungen ab, nämlich in der Regel Unterlagen (und deren digitaler Übermittlung), Qualifikationen und / oder Geld, dazu von oft starren, ausgrenzenden Formularen der EDV. Dabei sind meistens solche Vorgaben, die die Individualität und Kreativität des Einzelnen ersticken, Folgen monetärer Budgets. Beobachtbar färbt die bürokratische (keineswegs auf Behörden beschränkte) Gesetzlichkeit auf die Mentalität ihrer Sachwalter ab, die somit letzte sachliche Spielräume streichen, allein aus eigener Arbeitsüberlastung und Angst vor der »Verantwortung«. Wenn es also schon sachlich keine Spielräume mehr geben kann, dann braucht man aber Bittsteller nicht auch noch im Umgang einschüchtern, indem man sie kalt abhandelt oder ihnen nach endlich erfolgtem Parcours ein tadelndes »Sie waren aber ein schwerer Fall« hinterherschickt. Den beobachtbar zunehmenden Wortgebrauch »müssen« oder »nicht dürfen« sollte man im persönlichen Gegenüber ganz streichen. Man achte allein darauf, wie man sich selber ständig traktiert, schreibt unter anderen Hartmut Rosa: »Ich muss jetzt das und das tun.« Es gibt Menschen, die jahraus, jahrein auf ihren Wegen durch den Alltag eine gesetzliche Kälte erleben, die sie in ihrem Wunsch nach Glück zu innerlich Herabgewürdigten macht. Schließlich kann man mit der allzu häufig dominierenden formalkorrekten Linie jedes Anliegen im Keim ersticken und jeden Menschen zum Versager und Verbrecher stempeln.

Da aber inzwischen aufgrund einer Alldurchdringung von Vorgaben fast alle Menschen auch Verwalter ebensolcher sind, gäbe es vielfache Chancen auf einen Umgang, der über die Sachzwänge hinaus Menschen Mut, Verständnis und Respekt entgegenbringt. Ein Wesentliches wäre dabei sicher, gegenüber den Bestimmungen des Marktes (speziell, wie schon erwähnt, den Zwängen zum Besitz einer digitalen Ausstattung, die man immer unvermeidbarer für Organisationshandlungen benötigt) jedenfalls existenziell immun zu bleiben und im Miteinander solchen Immunschutz zu verbreiten. Vielleicht müssen erst Zerschlagene aus den Armutsflecken der Welt in den deutschen Wohlstand drängen, der Teil einer ungerechten, bösen Weltordnung ist, damit man hierzulande erkennt, was ein Mensch ist und was er braucht, anstatt dass auch hier wieder bestimmte Stimmen nach dem Sündenbockmechanismus erhoben werden.

Silja Luft-Steidl, im Mai 2016

Ich fragte: »Wo ist meine Sünde?«
Da gab mir eine Stimme Antwort:
»Sünde ist, dass du da bist -
Eine schwerere gibt es nicht«.
– Gunaid von Bagdad, islamischer Mystiker, gest. 910

Vorwort: Die hermeneutische Kraft Drewermanns

Neuendettelsau, Dezember 2003: Im prall gefüllten Vortragssaal beginnt der unauffällige Redner die ersten Sätze in einem weichen Singsang, gewinnt an Stimme und schmettert plötzlich knallhart: Über den Spuk der Religion, ihre Liaison mit Kriegen, Macht, über die Verzweckung des Menschen in der Wettbewerbsgesellschaft und über die Chance des Christentums – eben nicht nach Nutzen und Sittlichkeit zu fragen –, über die Evidenz des Christentums, wie sie es sonst nirgendwo gibt, beruhend auf der Einsicht der Unmöglichkeit, einem Menschen in Not zu kommen mit erhobenem Zeigefinger. Es sei die Einsicht, »dass der Mensch nicht gut sein kann, er hätte denn eine Güte erfahren, die ihn bedingungslos meint«, insistiert er einen seiner Lieblingssätze und führt dazu seine Lieblingsvertreter Augustin, Luther und Kierkegaard ins Feld, dann fährt er rhythmisch-hämmernd fort: »Ein Mensch, der lügt, ist nur ein Mensch in Angst. Ein Mensch, der stiehlt, ist nur ein Mensch in Hunger. Einer, den wir Verbrecher nennen, ist nur einer auf der Suche nach einer Liebe, die er nie empfangen hat.« Eugen Drewermann ist in seinem Element.[1]

Drewermann behauptet in seinem reichen literarischen und rednerischen Werk, es gäbe Gut und Böse nur als Zweiteilung der Selbstgerechtigkeit. Wohl gibt es sie, aber beides hat seine Ursache, und mit Rücksicht auf die Ursachen gehen Gut und Böse ineinander über. Drewermann will Heilung statt Hinrichtung, und das schon begrifflich: Zur Vermeidung einer falschen Zweiteilung und moralischen Arroganz, deren Hauptvertreter er in der Katholischen Kirche und allen Trägern der Funktionsgesellschaft sieht, ersetzt er den missverständlichen Begriff »Sünde« durch den Begriff »Verzweiflung« des

[1] Vortrag Drewermanns an der Augustana-Hochschule Neuendettelsau am 15.12.2003: »Hat der Glaube Hoffnung? Von der Zukunft der Religion am Beginn des 21. Jahrhunderts« nach Mitschrift der Verf. (keine Publikation vorhanden).

dänischen Existenzialphilosophen Søren Kierkegaard. Er nimmt dem Bösen damit den Eindruck des moralisch Vermeidbaren und stellt es stattdessen als ein Explosionsgeschehen ans Ende einer Vorgeschichte, deren Zündfunke – ebenfalls nach Kierkegaard – die »Angst« ist. Es ist Drewermanns Aufgabe als Psychotherapeut, Geschichten rückwärts zu lesen. Auf diese Weise erschließt sich ihm die biblische Sündenfall-Erzählung von Adam und Eva im Garten Eden. Er kann mit Hilfe der Psa. den Begriff »Erbsünde« besonders präzise als Chiffre für eine psychisch bestimmte Grunddisposition des Menschen schlechthin sehen, deren atl. Ausdrucksform der Mythos ist. Die dem Mythos exegetisch entnehmbare religiöse Deutung lehrt er auf diese Weise als brandaktuell zu verstehen. Das Grundsätzliche seiner exegetisch-psa. Ergebnisse untermauert er außerdem plausibel durch die Verbindung mit dem Existenzialismus.

Bei solcher Interdisziplinarität fühlt man sich in hermeneutischen Zirkeln nur so herumgewirbelt – von der Vergangenheit zur Gegenwart, von der Psyche zu Verstand und Sprache, vom massenmordenden Schlagzeilenhelden zu sich selbst, vom unbekannten Sitznachbarn zu einem plötzlichen, nie erlebten Gefühl der Gemeinsamkeiten aller Menschen. Ich finde es packend, Drewermann zuzuhören. In den kurzen Atempausen seines Neuendettelsauer Vortrags gleiten meine Gedanken ab zur üblicherweise erfahrungsenthobenen, nicht fassbaren Darstellung von Begriff und Wesen der menschlichen Sündhaftigkeit in der theologisch-kirchlichen Lehre und Praxis. Zugleich denke ich an ungezählte Menschen ohne Antwort.

Kann Eugen Drewermann die Existenz und Bewältigung des Bösen überzeugend beantworten und, wenn ja, dann wie? Sein theologisches Hauptwerk über die Sündenlehre beginnt mit der bereits abgedruckten erschütternden Perspektive des islamischen Mystikers: »›Sünde ist, dass du da bist – Eine schwerere gibt es nicht‹.«[2]

---

[2] Zit. in Drewermann: SB I, Einbandtext.

0. Einleitung

0.0 Vorverständnis, Themenstellung, Ziele und Aufbau der Arbeit

Diese Magisterarbeit, deren Inhalt und Titel mir völlig freigestellt waren, ist für mich eine Herausforderung, ein schon lange für wissenschaftlich diskussionsbedürftig gehaltenes Thema, nämlich die Sündenlehre Eugen Drewermanns, zu bearbeiten. Dabei konnte die Formulierung des Titels aufgrund der Brisanz der Drewermannschen Lehre und meiner eigenen grundsätzlichen theologischen Intention des Erfahrungsbezugs und der Verstehbarkeit nicht anders lauten als gewählt. Der Titel verweist nämlich auf drei Ziele dieser Arbeit: a) Erstens geht es natürlich um die Vorstellung von Wesen und Besonderheit der Sündenlehre E. Drewermanns. Eine reine Beschreibung wäre jedoch für eine wissenschaftliche Arbeit viel zu dürftig und würde dem Anspruch des Faches Dogmatik auf Entfaltung bzw. Prüfung von Aktualitätsbezug nicht genügen.

b) Die Entfaltung der aktuellen Relevanz christlicher Glaubensinhalte in nachvollziehbarer Form brennt mir persönlich unter den Nägeln, also das zeitnahe Reden von Gott gegenüber Menschen, die kirchlichen Traditionen und Redeformen entrissen sind. Aus diesem Grund wählte ich ein dogmatisches Thema. Dabei ist meiner Erfahrung nach der Gegenstand »Sünde« der heutzutage am meisten unverstandene unter allen christlichen Glaubensinhalten. Das Unverständnis äußert sich sowohl bei evangelischen als auch bei katholischen Konfessionszugehörigen in zwei Richtungen: Zum einen weiß kaum jemand mehr, was denn am Menschen und an einem selber etwa »böse« sein soll außer den fälschlicherweise mit »Sünde« verwechselten, aber gleichzeitig bagatellisierten moralischen Verfehlungen. Zum anderen ist angesichts weltweiter ethnischer, ökologischer, technologischer und ökonomischer Krisen das Bewusstsein menschlichen Scheiterns und im selben Zug die Ratlosigkeit über die

Zukunft heute so groß wie nie. Es soll also zweitens mit dieser Arbeit untersucht werden, ob die Sündenlehre Eugen Drewermanns taugt, Menschen des 21. Jahrhunderts ein grundsätzliches Verständnis über ihr Menschsein – das Warum des menschlichen Scheiterns und einen Ausweg bzw. eine entgegengesetzte Hoffnung – zu geben. c) Drittens führen die Wörter »Chance« und »modern« die Kritik mit sich, dass der theologischen Anthropologie in dem für sie grundlegenden Bereich der Sündenlehre etwas fehlt. Die theologische Anthropologie war demnach bisher unmodern bzw. hat die Chance zur zeitnahen Rede noch nicht ergriffen – diese Kritik legen die unter b) genannten Einstellungen in der Bevölkerung ja gerade offen. Nach einer Darstellung, wie sich die christliche Sündenlehre nach evangelischem und katholischem Verständnis im gegenwärtigem Stand präsentiert, soll der wissenschaftliche Beitrag des 20. Jahrhunderts untersucht werden. Wenn die Vorgabe der Zeitnähe, der Nachvollziehbarkeit für den religiös entwurzelten Menschen, aufrechterhalten bleiben soll, kommt nur solch ein Forschungsbeitrag in Frage, der die theologische Sündenlehre in humanwissenschaftliche Beziehung setzt. Unter den zahlreichen Beiträgen der Forschung (evangelisch: K. Barth, G. Ebeling, W. Pannenberg u. a.) stößt man hier lediglich auf Paul Tillich, der ähnlich wie Drewermann in exphil. Kategorien denkt. Tillich soll also neben Drewermann dargestellt und auf Stärken und Schwächen hin untersucht werden.

Die Arbeit geht in der Reihenfolge vor, dass sie zuerst den gegenwärtigen Stand der Sündenlehre behandelt (Teil 1.) und anschließend den Beitrag Tillichs zur Sündenlehre des 20. Jahrhunderts untersucht (Teil 2.). Erst danach, mit dem 3. Teil, folgt der ausführliche Drewermann-Block. Den beiden dargestellten Autoren gehen jeweils knappe Personendarstellungen voran. Die drei Hauptabschnitte schließen jeweils mit kritischen und – wo es Zusammenhänge gibt – auch mit vergleichenden Beurteilungen.

Anzumerken ist, dass die oben unter b) und c) genannten Ziele dieser Arbeit das ganze Christentum im Blick haben. Dies impliziert schon die Beschäftigung mit grundsätzlich-anthropologischen Fragen. Insbesondere Drewermann versteht seine Arbeit selbstverständlich überkonfessionell. Konfessionelle Unterschiede der Sündenlehre zwischen evangelischer und katholischer Kirche werden aufgezeigt, um Positionen zu klären und genauer vergleichen zu können.

0.1 Methoden

Die eben geschilderte Struktur dieser Arbeit ließ die Abfolge dreier darstellender Passagen (Teile 1., 2. und 3.) erkennen, die mit Beurteilungen enden. Dabei mündet die Bewertung Drewermanns in das Gesamtergebnis der Arbeit ein. Es wechselt also die hermeneutische Methode mit Beurteilungen ab. Die Ergebnisse jedes Teils (zwei Zwischenergebnisse, das Gesamtergebnis) werden durch **GROSS-BUCHSTABEN-FETTSCHRIFT** kenntlich gemacht.

An den Stellen, wo es das Verständnis oder die Deutlichkeit erfordern, formuliere ich erklärende bis kommentierende Einschübe (mit ► EINSCHUB: gekennzeichnet), zwischenzeitliche Zusammenfassungen (mit ● ZUSAMMENFASSUNG: gekennzeichnet) oder, wie im obigen Fall, Anmerkungen technischer Art (nachfolgend mit ■ ANMERKUNG: gekennzeichnet). Zusätze, die allein der Ergänzung von an sich verständlichen Aussagen dienen, werden dagegen in Fußnoten gefasst. Einige nur illustrierende, z. T. der Allgemeinbildung entstammende Fußnoten-Angaben (z. B. zum Wirken genannter Forscher) werden ohne weiteren Literaturverweis mit »d. Verf.« gekennzeichnet, um die Arbeit nicht zu sehr aufzublähen.

Bei den Einschüben handelt es sich im Teil 1. überwiegend um historische Hintergrundinformationen zu den verschiedenen Aussagen des Jetzt-Standes. Eine chronologische Gesamtdarstellung der Historie wurde bewusst vermieden, um nicht den Eindruck einer Geschichtslinearität aufkommen zu lassen. Vielmehr sollten die Leser am Schluss den Stand des Jetzt als einen bunten »Flickenteppich« erkennen können, dessen Webart die Übernahme ganz bestimmter vergangener Rezeptionen von Bibel und Lehrtraditionen ausmacht, die wiederum oft sehr persönlich geprägt waren.

Wesentliche Grundbegriffe der Sündenlehre, die in der Geistesgeschichte häufig und auch von den hier zu Wort kommenden Denkern übernommen wurden, sind zusammen mit ihren Urhebern oder Hauptbenutzern ***fett kursiv*** markiert. Das soll den systematischen Charakter der Arbeit betonen. Die bürokratisch anmutende Gliederung mit Verwendung der Ziffer »0« wählte ich, um die drei Hauptteile 1., 2. und 3. ohne zusätzliche Worte markant ersichtlich zu machen, v. a. in Vor- oder Rückverweisen.

0.2 Literatur und Quellen

Für den 1. Hauptteil benutze ich theologische Lexika, evangelische und katholische Dogmatiken, evangelische und katholische Bekenntnis- bzw. Lehrschriften, den Evangelischen Erwachsenen Katechismus und den Katechismus der Katholischen Kirche.

Im Tillich-Teil beziehe ich mich auf das Quellenwerk, das sein Sündenverständnis maßgeblich erklärt, nämlich »Systematische Theologie«.

Drewermann wird aus der Quelle zitiert, die seine Sündenlehre in komplexer Form präsentiert und im Jahr 1988 an die Öffentlichkeit brachte, und zwar den »Strukturen des Bösen. Die jahwistische Urgeschichte in exegetischer Sicht« (Band 1), »... in psychoanalytischer Sicht« (Band 2), »... in philosophischer Sicht« (Band 3). Bei Band 1 handelt es sich um eine breitangelegte Studie, mit der er sich 1978 habilitierte. Außerdem fasst Drewermann wesentliche Ergebnisse seiner Sündenlehre neben permanenten Erwähnungen von Spitzensätzen (s. Vorwort) in seinen über 70 Büchern und zahlreichen Vorträgen zusammen in dem Band »Jesus von Nazareth. Befreiung zum Frieden«. Dieser Band stellt den zweiten von fünf Teilen seines neuesten theologischen Hauptwerks »Glauben in Freiheit« dar. Des Weiteren finden sich die philosophisch-psychologischen Querverbindungen seiner Lehre vortrefflich dargestellt in »Psychoanalyse und Moraltheologie«, Band 1. Beide Werke werden als ergänzende Literatur zu den »Strukturen des Bösen« benutzt.

Ferner werden die Quellentexte verwendet, auf die sich die gegenwärtige Lehre, Tillich, Drewermann oder weitere Aussagen beziehen; die wichtigsten sind Schriften von Augustin, Luther, den Reformatoren, Kierkegaard, Werke zur atl. Exegese, C. G. Jung und S. Freud.

Schließlich sollen Angaben aus Drewermanns übriger Arbeit, Lehrbüchern u. a. m. der Veranschaulichung des Gesagten dienen.

1. Der gegenwärtige Stand der Hamartiologie[1] (Sündenlehre) nach gesamtchristlichem Verständnis

1.0 Darstellung

Dieser Teil will einen Überblick über alle wesentlichen Aspekte gegenwärtiger Sündenlehre verschaffen. Für den dogmatischen Abschnitt hielt ich einen Lexikonaufsatz von Chr. Axt-Piscalar für besonders geeignet, weil er zum einen durch philosophisches Denken das Bemühen um Interdisziplinarität zeigt und zum anderen entscheidende Einzelheiten der Hamartiologie berücksichtigt.

Die Untersuchung nicht nur in dogmatischer, sondern auch in praktisch-theologischer Hinsicht ist wichtig, weil diese Arbeit hermeneutisch intendiert ist, d. h. auf das Verstehen des Phänomens »Sünde« bei zeitgenössischen Laien zielt. Außerdem ist der Umgang mit Menschen Motor und Ziel der wissenschaftlichen Erkenntnisse Drewermanns. Sein Werk, um dessen Vergleich es später geht, ist stark hermeneutisch intendiert. Gerade wegen der Praxisrelevanz führe ich im praktisch-theologischen Abschnitt u. a. die für kirchliche Arbeit und Laienstudium gedachten Katechismen der Evangelischen und Katholischen Kirche an.

1.0.0 Dogmatisch

1.0.0.0 Überwiegend evangelisch

Das Wort »Sünde« ist ein theologischer Fachbegriff und zielt auf »das verkehrte Verhältnis des Menschen zu Gott«, das ein verkehrtes Welt- und Selbstverständnis mit sich zieht. Die Aussage vom Menschen als »Sünder« meint, dass der Mensch sich aus seiner grund-

[1] Ἁμαρτία »Verfehlung« ist im Neuen Testament die überwiegende Bezeichnung für »Sünde« unter einer Vielzahl von Begriffen; vgl. Metzner: Sünde / Schuld NT, 1876.

legenden »Verkehrung und Verstrickung« seines Selbstvollzugs nicht allein befreien kann. Er ist auf Gottes versöhnendes und seine Existenz befreiendes Gnadenhandeln angewiesen, das in Form von Wort und Sakrament im Glauben ergriffen wird. Somit steht das Reden vom Sündersein umgekehrt korrelativ zur Gnadenlehre, die das Alleinwirken Gottes für das Heil des Menschen beinhaltet. Das christliche Menschenbild ist also von den beiden Polen »Gnade« und »Sünder« bestimmt und dem Sündersein fällt unter dem Gnadenaspekt sein besonderes Gewicht zu. Die Aussage der Erbsünde zielt auf das »unvorgreifliche Sündersein« jedes Menschen, ist aber zu trennen von z.T. schwierigen Vorstellungen der Tradition zwecks Begründung dieses »Erbes« im einzelnen Menschen. Der Aspekt der Unvorgreiflichkeit bezieht sich auf das Sein der Person als Grund ihres Selbst- / Weltvollzugs.[2]

► **EINSCHUB:** Der Passus bestätigt den islamischen Mystiker: »Sünde ist, dass du da bist«. Die schockierende Diagnose ist uralt – für das Christentum gerade so alt wie die noch zu behandelnde Urgeschichte. Zugleich verweist sie auf das heilsame Handeln Gottes. Jesus lebte Gottes Gnade durch seine Hinwendung zu Zöllnern und Sündern. Paulus predigte sie: Jesu Versöhnungstod und Auferstehung beendeten die Sündenherrschaft, eine Macht, die den Sünder gefangen hielt. Gottes Gnade befreit und verwandelt den Menschen von innen her. Trotz Errettung von der Totalität der Sünde sah Paulus für den irdischen Menschen weiterhin die Möglichkeit, zu sündigen (bei ihm mit »Leben nach dem Fleisch«, z.B. Röm 8,12 f., bezeichnet, einem soteriologischen Begriff für das ganzheitliches Erfasstsein des Menschen).[3] Die frühen Christen legten, gerade im Bewusstsein der besiegten Sündenmacht, großen Wert auf die Überwindung moralischer Verfehlungen.[4] Vielgestaltig war die Vorstellung des Weitergebens der Sünde. Insbesondere sah man sie in der Verderbnis bringenden Geschlechtlichkeit. Bereits der erniedrigende Geschlechtsakt der Stammeltern hatte deren Paradiesesaustreibung und die Verwandlung ihrer zuerst geistigen Körper herbeigeführt. Folgernd meinte die Lehre von der Erbsünde *(peccatum originale)* auch die

---

[2] Axt-Piscalar: Sünde Reformation und Neuzeit, 428,34–51.
[3] Vgl. Metzner: Sünde / Schuld NT, 1877.
[4] Vgl. Holze: Sünde / Schuld Kirchen- und dogmengeschichtlich, 1881.

Verdorbenheit des neugeborenen Kindes, das ja aufgrund des Geschlechtsakts zur Welt kam.[5]

Ob das Gunaid oder die in natürlicher Umgebung angesiedelte Urgeschichte sagen wollten? Solange man sittlich streben konnte, blieb gar nichts anderes für Bosheit übrig als die Sexualität. ***Augustin*** (354–430) erkannte, persönlichst zutiefst zerstört in der Illusion der Tugendsuche, dass gerade diese einem liebenden und vertrauenden Gottesverhältnis diametral entgegenlief. Das Wesen der Ursünde sah er im Geist der Auflehnung (***superbia***[6]) gegen Gott aufgrund von Selbstliebe *(amor sui*[7]*)* und v. a. Begierde (***concupiscentia***[8]). In seiner selbstmächtigen Tugendsuche entdeckte er diese Haltungen innewohnend. Die Gnadenwirkung Gottes dagegen befreit vom Eigenstreben und ruft eine innere Veränderung des menschlichen Willens und Verlangens hervor, was zum Glauben, zur Liebe Gottes und des Nächsten führt. Auch Augustin zufolge wird die Sünde durch Zeugung übertragen. Damit wurde Adams Sünde (in Auslegung von Röm 5,12) »erblich«, die Menschheit zur *massa perditionis,* zur Masse des Verderbens, unfrei, nicht mehr zu sündigen. Mit den genannten Wesensbestimmungen und der ***Abhängigkeit von Gottes Gnade***[9] beschreibt Augustin Universalität, Verhängnis und Machtcharakter der Sünde. Augustin war der theologiegeschichtlich größte Lobredner der Gnade. Dass er aber die *concupiscentia* weitgehend geschlechtlich sah, wurde ein schlimmes Ärgernis der Christenheit. Die Autorin des neuesten Dogmatik-Lehrbuches beklagt, dass dadurch v.a. Frauen als besonders sündig diffamiert und diskriminiert wurden.[10] Positive Leistung Augustins war weiterhin, dass er das Verhältnis von Ursünde *(peccatum originale;* pointierender deutscher Ausdruck »Erbsünde« erst seit dem 13. Jh.) und persönlichen Sünden *(peccata actualia)* klärte:[11] Gegenüber der Ursünde als allem Persön-

[5] Vgl. Beatrice: Sünde Alte Kirche 392,1–26.

[6] Augustinus: »*Superbia … omnis peccati initium.*« nat. et gr. XXIX,33 (MPL).

[7] Augustinus: z. B. conf. VI,12.22.35 (CChSL).

[8] Augustinus: »*Prima hominis perditio fuit amor sui.*« serm. XCVI,2 (MPL).

[9] Augustinus: z. B. nat. et gr. I,1 (MPL); gr. et lib. arb., subsequ. 6 (MPL). Siehe auch 104.

[10] Vgl. Schneider-Flume: Grundkurs, 242. Die Ausführung übergeht aber, dass der Primärfehler ein Bibelverständnis ist, das Eva als »Erstverführte« wörtlich nimmt. Zur Position der Eva in Gen 3 wird der Drewermann-Teil Interessantes sagen; d. Verf.

[11] Nochmals: Keineswegs darf der Ausdruck »Erbsünde« mit Gedanken an Herkunft oder Weitergabe verbunden werden; Luther zog den Begriff »Personsünde« *(peccatum personale)* vor; vgl. beides Schneider-Flume: Grundkurs, 243.

liche vorgestellter Anlage ergeben sich die aktualen Sünden durch den Lebensverlauf.[12] Heute beurteilt man die täglichen Sünden entsprechend:

Mit dem Sündersein als Grunddisponiertheit kommen auch die einzelnen Tatsünden in den Blick; allerdings ist eine primär hieran ausgerichtete, das Sündenverständnis moralistisch verengende Sündenlehre inzwischen weitgehend überwunden. Es ist wichtig, die existenzielle Dimension des unvorgreiflichen Sünderseins gegenüber dem moralistischen Verständnis zu betonen, weil letzteres zahlreiche Lebensgeschichten ruiniert und schließlich auch zur Zersetzung der Sündenrede in der Moderne geführt hat.[13]

Dennoch darf das Sündersein als Grundverkehrung im Sinn der Erbsünde nicht von den einzelnen Tatsünden getrennt werden. Die Erbsünde ist im Selbst- und Weltvollzug und damit in den Tatsünden als stets wirksam zu verstehen. Das Sein ist also ein Vollzug des Menschen, der sich immer schon im Zustand der Verkehrtheit befunden hat. Verkehrt ist der Mensch darin, dass er selbstmächtig und daher selbstbezüglich verfasst ist, worin eben der Gottesbezug als Grund des Seins negiert wird. In der Negierung Gottes als Selbstbezug ist das Ich in seiner Selbstfixiertheit gefesselt, wodurch es den ganzen Weltvollzug in ichgemäßen Verwertungszusammenhang bringt. Die Erbsünde besteht und wirkt, solange der Mensch lebt. Das Sündersein des irdischen Menschen ist mithin er selber in seinem Vollzug. Er hat dieses Sein nicht frei-willentlich gewählt, aber er vollzieht es, hat es immer schon vollzogen und wird es auch weiter vollziehen allein dadurch, dass er Mensch ist. Dies begründet den Schuldcharakter der Sünde und zugleich das von der Aufklärung kritisierte Paradoxon, dass der Mensch als Gefangener schuldig ist.[14]

▸ **EINSCHUB:** Der Aufklärung des 18. Jh. war bei unterschiedlichen Positionen gemeinsam, dass sie die menschliche Natur positiv sah. Die Vorstellung der Erbsünde als etwas nicht Eigenverantwortliches und zugleich als Schuld wurde als widersinnig abgelehnt. Das Schwergewicht lag auf selbstverantwortetem, vernunftgeleitetem Handeln, mit dem die negative bewertete »Sinnlichkeit«, geschürt

---

12 Vgl. Beatrice: Sünde Alte Kirche, 392,47–393,6; vgl. Schneider-Flume: Sünde Dogmatisch, 568; vgl. Saarinen: Erbsünde, 1394.
13 Vgl. Axt-Piscalar: Sünde Reformation und Neuzeit, 428,51–429,7.
14 Vgl. Axt-Piscalar: Sünde Reformation und Neuzeit, 429,8–25.

durch z. B. schlechte Beispiele oder lasche Erziehung, überwunden werden konnte. Manche Exponenten hielten die ideale Entwicklung des Menschen zur Güte bis hin zu Vollkommenheit für möglich. Kant vertrat die Überwindung des menschlichen Hangs zum Bösen durch eine neue, seinen Willen beeinflussende Denkart und propagierte damit ebenfalls die Kraft des Menschen als moralisches Subjekt.[15] Die Französische Revolution und die blutigen Kriege der Folgezeit erschütterten die Absolutheit des Glaubens an den Menschen. Man lernte an ihnen insbesondere die Unentrinnbarkeit vieler Verhaltensweisen und Schicksale kennen, was die Theologie so erklärt:

Die Sünde bleibt nicht nur Sünde des einzelnen oder die Summe einzelner Sünden, sondern steht in einem Wirkzusammenhang. Das Böse in Gedanken, Worten und Taten produziert weiterhin immer Böses. Das Böse gewinnt damit einen unausweichlichen Fluch- oder Machtcharakter über den Einzelnen, die Gemeinschaft und die gesamte Welt. Auch dieser Zug der Sünde ist in der Rede von der Erbsünde inbegriffen.[16]

► **EINSCHUB:** Den Gedanken kannte schon das Alte Testament. Seine Texte verwenden in mannigfacher Weise den Begriff »Sünde« als Phänomen menschlicher Verantwortung und Verstrickung. Viele von ihnen enthalten die im Alten Israel (und im gesamten Alten Orient) vorherrschende Überzeugung vom unheilvollen Wirken eines Vergehens über die Tat hinaus (Tun-Ergehens- Zusammenhang, z. B. Ps 25,7) meist in sehr direkter Weise als Strafe Gottes verstanden.[17] Wenngleich die direkte Sicht durch das Neue Testament überwunden ist, fühlen sich Christen mit den Menschen des Alten Testaments verbunden, indem sie um die Geborgenheit bei Gott gegen die eigene und fremde Sünde wissen:

Für den Menschen als Geschöpf ist das Gottesverhältnis konstitutiv. Das sündige Geschöpf weigert sich, seine Geschöpflichkeit anzunehmen und Güte und Gunst seines Schöpfers anzuerkennen. Das Wesen der Sünde ist daher der Unglaube. Er äußert sich a) in der »Selbstmächtigkeit des auf sich selbst bauenden Selbstvollzugs«. Dieser ist faktisch verzweifelt, weil er den sündigen Menschen durch sich

[15] Vgl. Axt-Piscalar: Sünde Reformation und Neuzeit, 410,26–411,37; 413,40–414,21.
[16] Vgl. Axt-Piscalar: Sünde Reformation und Neuzeit, 429,26–34.
[17] Vgl. Grund: Sünde / Schuld AT, 1874.

selber zwanghaft in die Selbstmächtigkeit hineintreibt, ohne ihrer selbst wirklich mächtig werden zu können. Der Unglaube ist b) Selbstverweigerung derart, dass die sündige Person als Wesen in Relation zu Gott sich selbst und ihrer Umwelt schuldig bleibt, weil sie sich immer mehr in sich selbst verhaftet, ohne wirklichen Selbstgrund zu bekommen. Somit ist auch die Selbstverweigerung verzweifelt. Der Unglaube äußert sich c) in liebloser Verkennung anderer und aller Kreaturen im Zuge von deren Unterstellung in den ichfixierten Verwertungszusammenhang. d) Letztlich ist das Wesen der Sünde Sinn- und Hoffnungslosigkeit, weil sie die sündige Person durch sich selbst auf sich selbst zurückwirft und festschreibt und ihr dadurch Gott, die Mitwelt und ihr wahres Selbstsein nimmt.[18]

► **EINSCHUB:** Die Definition und Anschauung der »Verzweiflung« lieferte Søren Kierkegaard (1813–1855). Er wollte hinter »Sünde« die Motive und damit die besondere Qualität des »Sprunges« eruieren, aufgrund dessen die Sünde allem menschlichen Lebensvollzug als ursprünglich gilt. Den mit dem Sündensprung einhergehenden psychologischen Zustand nannte er »Angst«. Sie ergibt sich aus der Ambivalenz menschlicher Freiheit. Kierkegaard bot der Hamartiologie tiefgreifende exphil. Erkenntnisse.[19] Härle erklärt die Angst als Sorge, sein Leben zu verfehlen. Die Angst selber ist nicht Sünde, »sondern der Umgang« mit ihr, insofern sie nicht ausgehalten, sondern »auf irgendeine Weise loszuwerden versucht« wird.[20] Für ***Kierkegaard*** war Sünde ***Verzweiflung***, weil sie an die Ausweglosigkeit einer bloßen Zu-sich-selbst-Gesetztheit gekoppelt ist, denn die nicht durch Glauben beruhigte Angst wird immer größer.[21]

■ **ANMERKUNG:** Kierkegaard wird mit Teil 3. dieser Arbeit genauer vorgestellt werden, weil Drewermanns Arbeit sich an ihn anlehnt. Andere, vor Teil 3. zu Wort kommende Autoren streifen ihn nur. In deren Passagen werden die Leser um Geduld gebeten.

Chr. Axt-Piscalar sagt zur Zwanghaftigkeit der Sünde: Sünde ist keine bewusste Auflehnung gegen Gott, aber im Selbstvollzug des

---

[18] Vgl. Axt-Piscalar: Sünde Reformation und Neuzeit, 429,35–48; 430,35–41.
[19] Vgl. Axt-Piscalar: Sünde Reformation und Neuzeit, 417,1–33. »Sprung« ist wie »Angst« ein Begriff Kierkegaards: Kierkegaard: Angst, u.a. 40, 45, 90.
[20] Härle: Dogmatik, 473f.
[21] Vgl. Axt-Piscalar: Sünde Reformation und Neuzeit, 417,34–418,4.

Sünders zwangsläufig. Die zerstörende Art der Sünde besteht gerade auch in ihrer Verkennung. Der Begriff der Sünde kann erst nach der Sündenerkenntnis richtig gebraucht werden. Diese gelingt im eigentlichen Sinn nur im Verstehen des versöhnenden Kreuzestodes Christi; das volle Wesen der Sünde wird retrospektiv, im Glauben erfasst. Ein vom Gottesbezug getrenntes Schuld- und Sündenbewusstsein verkennt die Erlösung und verfällt der Sündenmacht nur mehr.[22] »Die Sünde ist um der Gnade willen groß zu machen«[23]. Gleichwohl ist Sünde von der Gnade überwunden. Aufgrund Gottes Versöhnung bleibt sie nicht das Letzte. Ein gesetzliches und vom Gottesbezug getrenntes Sündenverständnis wirft die angeklagte Person auf sich zurück. Das Evangelium des versöhnenden Gotteshandelns jedoch holt den Sünder aus sich heraus und gründet ihn in Christus.[24]

▸ **EINSCHUB:** Wie findet man einen gnädigen Gott? ***Martin Luther*** (1483–1546) war ein Kind des Mittelalters, das im jahrhundertelangen Dornröschenschlaf der Augustinischen Gnadenlehre lag. In der Beurteilung der menschlichen Freiheit zur Tugend oder zur Sünde sowie der Verdienstfähigkeit gegenüber Gottes Wohlwollen räumte die herrschende Lehre des Mittelalters dem Menschen einen Eigenanteil ein, aufgrund dessen er eine endgültige Heilsgewissheit nicht besaß. Die Päpste verbreiteten die Lehre zeitlicher Sündenstrafen, deren Nachlass durch Buß- und Geldleistungen (Ablass) erwirkt werden konnte und zwar auch für verstorbene Mitmenschen.[25] In panischer Angst und im zermarternden Kampf um sein Seelenheil rang der junge Luther um die Gunst Gottes und die eigene Liebe zu Gott, den er als vermeintlichen Peiniger schließlich hasste. Luthers Wiederentdeckung der durch Paulus mit Röm 1,17 erschlossenen wahren Bedeutung des Begriffes »Gerechtigkeit Gottes« – hiernach eine dem vor Gott *passiven* Menschen *zugesprochenen* Größe – setzte die Reformation in Gang. Alle Reformatoren betonten unter Verweis auf das Schriftwort und anknüpfend an Augustin im Grundzug ihrer gesamten Theologie einstimmig, »daß die Menschen nicht aus eigenen Kräften, Verdiensten und Werken gerechtfertigt werden können«,

---

[22] Vgl. Axt-Piscalar: Sünde Reformation und Neuzeit, 429,49–430,23.

[23] Axt-Piscalar: Sünde Reformation und Neuzeit, 430,1. Vgl. dazu: »Magnificare peccatum – ›die S. groß machen‹ – ist nach Luther die Summe des Röm … WA 56, 1,9«, Krötke, Sünde / Schuld Dogmatisch, 1887.

[24] Vgl. Axt-Piscalar: Sünde Reformation und Neuzeit, 430,24–34.

[25] Vgl. Holze: Sünde / Schuld Kirchen- und dogmengeschichtlich, 1884.

sondern durch ***Alleinwirksamkeit der göttlichen, im Glauben an Christus anzueignenden Gnade***[26]. Auf diesem Hintergrund ist die Entsprechung und gegenseitige Gewichtsverleihung von Gnaden- und Sündenlehre zu verstehen. Luthers Bild der Sündhaftigkeit sieht – ebenfalls Paulus folgend – von den Tatsünden ab und nimmt in radikaler Weise das an sich verkehrte Sein des Menschen vor Gott in Betracht. Wie Augustin erlebte er es als Mittelpunkt der Selbst- und Weltwahrnehmung des sündigen Menschen und als eigentliche Schuld vor Gott im Gegensatz zu den Tatsünden, deren permanenter Ursprung es ist. Luther entdeckte nach intensivem Bibelstudium, dass die Dimension des Sünderseins erst in der glaubenden Beziehung zu Gott erfahren wird. Die Verkehrtheit gegenüber Gott bezeichnet er als Unglauben, als Abwendung von Gott – ***aversio dei***[27] – oder als Verstoß gegen das erste Gebot. Statt auf Gott vertraut der sündige Mensch auf sich selbst. Sein Lebensvollzug ist durch die Augustinischen Begriffe ***superbia*** und ***concupiscentia*** bestimmt, ohne dass Luther letztere geschlechtlich wertete. Die Frage der Sündenübertragung wurde auch von den Reformatoren mit dem Zeugungsgeschehen gelöst, trat aber angesichts der gnadentheologischen Gewichtung zurück. Relevant war die Tatsache der Weitergabe an sich und damit die Unausweichlichkeit des Sünderseins. Luthers Menschenbild folgte Augustin darin, dass der von der Ursünde bestimmte Mensch keinen freien Willen hat, sich Gott zuzuwenden. Die Erbsünde wird nach Luther durch Taufe und Gnade nicht getilgt – anders bei Augustin –, deren Schuld aber von Gott nicht angerechnet. Luthers Sündenverständnis ist tiefer als Augustins, bei dem nach Tilgung der Erbsündenschuld nur die *concupiscentia* als Anlage zurückbleibt. Nach Luther wird der Mensch nicht im Maße Augustins ein Gottliebender, sondern liegt während des ganzen irdischen Lebens im Kampf mit seinem alten Wesen; vor Gott steht er als »gerecht und Sünder zugleich« da. Taufe, Gnade und vom Heiligen Geist geleitete, ständige Buße bilden folglich zusammenhängende Elemente christlichen Lebens.[28]

---

[26] CA IV; BSLK 56,1–4: »*quod homines non possint iustificari coram Deo propriis viribus, meritis aut operibus, sed gratis iustificentur propter Christum per fidem …*«; vgl. auch: Axt-Piscalar: Sünde Reformation und Neuzeit, 400, 23 f.

[27] Von Luther besonders eindringlich erklärt auf Deutsch (»Abkehr von Gott«): Jona, WA 19, 207, 33; vgl. auch 207,14–209,14.

[28] Vgl. Axt-Piscalar: Sünde Reformation und Neuzeit, 400,17–402, 48; 404,2–16; Vgl. Holze: Sünde / Schuld Kirchen- und dogmengeschichtlich, 1885.

1.0.0.1 Katholische Besonderheiten

Die Überzeugung der Universalität der Sünde ist gemeinchristliche Anschauung. Das Gleiche gilt für das grundsätzliche Wesen der Sünde als »Ablehnung Gottes, als Widerstand gegen ihn«[29], doch muss die Stellung des Menschen zu Gott in diesem Abschnitt noch präzisiert werden. Folgendes unterscheidet die katholische von der evangelischen Hamartiologie:

Die katholische Lehre geht in Begründung und Tradition der Erbsünde wörtlich bis auf Adam zurück. Von ihm hätte die für alle Menschen vorgesehene Gnade durch den Abstammungszusammenhang vermittelt werden sollen. Jeder Mensch tritt sündig ins Dasein, weil Adam als Stammvater aller die ihm stellvertretend für seine Nachfahren gebotenen Gaben der Heiligkeit und Gerechtigkeit verwirkt hat und zwar durch freiwillige Tat.[30] Bis heute wehrt sich das katholischer Lehramt gegen eine mythologische Auslegung der Urgeschichte. Es räumt zwar eine volkstümlich-bildhafte Sprache ein, die von den biblischen Autoren zum leichteren Verständnis des »wenig gebildeten Volkes« gewählt wurde, pocht aber auf *ein* der Menschheitsgeschichte ursprünglichen Ereignis. Dieses ging von dem *einem* Menschen Adam aus (vgl. auch Röm 5,12) – genauer gesagt, zuallererst vom »Fall der Engel«, einem katholischen Spezifikum: Diese nämlich waren es, die, verwandelt in Teufel und in Gestalt der Schlange, Adam verführten.[31]

► **EINSCHUB:** Diese Lehre klingt fragwürdig. Was hat es mit der »mythologischen« Deutung auf sich? Sie ist eine Erkenntnis der historisch-kritischen Bibelexegese, die im Zuge der Aufklärung in die theologischen Fakultäten einbrach. Die mythologische Auslegung der Sündenfallgeschichte versteht Gen 3 als Lehrgedicht über die Kindertage der Menschheit bzw. die Frühphase der Individualentwicklung. Plötzlich konnte die Einmaligkeit des adamitischen Falls

---

[29] KKK Nr. 386.

[30] Vgl. G. L. Müller: Katholische Dogmatik, 136, 134.

[31] Vgl. Joh. Paul II.: Weltkatechismus von 1992, Nr. 390–397, angelehnt an Pius XXII.: Enzyklika »Humani generis« von 1950 über Schriftverständnis, Auslegung usw.; die »Weniggebildeten« hier s. Nr. 38. Das Zitat stammt bereits aus einer Erklärung der Bibelkommission Pius' II. von 1948. Ges. Absatz vgl. auch KKK Nr. 991, 992, 996, 997, 402. E. Drewermann mokiert sich über den Ausdruck »Weniggebildete« und die Wiederholung alter Lehrsätze: Sechster Tag., 56 f.

aufgehoben und Adam nicht als Vorfahr, sondern als exemplarischer Mensch auf jeden einzelnen bezogen werden. Der sich in jedem Individuum vollziehende Fall – sowohl stammes- als auch individualgeschichtlich – wurde als positiv-konstituierend für den Abfall der Instinkte und die Entwicklung von Freiheit und Vernunft gepriesen (so z.B. durch Kant; nachaufklärerisch z.B. durch Schiller, Hegel).[32] Für ein autoritäres kirchliches Lehramt sind Freiheit und Vernunft gefährlich; es *braucht* Weniggebildete. Die Frage der Bibelauslegung belastet allerdings das Verhältnis zwischen Katholisch und Evangelisch wenig bzw. nur insoweit, als der beschriebene Führungsanspruch ins Spiel kommt. Ansonsten wäre es müßig, eine Erzählung aus fernsten Tagen zu diskutieren, bei der kein Heutiger zugegen war, und man wird auch dem Katholizismus ein nicht geringes Maß an Symbolverständnis zugestehen können. An den Nerv, nämlich des Menschenbildes, geht ein zweites Problem. Es ist viel älter als das erste und hat zur Trennung der beiden Konfessionen erheblich beigetragen. An ihm kommt der kirchliche Führungsanspruch wesentlich mehr ins Gewicht:

Echt strittig ist unter den Konfessionen die von den Reformatoren behauptete Totalität der Sünde, die völlige »Verderbnis der menschlichen Natur«[33] und damit die Lehre des unfreien Willens in Dingen des Heils. Nach katholischer Theologie ist Sünde eine Entscheidung gegen Gott, die auch umgekehrt möglich wäre, eine freiwillige Kündigung der Gemeinschaft mit ihm.[34] Die evangelische Sicht stellt nicht die gute Geschöpflichkeit infrage, sondern meint deren menschlich vollzogene Perversion. Evangelische Sündenrede ist also nicht ontologisch, sondern eine Frage der Phänomenalität, des Vollzugs und der Personalität; die Unterschiede zwischen beiden sind nicht gradueller, sondern qualitativer Art. Nach römisch-katholischer Ansicht ist die nach dem Fall erhalten gebliebene Gottebenbildlichkeit (imago) ein guter Kern im Menschen. Sündenerkenntnis, Reue und Umkehr ist mittels Gottes zuvorkommender Gnade *(gratia praeveniens)* möglich, die an der guten Natur angreift. Diese »Ausstattung« besitzen evangelische Christen nicht.[35]

---

[32] Vgl. Axt-Piscalar: Sünde Reformation und Neuzeit, 412,30–50.
[33] ASm III; BSLK 434,8; vgl. auch Krötke, Sünde / Schuld Dogmatisch, 1888.
[34] Vgl. Scheffczyk: Sünde, 165.
[35] Vgl. Krötke, Sünde / Schuld Dogmatisch, 1888f.

► **EINSCHUB:** Die Lehre geht auf das Trienter Konzil zurück (Abschluss 1563), Antwort an die Reformation und bis heute gültiges Fundament des Katholizismus. Es sieht das Verhältnis des Menschen zu Gott nicht relational, sondern durch die Begriffe »imago« und »similitudo« bestimmt. Während die imago die unverlierbare wesensmäßige Gottebenbildlichkeit einschließlich der von den Reformatoren abgelehnten Willensfreiheit darstellt, wurde das menschliche Antwortverhalten, die similitudo, durch Adams Sünde eingebüßt. Die Taufe tilgt die Schuld der Erbsünde gänzlich. Nicht Begierde bestimmt den Getauften fortan, sondern ein zur Sünde geneigter »Zunder« (*fomes;* entsprechend der *concupiscentia* Augustins), nur ein Hang, der vom alten Zustand übrigblieb. Die Taufgnade schafft im Getauften eine neue innere Qualität, kraft derer er zum Guten fähig – und kirchlicherseits erziehbar ist. Das macht bis heute eine gänzlich andere Ekklesiologie der Katholischen Kirche aus – eben die einer Führungstheologie.[36] Hier bezieht sich Führung nicht nur auf die Bildung, sondern auf die Moralität des Menschen.

1.0.1 Praktisch-theologisch

1.0.1.0 Überwiegend evangelisch

Alle von mir recherchierte neuere Literatur stimmt darin überein, dass das Reden von Sünde zeitnah werden muss. Zum einen wird der Begriff nicht mehr verstanden, zum anderen genügt er gegenüber der postmodernen komplexdifferenzierten Wirklichkeitserfahrung in seiner Formulierung nicht mehr.[37] Härle meint, dass das heute wenig erhellende religiöse Wort »Sünde« zu Desinteresse führt oder zu Argwohn gegenüber einer überwachenden, ins Gewissen redenden und unterdrückenden Kirche.[38]

Die Umgangssprache versteht »Sünde« rein moralisch und karikiert sie zumeist ironisch. Allseits bekannte Beispiele sind die »Verkehrssünder« und ihre Kartei in Flensburg, Sünden gegen die Diätvorschrift, etwas ernsthafter gemeinte »Umweltsünden« und insgesamt einen Verstoß gegen Normen oder Vorsätze, die man zugleich für

---

[36] Vgl. Axt-Piscalar: Sünde Reformation und Neuzeit 405,48–406,39; vgl. KKK Nr. 406.

[37] Vgl. Gräb: Sünde Praktisch-Theologisch, 436,46–437,3.

[38] Härle: Dogmatik, 456.

merkwürdig unverbindlich hält. Die Karikatur der Moralität bezieht sich insbesondere auf die Bereiche Sexualität, Leiblich- und Sinnlichkeit und wird von den Medien kräftig geschürt.[39]

Die gegenwärtige Theologie ist sich in ihrer Rede von Sünde ferner darin einig, dass sie das konventionell-moralische Verständnis »zum Missverständnis erklärt. Sünde hat in der Beziehung des Menschen zu Gott ihren Ort« und zerstört von dort heraus die Beziehung zu sich selbst und zur Mitwelt. Im Positiven kann und muss praktisch-theologische Arbeit betonen, dass nach der paulinisch-reformatorischen Rechtfertigungslehre der Mensch bei Gott Anerkennung findet, unabhängig davon, wie er ist, was er leistet und welche Akzeptanz er in der Umwelt erhält.[40]

► **EINSCHUB:** Warum immer noch Moral? Haben Paulus, Augustin und Luther nicht genug aufgeräumt? Bereits die protestantische Orthodoxie des 16.–18. Jahrhunderts, besonders die pietistische Richtung, drangsalierte das Verständnis der Sünde zur legalistischen und moralistischen Frömmigkeit. In massiver Ablehnung der historisch-kritischer Exegese wurde die Erbsünde mit allem Nachdruck am Fortpflanzungsakt festgemacht. Das Sündenverständnis von Orthodoxie und Pietismus attackierte insbesondere weltliche Freuden und betonte die einzelnen, persönlich verantwortbaren Tatsünden.[41] War hier der Satan ständig auflauernder Verführer zum Weltlichen, so hatte Luther ihn als Vermieser nicht nur der ewigen, sondern auch der zeitlichen Freude gesehen, z. B. des für ihn besonders wichtigen Biergenusses.[42] Damit soll nun gerade nicht die sog. Altprotestantische Orthodoxie als Lebensverdüsterer, sondern die extreme Bandbreite an Positionen dargestellt werden. In Wirklichkeit war die historische Phase zwischen Reformation und Aufklärung stockduster – es war die Epoche der Gegenreformation, des Dreißigjährigen Krieges und der Hexenverfolgungen; es herrschten Pestepidemien, Klimawandel, Agrarkrisen und Hunger –, während gerade Luther in ein rundum günstiges, optimistisches und freiheitsliebendes Zeitalter hineingeboren war. Es ist hier kein Einzelphänomen, dass sich in der Not der Krisenbewältigung Verhaltensweisen und Frömmigkeitsstile heraus-

---

[39] Vgl. Gräb: Sünde Praktisch-Theologisch, 437,4–18.
[40] Gräb: Sünde Praktisch-Theologisch, 437,19–35.
[41] Vgl. Axt-Piscalar: Sünde Reformation und Neuzeit, 408,13–410,6.
[42] Vgl. Luther: Tischreden, WATR Nr. 139, 60.

bilden, die sich in der Suche nach greifbaren Sünden und Sündenböcken (z. B. Hexen oder derzeit wie zu allen Zeiten Juden) entladen. Unter diesem Aspekt und im Wissen um das multifaktorielle Entstehen von Theologien und Frömmigkeitsrichtungen (es wirkt eben immer auch der übrige Zeitgeist mit) wird verständlich, dass die Moralität bis in die Gegenwart genügend Nährboden fand bzw. sich in den menschlichen Köpfen fest etablierte.[43]

Ein weiterer Gedanke der heutigen hamartiologischen Überlegungen wendet sich an die feministische Theologie. Dieser, die das männliche, auf Durchsetzung bedachte Deutungsmuster von Sünde als einseitig ablehnt, kann entgegengehalten werden, dass Durchsetzung und Opferbereitschaft zwei Seiten des Sündenphänomens sind und besonders berücksichtigt werden, wenn man zu dessen Ergründung S. Kierkegaard folgt.[44]

▶ **EINSCHUB:** Die feministische Theologie ist eine Richtung der modernen und postmodernen Theologie, die bevorzugt nach psychisch-anthropologischen und sozialen Bezügen fragen. Feministische Theologinnen bekämpfen eine theologiegeschichtlich bedingte Diskriminierung von Frauen.[45] Das umgangssprachlich-moralische Verständnis darf nicht einfach negiert, sondern muss an die Rede von der Gottesbeziehung als Grund der Sünde angeknüpft werden. Die Aufgabe und Chance des Christentums besteht darin, die Verkettungen moralischer Schuld, ihre aufrechnende Forderung nach Ausgleich und die Verfahren- oder Blockiertheit zwischenmenschlicher Beziehungen durch das heilsame Mittel der Sündenvergebung zu lösen. Das Evangelium gibt hierin eine unvergleichliche Perspektive ab. In dem Zusammenhang muss das weit verbreitete Missverständnis vom ausschließlichen Richtergott korrigiert werden.[46]

---

[43] E. Drewermanns Buch »Ein Mensch braucht mehr als nur Moral« ist voller alltäglicher Beispiele omnipräsenter Moralität, so die übliche Gelähmtheit, das eigene Selbst leben zu wagen im ständigen »Denken, was die anderen denken« (392) oder das weitverbreitete Gehemmtsein, Worte und Gesten der Zärtlichkeit und Liebe zu finden (546). Von Heinrich Heine stammt das Wort über den Zusammenhang von Demütigung und Moralität, nämlich, dass die Deutschen deshalb so aufrecht stelzten, weil sie den Stock verschluckt hätten, mit dem sie geprügelt wurden; zit. in Drewermann: Moral, 351.

[44] Vgl. Gräb: Sünde Praktisch-Theologisch, 437,36–48.

[45] Schneider-Flume: Sünde Dogmatisch, 571; vgl. Axt-Piscalar: Sünde Reformation und Neuzeit, 428,9–13.

[46] Vgl. Gräb: Sünde Praktisch-Theologisch, 437,49–438,28.

Mangels Entlastung von Schuld grassiert in den alltäglichen säkularen Lebenszusammenhängen das Bewusstsein von Schuld, deren Anrechnung und Ahndung. Christliche Theologie und Kirche können auch in weiteren Zusammenhängen wie historisch-politischen bei der Verarbeitung von Schuld helfen (z. B. der Schuld von Auschwitz).[47] Ein besonderes Augenmerk auf die heutige Inflation der Begriffe »Schuld« und »Verantwortung« in der reglementierten Welt legt der EEK und erschließt damit, zu welcher Überforderung die moderne »Autonomie« führen kann.[48] Härle beobachtet aber auch einen anderen Trend der Zeit, nämlich das Einfach-Hinnehmen von Schuld. Er spricht von der Ambivalenz zwischen »Negierung« und »Ausweitung«. Die Negierung betrifft meist das eigene, die Ausweitung das fremde Tun.[49] J. B. Metz spricht vom »modernen Unschuldswahn«[50].

Das Reden von Sünde lässt sich nach jahrhundertelangen Missverständnissen nicht erneuern. Der bleibende Sinngehalt von Sünde, ihr Symbolcharakter für die Selbst- und Weltdeutung, sollte aber in den heuten Lebensvollzügen zu verstehen gelernt werden. Die kirchliche Praxis bietet hierzu Möglichkeiten, in denen sich das Christentum zeigt als das, was es ist, nämlich eine Erlösungsreligion:

Der christliche Gottesdienst begreift sich, insbesondere liturgisch, seit alters her als Wegweiser für die Begegnung mit Gott. Das Abendmahl lädt Menschen zur Teilhabe an der erlösenden, heilenden Kraft Christi ein. Der Gottesdienst zielt nicht auf Unterwerfung vor einer zürnenden Macht, sondern auf Gemeinschaft mit einem Gott und anderen Menschen, vor denen sich Lebenssituationen und – entwürfe klären lassen und Menschen in ihrer Würde und Einsichtsfähigkeit ernst genommen werden. Die menschliche Entfaltung soll gerade nicht verhindert, sondern heilsam vollzogen werden. Besonders in neuzeitlicher Autonomie soll Leben gelingen, dabei aber frei von Perfektionsstreben sein können. Dieser Aspekt muss besonders in Unterricht und Bildung betont werden, da hier die Bilder eines repressiven, leibfeindlichen Christentums stark ausgeprägt sind. Ein wichtiger zu vermittelnder Aspekt im Zusammenhang mit Sünde ist auch der, dass Gottes Vergebung auch solchen Menschen grundlose Würde zuschreibt, die die Würde anderer mit Füßen traten.[51]

---

[47] Vgl. Gräb: Sünde Praktisch-Theologisch, 438,29–439,2.

[48] Vgl. EEK, 170.

[49] Härle, Dogmatik, 464.

[50] Kath. Fundamentaltheologe, * 1928; zit. in Häring: Sünde und Schuld, 1208.

[51] Vgl. Gräb: Sünde Praktisch-Theologisch, 439,5–441,14.

Der EEK beginnt seinen Abschnitt »Sünde«, indem er diese und ihre Folgen anschaulich am Bibeltext darstellt. Mit der Geschichte von Davids Ehebruch (2 Sam 11) versucht er, die Gestimmtheit zur Schuld und ihre zwanghafte Folgenreihe zu verdeutlichen. Er kommt zu den Aussagen, dass Sünde die Absolutsetzung des Selbst ist, in der der Mensch sich zum Schöpfer, Maßstab, Macher, Richter und Erlöser setzt, was dem Sein-wie-Gott gleichbedeutend ist. Dies wirkt sich zerstörerisch auf Lebensbeziehungen aus, und zwar permanent, weil die innere Haltung den Menschen diktiert. An Gott geknüpftes Leben, der uns seine im versöhnenden Kreuzestod Christi erwirkte Liebe, sein Verständnis und vergebendes Erbarmen geben will, wird innerlich frei, weit und liebesfähig. Verbote zum Schutz anderen Lebens erweisen sich, anders als unter dem Diktat der Paragraphen, nur scheinbar als Begrenzungen.[52]

Ferner tilgt der EEK mit Nachdruck das Missverständnis eines Tun-Ergehens- Zusammenhangs im Fall von Krankheit und Schicksal. Das Buch Hiob zeigt, wie dieser Zusammenhang bereits im Alten Testament hinterfragt wurde. Jesus durchbrach ihn endgültig.[53]

Die atl. Urgeschichte wird vom EEK als Symbol erklärt; der Ursprung der Sünde ist das Misstrauen gegen Gott. Ein geschlechtsspezifisches Sündenverhalten darf aus ihr auf keinen Fall abgeleitet werden, weder im positiven noch im negativen Sinn. Zugleich werden auch hier das große Unrecht und die Etablierung von Vorurteilen gegenüber Frauen durch eine falsch verstandene Theologie beklagt. Ferner wird betont, dass der Antrieb zum biblischen Fall nicht »Erkenntnis« im Sinne von »Wissen« an sich ist, sondern das Sein-Wollen wie Gott. Wissen ist für sich nichts Schlechtes. Die allzeit gültige einseitig-sexuelle Deutung des Augustinischen Begriffs »Konkupiszenz« ist ein Missverständnis. Zum Beispiel hat Erich Fromm gezeigt, dass Konkupiszenz im weitesten Sinne das zerstörerische Nur-Haben-Wollen ist.[54]

---

[52] Vgl. EEK, 171–176. Schneider-Flume meint, dass David beispielhaft für den Begriff der Konkupiszenz steht, verstanden als unstillbares Begehren, alles zu konsumieren und sich einzuverleiben; vgl. Schneider-Flume: Grundkurs, 242. »Einverleiben« ist, wie sich in Teil 2. zeigen wird, ein Ausdruck P. Tillichs.

[53] Vgl. EEK, 178.

[54] Vgl. EEK, 179–181. Vgl. den »Haben-Modus« bei E. Fromm: Haben oder Sein. Die seelischen Grundlagen einer neuen Gesellschaft, Stuttgart 1976; d. Verf.

Mit dem Begriff »Erbsünde« ist der nicht entrinnbare Machtzusammenhang von Menschen, ihrem Sein und Tun gemeint. Die Welt ist voller Strukturen, in der Menschen wie Adam dazu gebracht werden, sich selbst zu verfehlen. Die Urgeschichte berichtet eine allgemein- und universell-menschliche Erfahrung. Heutzutage bestehen wirtschaftliche oder geschlechtsspezifische Strukturen, aufgrund derer Einzelne unausweichlich in Schuld fallen müssen. Dieses Phänomen wird mit »struktureller Sünde« bezeichnet.[55]

Fühlen sich Menschen der unheimlichen Macht des Bösen ausgesetzt, so bereits in der Bibel, wird diese z. B. als »Teufel«, »Fürst dieser Welt« (Joh 12,31) personifiziert. Das Böse ist kein Gegengott. Es erreicht auch Christen, kann sie aber nicht zerstören.[56]

Schließlich erklärt der EEK die verschiedenen Formen, die die Kirche für Menschen bereit hält, um Beichte zu tun und Vergebung zu erfahren. Beides ist nach evangelischer Sicht Christen im Miteinander auch ohne kirchliche Amtsträger möglich, doch wirken Kirche und Liturgie haltgebend und oft besonders tröstend.[57]

1.0.1.1 Katholische Besonderheiten

Das strukturelle Augenmerk und das Beachten von Zeitphänomenen sind auch im heutigen Katholizismus gegeben. Der KKK weist auf die Strapazierung der menschlichen Freiheit hin – die ja nach katholischem Menschenbild vorliegt, indem man in der Entscheidung für oder gegen Gott hinter seinen Willen treten kann – nämlich durch wirtschaftliche, politische und kulturelle Voraussetzungen.[58] Mit dem ans Menschenbild gekoppelten Kirchenverständnis liegt der Schwerpunkt auf der Rolle der Kirche im Bußsakrament. Damit bekommen die Tatsünden besondere Bedeutung; sie sind nach Schweregraden aufgelistet (lässliche Sünden, Todsünden usw.).[59] Folgende weitere Vorstellungen sind auffällig:

Das Bußsakrament heilt auch den Riss zur Kirche, den die Sünde bewirkte und führt zur Wiederaufnahme in die kirchliche Gemein-

---

[55] Vgl. EEK, 183 f. Die strukturelle Sünde enthebt aber nicht von persönlicher Verantwortlichkeit; vgl. Schneider-Flume: Grundkurs, 242.

[56] Vgl. EEK, 184.

[57] Vgl. EEK, 589–596.

[58] Vgl. KKK, Nr. 1740.

[59] Vgl. KKK, Nr. 1852–1864.

schaft.[60] Auch in der Gegenwart existiert noch die Vorstellung vom Ablass. Ablass ist heute wie früher ein Erlass zeitlicher Strafe von Gott für Sünden, deren Schuld durch Vergebung schon getilgt sind. Ihn erhält der Gläubige nach innerer Vorbereitung »unter genau bestimmten Bedingungen durch die Hilfe der Kirche, die als Dienerin der Erlösung den Schatz der Genugtuungen Christi und der Gläubigen autoritativ austeilt …«, und zwar teilweise oder vollkommen.[61] Die Verdienste bilden einen – heute rein immateriellen – »Schatz«, der gespeist wurde vom Heilswirken Christi, Marias und frommer Menschen, der folglich anzapfbar und gegen Tatsünden aufrechenbar ist.[62] Nicht ganz »freigekaufte« Gläubige werden nach dem Tod im Fegefeuer geläutert; ihnen kann die Fürbitte helfen.[63] Die Kirche will mit der Ablassvorstellung zu Buße, »Werken der Frömmigkeit, der Buße und der Nächstenliebe anregen«.[64] Ausdrücklich betont aber der heutige Katholizismus, dass der letzte Grund für Rechtfertigung und innere Verwandlung (Heiligung) des Menschen und mithin der Ermutigung die göttliche Gnade ist.[65] Die Mühen um den Konsensus der Gemeinsamen Erklärung zur Rechtfertigungslehre von 1999 haben letztlich gezeigt, wie sorgfältig heute von konfessionellen Unterschieden gesprochen werden muss. Bischof Lehmann meint, dass viele Grundbegriffe, darunter auch »Sünde«, konfessionell anderen Zugängen unterliegen und deshalb in ihrem Verständnis geradezu schwer *übersetzbar* und vergleichbar sind.[66]

1.1 Resümee und Einzelbeurteilungen (auch im Blick auf konfessionelle Unterschiede); erstes Zwischenergebnis

Zunächst möchte ich Inhalte und Art der heutigen Sündenlehre knapp zusammenfassen (Was wurde gesagt? und dessen Systematisierung; dann: Wie wurde es gesagt?) und erst anschließend im eigentlichen Sinn resümieren. Das Resümee, so viel schon vorweggesagt, wird ein Problem hinterlassen.

[60] Vgl. KKK, Nr. 1469.
[61] KKK, Nr. 1471.
[62] Vgl. KKK, Nr. 1477. 1478.
[63] Vgl. KKK, Nr. 1472.
[64] KKK, Nr. 1478.
[65] Vgl. KKK, insbes. Nr. 1996–1999.
[66] Vgl. Lehmann: Konsens, S. 3.

● ZUSAMMENFASSUNG:

Sünde bezeichnet ihrem Wesen nach ein verkehrtes Verhältnis zu Gott, Leben in Verkehrung und Verstrickung, selbstmächtiges Leben des auf Gottes Gnade angewiesenen Menschen und damit als Gegenpol der Gnade, als Widerstand gegen Gott, Ablehnung Gottes, Unglaube oder Misstrauen gegen Gott. Sie äußert sich als ständiger Motor der Tatsünden, in Selbstfixiertheit und Verwertung der Umgebung, im Fluch- und Machtcharakter unaufhörlicher Schuld, in der Blockierung von Beziehungen, in Verzweiflung, Halt- und Sinnlosigkeit, in der Verkennung ihrer selbst, in Angst um ein gelingendes Leben und schließlich in ihrer Wirkung auf umfassende Lebensstrukturen. Alle Merkmale sind ohne Gottesbezug nicht zu durchbrechen. Das verweist wiederum auf die Notwendigkeit der Gnade (auch aus Sicht des Katholizismus) und auf ihr Wesen als Unglaube oder Abkehr von Gott. Die überindividuelle Art der Sünde wird traditionsgemäß als »Erbsünde« bezeichnet. Systematisch lässt sich also feststellen: Man betrachtet Sünde

- ihrem Wesen nach als Abkehr von Gott; die evangelische Theologie stützt sich hauptsächlich auf ***Luther (aversio dei)***
- und bei philosophischer Ausrichtung (Axt-Piscalar, Härle; beide evangelisch) in der Phänomenalität stark auf ***Kierkegaard (Verzweiflung)***.

In Bezug auf die Art heutiger Sündenrede zeigen sich die Einsicht der Notwendigkeit und die Anstrengungen um ein zeitnahes Reden. Dabei will die evangelische Theologie den Moralismus und alte Missverständnisse überwinden. Man knüpft in beiden Konfessionen an heutige Lebenszusammenhänge an (z. B. politische Schuld, strukturelle Schuld, Eheerfahrungen, moralische Überforderung durch die Umwelt). Der Katholizismus betont seiner Art als Führungsreligion gemäß die Rolle der Kirche als Leitung für die Gläubigen im Umgang mit der Sünde.

Resümieren kann man, dass die verwendete Literatur überdeutlich erschließt und verbreiten will, inwiefern das Christentum mit seiner Erbsündenvorstellung (die z. B. das Judentum und der Islam offiziell nicht kennen) gerade kein Miesmacher, sondern Realist ist. Sie drückt das aus, was täglich erfahrbar ist, nämlich z. B. Verkettungen des Bösen unter einzelnen Menschen, Sorgen um ein gelingendes autonomes Leben oder Fehlverhalten erzwingende Strukturen (etwa ein aggressiver Konkurrenzkampf einer Firma – auch um der eigenen Arbeitsplätze willen). Mag das katholische Erklärungsmodell der Sünde fragwürdig bzw. uneindeutig sein und die Ablasspraxis für evangelische Ohren grotesk klingen (erst Vergebung, dann noch Aktionen betreffs Strafe), so sehe ich auch hier sehr positiv das Bemühen um die Betonung der *Macht* der Sünde, der jeder Mensch unterliegt. Für das gesamte Christentum gilt, dass Sünde richtig *erklärt* werden muss. Diese Forderung ist nicht neu: Selbst prominente Theologen wie F. D. E. Schleiermacher (1768–1834), Albrecht Ritschl (1822–1889) oder Karl Barth (1886–1968) mochten die Erbsündenrede nicht, u. a. deshalb, weil sie nicht ins Zeitverständnis passte.[67] Schleiermacher und Barth wollten die Erbsündenlehre am liebsten abschaffen. Die obigen Ausführungen könnten sie eines Besseren belehren; die heute geschwundene Möglichkeit der Einsicht in das menschliches Wesen und Verhalten sowie der Bewältigung von Schuld führen zu Überlastung oder zu Verdrängung. Die Erbsündenrede dient also der Psychohygiene. Wird solche Einsicht durch die in 1.0 vorgestellten Anstrengungen gewährleistet? Maßstab meiner Untersuchungen bleibt weiterhin die hermeneutische Frage. Das Bemühen um Bezüge zur heutigen Lebenswirklichkeit und um Verständlichkeit ist in beiden Konfessionen erkennbar. Negativ finde ich nicht allein die »Rückständigkeit« oder das Zweideutig-Unklare der katholischen Erklärung der Sünde. Im obigen praktisch-theologischen Abschnitt tauchte für die etablierte (überwiegend evangelische) Sündenrede fünfmal das Wort »Missverständnis« bzw. »missverständlich« auf. Die Frage geht auch an die evangelische Theologie, ob Missverständnisse wirklich restlos ausgeräumt werden können. Es wurde ersichtlich, dass die heutige gesamtchristliche Hamartiologie auf dem Boden der paulinischen Gnadenlehre fußt, wonach die durch Christus erwirkte Gnade allein das Heil und heilsame Veränderung im Menschen bewirken kann. Dabei hat nach der katholischen Vorstellung von der kirchlichen Mithilfe und Lenkung in der Ausrichtung auf Christus hin hier die Moralität nach wie vor viel höheres Gewicht, was ihn neben der mehr oder weniger starken Wörtlichnahme der Stammeltern-Geschichte problematisch macht. Diese beiden sind maßgebliche Faktoren dafür, dass leidende katholische Gläubige

[67] Zu A. Ritschl vgl. Schneider-Flume: Sünde Dogmatisch, 570.

das Sprechzimmer Drewermanns füllen und ihre Geschichten seine Bücher.[68]

Deutlich muss Bischof Lehmann[69] gesagt werden, dass evangelische Sündenlehre ihrer Anthropologie nach und dem reformatorischen Erbe gemäß viel radikaler ist. Indem der evangelische Christ als »völlig verdorbener« Mensch für Sünde schlechthin einsteht, also auch die Schuld seiner Vorfahren und entferntester Jetzt-Geschehnisse mitträgt, kann er im Gegenzug mehr Entlastung im Umgang mit fremder Schuld und zu tieferem Verständnis gegenüber anderen Menschen finden. Das macht die evangelische Konfession toleranter. Im Einzelnen positiv zu beurteilen ist

a) die strikte Distanzierung von der Moralität in der evangelischen Theologie. Auch darin gefiel mir der Axt-Piscalar-Artikel, dass er als Folge von Moralität nicht nur etwa »Leid« nannte, sondern »ruinierte Lebensläufe«. In diesem Zusammenhang ertönen in meinen Ohren die zahlreichen Aussprüche Drewermanns über »die Annas und Effis«, womit er die zeitlich beileibe nicht überholten Schicksale der Romanfiguren Tolstois und Fontanes meint. In meiner eigenen Familie gab es eine »Anna« und der Fluch der bösen Moral (nicht: der bösen Tat!) hielt viele Jahre an.[70]
b) das Ausräumen von etablierten Missverständnissen, so des Schicksal-Schuld-Zusammenhangs, der sündigeren Frauen, der Konkupiszenz als allein eines geschlechtlichen Begehrens, des einseitigen Richtergottes.
c) die Einbindung in die Lebenszusammenhänge unserer Zeit. Dass mittels der Rede von Sünde und Vergebung Menschen in Anknüpfung an die moderne Autonomie heilsam zu sich selbst und ihrer Entfaltung verholfen werden kann, dass ihnen Befreiung von Fehlern und verbauten Lebensentwürfen ermöglicht werden und dass das Macher-Sein als maßlose Selbstüberschätzung auf Kosten anderer wahrhaft erkannt werden kann, empfinde ich als großartigen Aspekt. Er sollte kräftiger verbreitet

---

[68] Zum Moralismus vgl. Drewermann: Moral, 307; zur Wörtlichnahme vgl. ders.: Sechster Tag, 54.

[69] Siehe S. 17 Mitte.

[70] Oft verbunden mit weiterem häufigen Satz: »Dichtung ist die Sprache der Menschen«, so geäußert im Vortrag 1; vgl. Drewermann: SB I, XI; zu Anna Karenina und Effi Briest vgl. ders.: Psa. und MT II, 125; vgl. ders.: Jesus von Nazareth, 73.

werden und könnte alle Vorstellungen von Begrenzung und Prüderie restlos zunichtemachen.

d) das generelle Anknüpfen an soziologische Bezüge (z. B. in Fragen politischer Schuld, struktureller Schuld), was wiederum Kontaktpunkte für Menschen mit entsprechendem Informations- und Gesprächsbedarf schafft. Im Zusammenhang mit struktureller, mehr oder weniger nicht entrinnbarer Schuld, wie sie meiner Erfahrung nach unzählige Menschen am Arbeitsplatz, in ökologischen oder global-wirtschaftlichen Zusammenhängen erleben bzw. verdrängen, sollte m. E. der eschatologische Aspekt des Christentums stärker herausgestellt werden, ohne als billige Vertröstung zu wirken und die allgemeine Suche nach Umstrukturierungen zu verhindern. Möglicherweise tut das andere, von mir nicht gelesene Literatur.[71]

Im einzelnen Negativ zu beurteilen ist:

a) Bei der Verbindung der Sündenlehre mit der Geschöpflichkeit des Menschen[72] stößt man auf dasselbe Problem wie mit der Sündenrede an sich, nämlich, dass die Rede vom Geschöpfsein und der Schöpfung heutzutage erklärungsbedürftig ist. Hier hätte mehr ausgeführt oder auf einen anderen Artikel verwiesen werden sollen.

b) Die aktualitätsbezogene Davidauslegung des EEK ist erfreulich, unterschlägt am Schluss aber, dass auch gläubige Menschen nicht immer unbeschwert, positiv gestimmt, liebend sind und schuldlos bleiben. Der Gerecht-und-Sünder-zugleich-Aspekt kommt hier zu kurz. Die Ausführung könnte zu einer Schwarzweiß-Sicht führen. (Andere Stellen im EEK, z. B. der Abschnitt über Krankheit, relativieren diesen Eindruck aber.)

Ein wichtiger Aspekt fehlte in der von mir eingesehenen Literatur, den ich anfügen möchte:

Das Wissen um die Erbsünde als Gesamtsyndrom der Welt kann

[71] Im seelsorgerlichen Sinn gemeint als Hilfe gegen Schuldgefühle bzw. Verdrängung. Jeder Wohlstandsbürger verdrängt täglich hundertfache Schuld, entstanden allein durch gewohnten Konsum, an fremdländischen Mitmenschen, Tieren und der Natur. Schuldgefühle oder Verdrängung machen unglücklich und krank. Das Mit-Anstreben von Umstrukturierungen (z. B. sauberer, erneuerbarer Energien und Rohstoffe) halte ich aber um eine vorrangige christliche Aufgabe, um dem Unrecht entgegenzuwirken, dass reiche Christen auf Kosten Armer leben.

[72] Siehe S. 9 oben.

unser Urteilen über andere Menschen und menschliche Phänomene relativieren. Dies mussten besonders schon die resümierenden Sätze über den Protestantismus[73] nahelegen, dem die Haltung vorrangig entsprechen dürfte. Auf sie zielen die Bergpredigt und Paulus, wenn sie vom Selbstverdammen beim Richten über einen anderen sprechen (Mt 7,1–5 par.; Röm 2,1–3 par.). Nicht, dass wir immer dasselbe täten, getan hätten oder tun würden wie unser kritisierenswerter Mitmensch – aber wir tun es eben doch, prinzipiell, weil unser aller Lebensvollzug aus demselben Motivationsmuster resultiert. Ist aber diese Motivationsmuster hinreichend erklärt? Wie kommt es zustande?

Besonders diese Frage mündet in das verbliebene Problem:

Die Erbsünde kann nach all dem Gesagten nur als Symbol für die Befindlichkeit der Welt gesehen werden. Besser verstehen können wir sie, wenn uns ihre Ursachen und Motive durchsichtiger werden. Mit den Motiven würden wir auch ihren anhaltenden Destruktionscharakter genauer verstehen, weil die nicht erlösten Motive unentwegt dieselben bleiben und sich darin uferlos verstärken. Als Ursachen wurden Selbstmacht, Selbstsucht, Gottmisstrauen genannt. *Warum* der Mensch in Selbstsucht verfällt, Gott misstraut (EEK), der doch gut ist, sich behaupten muss, wenn Gott ihn doch grundlos akzeptiert (man könnte auch bildhaft fragen: Warum gefiel es Adam und Eva im Paradies nicht mehr, wenn es doch einen besseren Ort nicht hätte geben können?) – alle diese mühsam erarbeiteten Chiffren werden nicht durchscheinend, wenn nicht erfasst und vermittelt wird, was *genauer* im Menschen abläuft (Motive) und ihn zu solcher Selbstausrichtung zwingt. Am tiefsten schürften hier der Axt-Piscalar-Artikel und Härle in ihrer Kierkegaard-Ausrichtung. Härle beschrieb den Umgang mit der Kierkegaardschen Angst: Anstatt ausgehalten werde sie »irgendwie« loszubringen versucht; mehr »verrät« er uns aber nicht.[74]

Die mit Abschnitt 1.0 vorgestellten Entwürfe aus Theologie und Kirche sind im Bereich der Phänomenalität der Sünde gut nachvollziehbar, weil man vielfach an heutige Lebensbezüge anknüpft. Mir scheint aber, wir kommen nicht daran vorbei, genauer in geeignete Beiträge der Exphil. einzusteigen und *auch die Psychologie* hinzuzuziehen, denn schließlich ist Angst ein Trieb und ein Gefühl, wie sie

---

73 Siehe S. 19 Mitte.

74 Siehe Einschub S. 9 Mitte.

von uns allen erlebt wird, nun aber *nachbuchstabiert* werden muss. So könnte das Motiv »Angst«, die Arten ihres Loswerdens und damit die anhaltende Destruktion auf Erden näher begreifbar werden.

ERSTES ZWISCHENERGEBNIS

Tiefere Fundierung durch Exphil. und Psychologie erscheint unerlässlich zur Ergründung von Sünde, einem treffenden Menschheitssymbol, und zwar, um seelische Zustände wie »Misstrauen« oder »Angst« noch tiefer zu beleuchten, wie sie bereits mühevoll in teils interdisziplinärer Arbeit (Philosophie) entwickelt wurden und in möglichst anschaulichen Zusammenhängen formuliert werden. Auf den Punkt gebracht muss die Leitfrage für den weiteren Verlauf dieser Arbeit lauten: *Unter welchen Umständen man im Paradies misstrauisch oder ängstlich wird, dem Bild nach einem Ort des Optimums an Geborgenheit und Versorgung, das ist die spannende Frage.* Ich meine, wer sie löst, schafft eine brauchbare Hamartiologie.

(Käthe Kollwitz, Nachdenkende Frau, 1920). Die Macht der Sünde ist eine Tatsache, von der Gott befreien will. Wenn dem so ist, sollte die Rede von der Sünde verstehbarer werden.

2. Der Beitrag Paul Tillichs: Eine Drewermann vergleichbare Position des Protestantismus im 20. Jahrhundert

2.0 Zur Person

Paul Tillich (1886–1965) wuchs als Pfarrerssohn in der Niederlausitz auf, studierte Theologie in Berlin, Tübingen und Halle und wurde während des Studiums und der späteren Tätigkeit als Hilfs- und Feldprediger philosophisch u.a. stark von Heidegger, theologisch vom Supranaturalismus beeinflusst.[1]

Theologische Ströme der Zeit vor dem 1. Weltkrieg und die erschütternden Erfahrungen der Kriegszeit veranlassten seine Abkehr vom Supranaturalismus. Fortan beschäftigten Tillich die Geschichts-, Religions- und Erkenntnisphilosphie, außerdem zeitweise der Religiöse Sozialismus.[2] 1916 habilitiert, lehrte er als Privatdozent für Systematische Theologie in Berlin und später als Professor der Systematischen Theologie in Berlin, Marburg, Dresden, Leipzig und Frankfurt. 1933 wurde er durch die NS-Regierung vom Frankfurter Dienst suspendiert. Nach Emigration in die USA arbeitete Tillich als Professor in New York, Harvard und Chicago. Auf die deutschsprachige Theologie wirkte er erst wieder mit Erscheinen seines dreibändigen Hauptwerks »Systematische Theologie« (englisch 1951–1963; deutsch 1956–1966), für das er mit literarischen Preisen ausgezeichnet wurde. Tillich beeinflusste mit dem Werk nicht nur die Systematische Theologie und Religionsphilosphie, sondern auch die Praktische Theologie und Kulturphilosophie.

Als besonderer Zug der »Systematischen Theologie« wie schon der früheren Arbeiten Tillichs ist sein Anliegen erkennbar, Religion

---

[1] »Supranaturalismus«: Theologische Richtung zwischen 1790 und 1830, die die übernatürliche Offenbarung mit natürlichen Argumenten stützen wollte; vgl. Sparn: Supranaturalismus, 1210f.

[2] Religiöser Sozialismus: Strömung im Protestantismus nach dem 1. Weltkrieg, die Christentum und Sozialismus zusammenzubringen versuchte; vgl. Hauck / Schwinge: Religiöser Sozialismus, 171.

und Theologie nicht durch Angabe von Inhalten, sondern relational und funktional bestimmt sein zu lassen, nämlich durch das, »was uns unbedingt angeht«. Die von ihm gewählte Methode strebt nach einer Wechselbeziehung (Korrelation) von Botschaft und Gegenüber, nämlich dem Menschen in seiner Lebenssituation. Wenn Gott als das Uns-unbedingt-Angehende gedacht werden soll, so kann von ihm nur in der Weise des Seinsgrundes, des »Sein-Selbst«, als einzig mögliche direkte, nicht symbolische Aussage geredet werden.[3] Tillichs Gottesverständnis und die ontologische Beziehung von Gott und Welt sind ferner durch den Begriff der Partizipation bestimmt. Alles Seiende partizipiert am Sein-Selbst und wird damit zum Symbol für Gott, ebenso wie jede authentische religiöse Erfahrung. Die universale Partizipation enthält aber die Möglichkeit und Wirklichkeit der Entfremdung des existierenden Seienden vom Sein-Selbst. Jesus Christus als Brennpunkt der theologischen Botschaft hat die existenzbedingte Entfremdung überwunden und schuf ein Neues Sein. Der Geist Gottes ermöglicht, dieses Sein im menschlichen Leben schon anbruchartig in Glauben und Liebe zu realisieren und dadurch Heilung von Zerrissenheit sowie Sinnstiftung in einer sinnentleerten Welt zu erfahren. Der Aspekt der Teilhabe am Sein-Selbst gab Tillichs Theologie ihre Charakteristik und ihre integrative Breite.[4]

2.1 Darstellung

2.1.0 Der Existenzialismus als notwendiger Bruder der Theologie

Tillichs Lebenwerk, die »Systematische Theologie«, komprimiert seine theologische Intention, den Menschen in seiner *Existenz* anzusprechen bzw. von dorther zu Aussagen über das Christentum, d. h. den christlichen Gott in der Gestalt des Christus, zu kommen. So lautet Band II seiner dreibändigen Studie »Die Existenz und der Christus«. Doch was ist eigentlich »Existenz«, was folglich die philosophische Beschäftigung mit ihr, der »Existenzialismus«, und was macht ihn in den Augen Tillichs für Theologen so wichtig?

Zunächst leitet Tillich den Begriff »Existenz« und mit ihm auch »Existenzialismus« philologisch und historisch ab, um beide unmiss-

---

[3] Beide Ausdrücke Tillichs zit. in Härle: Tillich, 276 f.

[4] Vgl. Härle: Tillich, 275–277.

verständlich verstanden zu wissen.[5] Das lateinische Wort »existere« meinte ursprünglich »heraussstehen«. Woraus steht etwas heraus? Wenn Dinge existieren, dann haben sie ein Sein – sie stehen aus dem Nichts heraus. Nichtsein kann einerseits absolutes Nichtsein bedeuten im Sinn der absoluten Leere oder andererseits das Partizipieren des Seins an einer nicht realisierten Potenzialität der jeweiligen Wesenheit von Sein, etwa eines bestimmten Baumes oder Menschen. Nichtsein meint im zweiten Fall also – konträr zum Herausstehen – ein »In-etwas-Darinstehen«. Existieren heißt dann, aus dem *eigenen* Nichtsein, der vorher nicht realisierten Potenzialität von Sein, herauszustehen (vgl. das englische *be outstanding* »hervorragend, außerordentlich sein« gegenüber dem durchschnittlichen Niveau). Entsprechend unterscheidet man zwischen dem absoluten oder relativen Nichtsein, je nachdem, ob man das Nichtsein als überhaupt nicht Existentes betrachtet oder als an die Strukturen einer jeweiligen Wesenheit gebunden sieht. Die griechische Philosophie sprach demgemäß von *ouk on* und *me on*. Das Verlassen des relativen Nichtseins, das Überwinden des *me on*, meint auch: Das Sein wird *aktuell*. Als solches aber verlässt es seine Potenzialität, aus der es heraussteht, nie ganz. Als Endliches verlässt es außerdem das absolute Nichtsein nicht ganz. So muss man »existieren« insgesamt als Herausstehen von etwas aus dem Nichtsein (entweder absolutem oder relativen) definieren, in dem es verhaftet ist oder: in dem es »darinsteht«.[6]

Ein Blick in die Philosophiegeschichte informiert weiter über den Gebrauch der Ausdrücke. Der Existenzialismus hat seinen Ausgangspunkt an der Aktualisierung des Seins gegenüber dem *me on*, der noch nicht existenten, aber essenziell vorhandenen Möglichkeit. Man kann daher von *essenzieller* und *existenzieller* Ebene sprechen. Diese Unterscheidung war der griechischen Philosophie lange bekannt, bevor Plato (427–347 v. Chr.) sie besonders thematisierte. Das wahre Sein war für ihn das essenzielle Sein, als Wesenheiten präsent im Reich der ewigen Ideen. Das Existente galt dem Platonismus als gefallener Bereich, über den sich die nach dem essenziellen Sein Suchenden erheben müssten. Existenz war damit der Verlust wahren Wesens, zumindest teilweise, weil kein Mensch das ihm Wesenhafte je ganz verlassen kann. Die Scholastiker (wie ähnlich schon Aristoteles, 384–322 v. Chr.) verlegten unter Erkennen einiger Probleme Gott

5 Vgl. Tillich: ST II, 25–37.
6 Vgl. Tillich: ST II, 25–27.

in das Jenseits der Essenz-Existenz-Spaltung und wendeten die Begriffe auf Gott symbolisch an. Die Welt und der Mensch dagegen unterliegen der Spaltung; in ihnen steht Existenz gegen Essenz, Existenz ist »Abfall«. Hierin waren sich platonische und christliche Bewertung einig.[7]

Das änderte sich mit dem Aufkommen eines neuen Existenzgefühls in der Renaissance. Die Kluft zwischen Existenz und Essenz schloss sich immer mehr, je weiter die Existenz der Ort des menschlichen Wirkens wurde. Statt »Abfall« war das Herausstehen aus dem Essenziellen nun der Weg, eigene wesenhafte Möglichkeiten zu verwirklichen. Philosophisch kann man diese Haltung als »Essenzialismus« bezeichnen. Der Mensch verwirklicht in der Existenz, was er der Essenz nach ist; einen Riss, den der Mythos vom Sündenfall zum Ausdruck bringt, gibt es nicht mehr. Die endgültige Überwindung der Existenz sollten Erziehung und staatliche Leitung besorgen – so lautete die Zuspitzung dieses Geistes in der Aufklärung.[8]

Doch niemand bisher vollzog den Essenzialismus total. Dies geschah erst in der deutschen klassischen Philosophie, insbesondere ***Hegels*** (1770–1831), die der Aufklärung geradezu entgegenstand. Das Hegel zugeschriebene Denksystem der Dialektik hat nicht er geschaffen, aber extrem betrieben. Er erfand den Begriff der ***Entfremdung*** und ging den Weg ihrer Überbrückung. Hegels Glaube war, dass sich die essenzielle Seinsstruktur im universellen Geschichtsprozess verwirklicht. Die Welt steht unter dem Realisierungsprozess des Gottesgeistes, Existenz ist deren Ausdruck und nicht Abfall. Bei Hegel enthüllt sich also der objektive Ideeninhalt und führt vorwärts; Hegel holt Gott aus seiner Transzendenz heraus und macht ihn erfahrbar in der Welt, indem er das Endliche als erfüllt durch das Unendliche und Heilige ansieht. Das Ich des denkenden Subjekts wird in das Objekt, den göttlichen Weltgeist, hineingenommen, weil sich das Universelle das Ich aneignet. Thesis und Antithesis werden gemeinsam auf etwas Höheres bezogen und gehen so ineinander auf. Kategorien wie »Sein« und »Nichts« sind im »Werden« aufgehoben, »Entstehen« und »Vergehen« im »Dasein«. Man kann Hegel als den klassischen Essenzialisten bezeichnen.[9]

Diese menschliche Selbstinterpretation im Rahmen einer Uni-

---

[7] Vgl. Tillich: ST II, 27–29.

[8] Vgl. Tillich: ST II, 29.

[9] Vgl. Tillich: ST II, 29 f.; vgl. auch Hirschberger: Philosophie, 113 f.

versaltheologie überforderte die moderne Industriegesellschaft. Hegel glaubte die Entfremdung überwunden und versöhnt, doch gerade sie war Ausdruck der existenziellen Situation der Zeit. Die existenzialistische Kritik formierte sich zur Geisteshaltung des ***Existenzialismus***. Seine Prämisse war die eben *nicht* versöhnte, sondern die ***entfremdete Welt*** – unversöhnt im Individuum (wie dann Kierkegaard zeigte), in der Gesellschaft (wie dann Marx zeigte) und im Leben insgesamt (wie dann Schopenhauer und Nietzsche zeigten). Die vollzogene Versöhnung des Menschen mit seinem echten Sein sei ein schwerer Irrtum; Versöhnung kann nur ein Punkt der Erwartung sein. Entmenschlichung und Verdinglichung des Menschen prägen die Gegenwart, eine Kette unversöhnter, zerstörerischer Konflikte die Geschichte. Das Individuum existiert in Angst und der Perspektive der Sinnlosigkeit. In dieser Grundansicht gleichen sich alle Existenzialisten.[10]

Tillich ist gegen die häufige Einteilung in »theistischen« und »atheistischen« Existenzialismus. Anders als dem Essenzialismus liegt es dem Existenzialismus nicht primär an Antworten, sondern an der Analyse, was »existieren« in der geschichtlichen Situation bedeutet. Antworten sind nicht aus der Analyse ableitbar, werden aber, wenn dann aus religiösen oder anderen Traditionen heraus gegeben. So antwortet z. B. Kierkegaard auf dem Boden lutherischer, Marx auf dem Boden humanistischer Tradition. Ihre Sachmaterien allein brachten sie nicht weiter. Letztlich sind alle Antworten auf Fragen einer menschlichen Situation religiös – oftmals versteckt.[11]

Weiterhin erklärt Tillich philologisch die Verwendung der Begriffe »existenziell« und »existenzialistisch«. Während ersterer eine menschliche Haltung beschreibt, so bezeichnet der zweite eine philosophische Richtung. Der Gegensatz von »existenzialistisch« ist – siehe oben – »essenzialistisch«, der Gegensatz von »existenziell« ist »distanziert«. Theologie ist überwiegend existenziell, Wissenschaft ist distanziert, Philosophie besitzt beide Anteile. Grundsätzlich gilt, dass existenzielle Strukturen nur im Vollzug der Einung erkannt werden können, essenzielle nur in der Distanz. Doch in Wirklichkeit gibt es Mischungen, z. B. Mathematiker, die vom inneren Eifer getrieben werden und existenzialistische Theologen, die die eigene Entfrem-

[10] Vgl. Tillich: ST II, 30 f.
[11] Vgl. Tillich: ST II, 31 f.

dung in der Distanz erfassen. Man muss also Einung und Distanz nicht als Alternativen, sondern als Pole ansehen. Vorwiegend gilt jedenfalls für eine existenzielle Geisteshaltung das Element »Einung«. So sind auch die brauchbarsten existenzialistischen Aussagen von Künstlern und Schriftstellern erbracht worden.[12]

Das Christentum verkündet Jesus als den Christus, der eine neue Wirklichkeit in den alten Weltzustand bringt, der die Wirklichkeit universell erneuert. Die alte Wirklichkeit wurde von Propheten und Apokalyptikern schon lange vor Christus beschrieben. Sie trafen existenzialistische Aussagen, indem sie die Welt als im Zustand der Entfremdung zwischen Gott und Menschen befindlich erklärten und in Symbolsprache von dämonischen Mächten beherrscht karikierten. »Die entfremdete Welt wird von Strukturen des Bösen beherrscht ... Sie beherrschen die Einzelseele, die Nationen und sogar die Natur. Sie erzeugen die Angst in all ihren Formen. Es ist die Funktion des Messias, sie zu besiegen und eine Wirklichkeit zu begründen, in der die Strukturen der Destruktion überwunden sind.«[13]

▸ **EINSCHUB:** Die atl. Schriftprophetie trat mit greifbaren Situationsbeschreibungen ab ca. 750 v. Chr. auf (gegenüber vorher meist individuellen Weissagungen, z. B. 1 Kön 28,19); wir werden aber später sehen, wie existenzialistisch bereits der mit »Jahwist« bezeichnete Verfasser der Urgeschichte dachte, dessen Wirksamkeit mehrheitlich um 950 v. Chr. angesiedelt wird. – Jesus wurde von seinen Zeitgenossen als der prophetisch verheißene Messias (hebr. Gesalbter, d. h. König; »Gesalbter« griech. Χριστός) gedeutet, ein von Gott gesandter Heilskönig über ein irdisches Friedensreich, der im Auftrag Gottes handelte und unantastbar war. Die Vorstellung kam in Anknüpfung an die politisch erfolgreiche, langlebige Dynastie Davids (um 1000 v. Chr.) auf. In der Folgezeit ging es darum, äußere militärische und politische Unterdrückung abzuwenden und im Innern gerechte Führung herzustellen. Die neutestamentliche unpolitische Deutung auf Jesus stützt sich v. a. auf Jes 11 und Sach 9,9 f. Für Christen, so Tillich, ist Jesus Christus »der dazu bestimmt ist, die Herrschaft Gottes ... in der Welt aufzurichten«.[14]

---

[12] Vgl. Tillich: ST II, 32 f.

[13] Tillich: ST II, 32 f.

[14] Tillich: ST II, 108.

Man muss den Existenzialismus als natürlichen Bundesgenossen des Christentums bezeichnen, weil das Christentum seiner Natur nach selber existenzialistisch ist. Die Exphil. des 19. und 20. Jh. war ein »Glücksfall« für die christliche Theologie, weil er die typisch christliche Interpretation der Existenz wiederzuentdecken half. Rein theologische Bemühungen gab es in früheren Jahrhunderten in großer Menge v.a. in der monastischen Frömmigkeit. Diese Theologen untersuchten sich selbst und einander so genau, dass sie sozusagen alle späteren Beschreibungen menschlicher Entfremdung schon vorwegnahmen, nachzulesen in einer Fülle von Buß- und Andachtsliteratur. Mit dem Aufkommen v.a. der Bewusstseinsphilosophie (Hauptvertretung: Cartesianismus) brach diese Tradition jedoch ab. Umso größere Beiträge leistete der Existenzialismus der Theologie; ähnlich tut auch die analytische Psychologie der Theologie wertvolle Dienste, außerdem die neuere Literatur und die Kunst. Existenzialismus und Theologie sollten sich heute beide verbinden, um die mit der Bewusstseinsphilosophie unterdrückten Seiten des Menschseins wieder zutage zu fördern.[15]

Die Systematische Theologie »kann solche Aufgabe nicht allein leisten ... braucht die Hilfe der Träger der existenzialistischen Bewegung in allen Kulturgebieten ... vor allem die Hilfe der Praktiker der Existenzforschung, z.B. Geistliche, Erzieher, Psychoanalytiker und psychologische Berater.«[16] Traditionelle religiöse Symbole müssen aufgrund dieser Zusammenarbeit neu interpretiert werden. Alte Ausdrücke wie »Sünde« oder »Gericht« haben heute nicht ihre Wahrheit verloren, aber ihre Ausdrucksfähigkeit. Neue Füllungen können die Einsichten ins Menschsein aus dem Existenzialismus (plus der Tiefenpsychologie) erbringen. Es sei wiederholt, dass solche Einsichten bereits in der Bibel stecken, doch geht es um ihre Wiederentdeckung und Artikulation. Der Existenzialismus wird oft als pessimistisch abgelehnt, ebenso wie manche biblischen Aussagen (etwa die paulinische Theologie insbesondere mit der Sündenlehre). Dagegen muss gesagt werden, dass es die Eigenart einer Analyse ist, nur eine Seite der Medaille darzustellen und dass Aussagen auf dem Boden notwendigerweise hoher Abstraktionen besonders stark wirken. Der Existenzialismus stellt den Beginn eines fortzudenkenden Systems dar. Die

---

[15] Tillich: ST II, 33f.; »Glücksfall« von Tillich angelehnt an Kants »Mathematik als Glücksfall der Vernunft«.

[16] Tillich: ST II, 34.

christliche Theologie braucht ihn, so Tillich, als Grundlage, um überhaupt zeitnahe Aussagen treffen zu können.[17]

2.1.1 Der »Fall« als Symbol im »Übergang von der Essenz zur Existenz«[18]

Im zweiten Kapitel der Systematischen Theologie, Band II, wendet Tillich die Denkschemata des Existenzialismus auf die Deutung des biblischen Sündenfalls an.

■ **ANMERKUNG:** Tillich redet einleitend von *der* »Genesisgeschichte Kap. 1–3«[19]; im Folgenden (und durchgängig in seinem ganzen Werk) arbeitet er ohne Verszitate (was ich für ein dogmatisches Hauptwerk schlecht finde). Da die Sündenfallgeschichte aber im bibelkundlich zweiten, jedoch historisch älteren, vom Jahwisten stammenden Schöpfungsbericht der Genesis steht, kann nur vom Abschnitt Gen 2,4b-3,24 die Rede sein. Ich schränke daher die Untersuchungen auf diesen Text ein, der auch der Gegenstand des Drewermann-Teils ist.

Das seit alters tradierte christliche Symbol des Sündenfalls hat eine weitreichende anthropologische Bedeutung. Deshalb braucht man literalistische Bibelausleger außer als ärgerliche Störenfriede gar nicht ernstzunehmen.[20] »Fall« ist Symbol für eine universelle Menschheitssituation und nicht der Titel eines vergangenen Märchens. Tillich benutzt die deutende Formulierung »Übergang von der Essenz zur Existenz« und will damit von vornherein den Bildcharakter des mythologischen biblischen Ausdrucks klarstellen. Er räumt ein, dass die durch deutende Aussagen erfolgende Entmythologisierung nie ganz gelingt, weil man im Behandeln des Gott-Mensch-Verhältnisses unter zeitlichen Gegebenheiten auf Bilder angewiesen bleibt. Die Geschichte vom Fall will Antwort geben auf das Warum des menschlichen Zustands, der Entfremdung, gegenüber dem mit »Schöpfung« bezeichneten Idealzustand. Den Bruch zwi-

---

[17] Vgl. Tillich: ST II, 34f.

[18] Tillich: ST II, 35. Als Leitwort des 2. Kapitels von ST II wird der Ausdruck im Folgenden ohne Zitation verwendet.

[19] Tillich: ST II, 37.

[20] »Literalistisch« nennt Tillich eine »Haltung, die Symbole wörtlich nimmt und sie dadurch ins Abergläubische und Absurde verkehrt«, ST II, 35.

schen Schöpfung und menschlicher Situation sah schon Platon, da er wusste, dass das Faktum der Existenz nicht notwendigerweise von der Essenz ausging. Der Übergang von der Essenz zur Existenz ist eine Tatsache, aber nicht ableitbar, und genau diesen Riss meint das Wort »Fall«. Anders dagegen betrachtete der Idealismus (zu dem auch Hegels Essenzialismus gehört) den Fall nicht als Riss, sondern als nicht verwirklichte Erfüllung, der sich die Geschichte jedoch nähert, indem die Idealität die Realität aufsaugt. Christentum und Existenzialismus halten den idealistischen Glauben für »Utopismus … Beide sind Selbsttäuschung und Götzendienst, denn beide nehmen die Macht des Selbstwiderspruchs im Menschen und die dämonischen Strukturen in der Geschichte nicht ernst.«[21]

Der Vollständigkeit halber sagt Tillich, dass auch die Gegenseite des Idealismus, der Naturalismus, den Fall in der Bedeutung des Übergangs von der Essenz zur Existenz leugnet. Hier wird in Resignation, Zynismus oder Fortschrittsglauben die menschliche Situation hingenommen, ohne eine Diskrepanz zu einem Sollzustand zu thematisieren und nach deren Ursachen zu fragen. Nochmals betont Tillich die Wichtigkeit der Zusammenarbeit von Theologie und Philosophie. Auch Richtungen, die die menschliche Selbstentfremdung leugnen und hinter dem Realismus des Christentums zurückbleiben, fällen in ihrer Betrachtungsweise existenzielle Urteile »über das, was uns unbedingt angeht«, und damit sind sie Theologen.[22]

► **EINSCHUB:** In den ersten zwei Kapiteln der Systematischen Theologie, Band I, führt Tillich in sein Denksystem ein: Die »Methode der Korrelation« will »Botschaft und Situation … vereinigen.«[23] Es geht bei Tillich immer um eine Verschränkung der konkreten Wirklichkeitserfahrung mit ihrer theologischen Interpretation. Das Erfassen der Wirklichkeit (politisch oder, weiter gefasst, kulturell) – der *existenziellen* Wirklichkeit – ist dabei der erste Schritt, dann folgt die theologische Deutung:[24] »Die Frage, die der Mensch stellt, ist er selbst.« – »Die christliche Botschaft gibt die Antwort auf die in der

[21] Tillich: ST II, 36.
[22] Tillich: ST II, 35 f.
[23] Tillich, ST I, 15.
[24] Vgl. Schneider-Flume: Entsprechungsdenken, 494 f.; vgl. Tillich: ST I, 9. Den ersten Versuch Tillichs, konkrete Theologie in der Geschichte zu betreiben, stellte der Religiöse Sozialismus dar; vgl. Schneider-Flume: Entsprechungsdenken, 491; vgl. 2.0, S. 22.

menschlichen Existenz liegenden Fragen.«[25] Daher ist die weitere Aussage konsequent: »Der Gegenstand der Theologie ist das, was uns unbedingt angeht«. Man kann also nicht von Gott im Verhältnis zum Menschen, dem Gegenstand der Theologie, reden, ohne selber unbedingt betroffen zu sein, man kann daraus keinen Gegenstand unverbindlich-objektiver Erörterung machen, denn »Gott ist die Antwort auf die Frage, die in der Endlichkeit des Menschen liegt«[26] Umgekehrt zum oben Gesagten sind Theologen, die existenzielle Urteile in ontologischen Begrifflichkeiten formulieren, Philosophen. Philosophie und Theologie durchdringen sich auch im Fall entgegengesetzter Absichten und das rechtfertigt die Forderung, sie in Korrelation zu bringen.[27]

Das mythologische Verständnis der biblischen Urgeschichte kann nach Tillich die Erklärungen des Übergangs von der Essenz zur Existenz exakt leiten. Die atl. Erzählung enthält im Blick auf den Fall vier Gesichtspunkte, die durchdacht werden sollen:

a) die Voraussetzungen
b) die Motive
c) das Ereignis selber
d) die Folgen.

■ **ANMERKUNG:** Tillich redet über die Punkte rein ontologisch. Das mag im Blick auf tatsächliche Erfahrungen Fragen aufwerfen, die sich aber klären dürften, sobald mit Abschnitt 2.1.2 dieser Arbeit die phänomenologische Seite behandelt wird. Abschnitt 2.1.2 habe ich bewusst auf das Wesentliche beschränkt, weil die einzelnen Phänomene schon aus Abschnitt 1.0 bekannt sind.

Zu a), die Voraussetzungen:

Im Gegensatz zu sämtlichen anderen Lebewesen besitzt der Mensch *Freiheit*. Er ist frei, weil er Bewusstsein und Sprache hat, mit denen er sich Allgemeinvorstellungen schaffen kann, die ihn von der Bindung an die konkrete Situation entheben. Er kann nach der Welt einschließlich sich selber fragen und dabei immer diffizilere Schichten seines Daseins ergründen. Er vermag logische und sittliche Befehle zu erfassen, was zeigt, dass er sich als endliches Wesen transzendieren

---

[25] Tillich: ST I, 78; vgl. ders.: ST II, 20.
[26] Tillich: ST I, 19 f. 247; vgl. 2.0, S. 23.
[27] Vgl. Tillich: ST II, 37.

kann. Der Mensch kann phantasieren, planen, bauen, seine Welt gestalten und in seiner Freiheit sogar unter das Menschliche herabfallen. Zugleich ist die menschliche Freiheit *endlich*. Alle Möglichkeiten, die diese Freiheit ausmachen, werden begrenzt durch den Gegenpol, das *Schicksal* des Menschen. Einzig Gott befindet sich jenseits der Polarität aus Freiheit und Schicksal.

Die menschliche Freiheit ist Grundsituation aller Menschen und bestimmt deren Lebenszusammenhänge. Daher kann es keinen individuellen Fall geben. Sie schließt die Freiheit zur Sünde ein.[28] Dieser Gedanke ist laut Tillich in der Theologiegeschichte oft falsch verstanden worden, nämlich, als ob Gott dem Menschen die Schwäche der Sünde verliehen hätte, um seine Macht durch die Verdammung des Menschen zu zeigen (ähnlich bei Calvin). In Wirklichkeit ist die Freiheit zur Sünde *Stärke* neben ihrer Schwäche – aber beide haben dieselbe Wurzel: die Gottebenbildlichkeit des Menschen. Gottebenbildlichkeit ist der biblische Ausdruck für die Tatsache, dass dem Menschen gerade eine solch umfassende Freiheit gegeben wurde, mit der er sich auch von Gott trennen kann – ohne die er ein Ding geblieben wäre. Das zeigt, dass das Schicksalhafte der menschlichen Freiheit zu den Voraussetzungen des Falls gehört. Die Genesiserzählung symbolisiert den universellen Charakter des Sündenfalls in seinen Beteiligten: Adam, Eva, sowie die Natur (durch die Schlange vertreten) sind außer Gott zugegen.[29]

Zu b), die Motive:

Die Frage nach den Motiven schließt ein, sich den Zustand des essenziell Seienden vorzustellen, der die Motive wirksam werden lässt. Dieser Zustand ist aber weder ein Stadium in der menschlichen Entwicklung, noch ist er in seinen Merkmalen direkt greifbar. Das essenzielle Sein ist in allen menschlichen Entwicklungsstadien enthalten, jedoch in der Verzerrung der Existenz. Der Mythos (und auch das

---

[28] Traditionell stützt sich die Theologie in der Formulierung der Freiheit zur Sünde auf die Formel Augustins, dass Adam vor dem Fall (prälapsarisch) die Freiheit hatte, nicht zu sündigen *(»posse non peccare«)*, es aber in der Auflehnung gegen Gott doch tat. Den Universalismus, dass im Zustand der gefallenen Welt (postlapsarisch) kein Mensch *nicht mehr nicht* sündigen kann, drückt Augustin, zunächst bezogen auf Adam, mit *»non posse non peccare«* aus (corrept. XII,33 (MPL)); die gesamte Menschheit wurde zur *»massa perditionis«*, zur »Masse des Verderbens« (gr. et pecc. or. II; XXX,34 (MPL)) – beide Stellen zu Röm 5, 12.

[29] Vgl. Tillich: ST II, 38 f.

Dogma) projizieren das essenzielle Sein in die Vergangenheit, so dass es als eine prähistorische Geschichte erscheint, die »Paradies« oder »goldenes Zeitalter« genannt wird. Tillich legt die psychologische Analogie des Zustands »träumende Unschuld« nahe.

»›Träumende Unschuld‹ hat Potenzialität, aber keine Aktualität.

Sie hat keinen Ort, sie ist *ou topos* (utopia). Sie hat keine Zeit, sie geht der Zeitlichkeit voraus, sie ist übergeschichtlich. Träumen ist ein Zustand des Bewusstseins, der zugleich wirklich und unwirklich ist, genau wie Potenzialität Wirklichkeit und Nichtwirklichkeit ist ... Das Wort Unschuld weist gleichfalls auf nichtaktualisierte Potenzialität hin ... Unschuld kann bedeuten: Mangel an aktueller Erfahrung, Fehlen von persönlicher Verantwortlichkeit und Nichtvorhandensein persönlicher Schuld ... Unschuld kennzeichnet den Zustand vor der Aktualität, vor der Existenz und vor der Geschichte.«[30]

Die Kindesentwicklung kann die Vorstellung der träumenden Unschuld veranschaulichen, z.B. an dem Punkt, wo das Kind sich seiner sexuellen Potenzialität bewusst wird. Der schwierige Übergangsschritt zur Aktualität ist ein Erwachen, in dem das Kind Erfahrung, Verantwortungsgefühl und Schuld erwirbt und gleichzeitig seine träumende Unschuld verliert. Die Prägnanz dieses Beispiels hat sicher dazu beigetragen, dass der Jahwist die sexuelle Bewusstheit zur ersten Folge des Sündenfalls erhob. Der Zustand der träumenden Unschuld ist jedoch nicht Vollkommenheit, sondern Unentschiedenheit. Vollkommen ist allein Gott; auch ein Neugeborenes steht unter den Existenzbedingungen und ist sündig.[31]

Was treibt die träumende Unschuld voran? Es ist die Eigenschaft des Menschen, nicht nur wie jede Kreatur endlich zu sein, sondern sich auch dessen bewusst zu sein. In Verbindung mit Bewusstsein erzeugt die menschliche Freiheit Angst. Es war Kierkegaards Leistung, den Zusammenhang von Freiheit, Bewusstsein und Angst zu erkennen und die Angst buchstäblich als »Enge«, lat. *angustiae,* als Ausweglosigkeit aufzuzeigen. Treffend zum Verständnis ist das biblische Gebot, den Baum der Erkenntnis nicht anzutasten. Die Notwendigkeit eines Gebots zeigt symbolisch, dass dem Punkt des Übergangs zur Sünde ein Zwiespalt zwischen Schöpfer und Geschöpf voransteht, den Tillich mit »Wunsch zur Sünde« oder besser noch als »erregte Freiheit« bezeichnet. Die erregte Freiheit leitet eine auf

[30] Tillich: ST II, 40.

[31] Vgl. Tillich: ST II, 40f.

Erkenntnis und Macht zielende und daher schicksalhafte Reaktion ein, während die träumende Unschuld bewahrt bleiben will. Der Mensch steht im Konflikt zwischen dem Wunsch nach Aktualisierung seiner Freiheit und dem Gebot der Unschuldswahrung. Bewahrt er seine Unschuld, erlebt er kein echtes Dasein und entscheidet sich folglich für die Aktualisierung. Psychologisch kann man sagen, der Mensch vernimmt »eine doppelte Angst – die Angst, sich zu verlieren durch Selbstverwirklichung und die Angst, sich zu verlieren durch Nichtverwirklichung.« Man erlebt diese Angst als Versuchung. Auch hier kann die Analogie der Sexualität das Verständnis fördern. Ihre Schicksalhaftigkeit erfährt der Mensch sowohl in der Verwirklichung als auch in der Nichtverwirklichung, weil entweder die Schuld gesellschaftlicher Tabus oder die Opferung von Möglichkeiten die Folgen sind. Aufrichtige Askese bildet eine Ausnahme solchen Konflikts, aber dies darf nicht zur Annahme der Leibfeindlichkeit führen. Der Übergang von der Essenz zur Existenz betrifft den *ganzen* Menschen; die biblische Baumfrucht zielt sowohl auf sinnliche als auch auf geistige Versuchung.[32]

Zu c), das Ereignis selber:
Der Übergang von der Essenz zur Existenz ist nicht zeitlich zu verstehen, sondern jeder Wirklichkeit immanent. Er geht allen Ereignissen ontologisch voraus, d.h. er konstituiert ihre zeitlich-räumliche Existenz. Der Mythos kann den Übergang von der Essenz zur Existenz nicht anders als vergangenheitlich darstellen. In einer vergangenen Geschichte besitzen die Akteure Eva, Adam, Gott-Vater und die Schlange individuellen Charakter und verweisen zugleich auf die überindividuelle Bedeutung – so bereits für die Adressaten des Jahwisten. In diesem Sinne repräsentieren die Schlange die Natur und die verhängten Strafen den typischen psychologisch-ethischen Hintergrund damaliger Alltagserfahrungen. Die kosmischen Aussagen des Mythos machen ihn alle-Zeit-umfassend: Die Schlange symbolisiert die Dynamik der Natur; auch das Magische der beiden Bäume, das sexuelle Erwachen und Gottes Fluch über Adams Nachkommen, Evas Leib, die Tiere und die gesamte Erde verweisen auf die fortschreitende Zeit.[33]

Immer geht es um den Übergang von der Essenz zur Existenz,

---

[32] Tillich: ST II, 41–43.
[33] Vgl. Tillich: ST II, 43 f.

der in der Geschichte vielfältig erkannt und ausgedrückt wurde, sei es in der Sozialkritik der atl. Propheten, sei es in anderen mythologischen Aussagen der Bibel wie dem Kampf Gottes mit chaotischen Mächten[34], sei es im altgriechischen Mythos vom transzendenten Seelenfall (christlich bei Origenes, humanistisch bei Kant). Alle diese Ausdrucksweisen besagen, dass Existenz einen universalen Charakter hat und nicht von einem einmaligen Erlebnis abgeleitet werden kann. Außerdem spielt immer ein ethisches Moment hinein: Jedes Mal ist es die *hybris*[35], die die Geschöpfe der Mythen, Engel, Geister oder Seelen, zur Abkehr von Gott treibt.

»Der Sinn des Mythos ist, dass der Übergang vom essenziellen zum existenziellen Sein im Charakter der Existenz selbst liegt ... Jede ... Entscheidung ist ein Akt individueller Freiheit *und* universalen Schicksals ... Die Existenz wurzelt in der Freiheit *und* im tragischen Schicksal.«[36]

Die Theologie drückt die universal-existenzielle Entfremdung des Menschen im Dogma der Erbsünde aus. Keine Lehre wurde seit der Aufklärung heftiger attackiert als diese, widersprach doch ihre Negativbewertung des Menschen dem technischen, politischen und erzieherischen Schaffensgeist. Die Theologie muss – im Einklang mit dem Humanismus und in strikter Ablehnung des Literalismus – ausdrücklich betonen, dass das essenzielle Wesen des Menschen positiv bewertet wird. Sie muss die »Erbsünde« zum existenziellen Symbol erklären und dieses mit dem heute reichlich vorhandenen empirischen Material (z.B. aus analytischer Psychologie und analytischer Soziologie) neu füllen. Die christliche Theologie kann anhand ihrer lebhaften Geistesgeschichte aufzeigen, dass Glaubenskämpfe oder ausgleichende Positionen immer im Spannungsfeld zwischen Freiheit und Schicksal, zwischen Verantwortlichkeit und Tragik standen.[37] Die Analytische Psychologie und Soziologie wiesen nach, dass diese Elemente von früh auf in jedem Menschen, in jeder Gruppe und in der gesamten Menschheitsgeschichte miteinander verwoben sind.[38]

---

[34] Zu Propheten vgl. z.B. Am 4,1; Jes 5,8f.; zu Chaosmächten vgl. z.B. Ps 46,3f.; Ps. 77,17–19; d. Verf.

[35] Begriff wird in 2.1.2 erklärt.

[36] Tillich: ST II, 44f.

[37] Treffende, schon aus Teil 1. bekannte Beispiele folgen in d).

[38] Vgl. Tillich, ST II, 45f.

Zu d), die Folgen:

Dem Inhalt der Mythen (auch der außerbiblischen) zufolge wird der Mensch als Entscheidungsträger und damit als verantwortlich dargestellt, obwohl der Fall als kosmisches Ereignis begriffen werden soll. Auf die kosmische Einbindung verweisen Gestalten wie Engel, Dämonen oder Naturwesen. Sie beeinflussen im Mythos die Entscheidung des Menschen. Fragestellungen wie etwa die nach der Ursache des Engel-Abfalls im Luzifer-Mythos erschweren die Problematik des Falls jedoch und sind nach Tillich beiseitezustellen gegenüber dem wichtigen Sinn dieser Gestalten als Bilder der Überindividualität. Der Übergang von der Essenz zur Existenz vollzieht sich nur im Menschen und ist doch in ein universales Schicksal eingebunden. Das führt zur Frage, in welchem Verhältnis der Mensch bzw. der Fall zur Natur bzw. Schöpfung steht.[39]

»Ist die Natur durch den Menschen verdorben worden?« So sieht es die literalistische Bibelauslegung, die zwischen zwei Zuständen »vor dem Fall« und »unter dem Fluch« unterscheidet. Tillich wiederholt, »dass der Übergang von der Essenz zur Existenz … die transhistorische Qualität aller Ereignisse in Raum und Zeit« ist. »Die Vorstellung, dass der Mensch und die Natur zunächst gut waren und in einem bestimmten Zeitpunkt böse wurden, ist absurd« und unbegründbar.[40]

Eine Problemlösung strebten diejenigen Kräfte an, die Natur und Mensch strikt voneinander trennten und dabei nur den Menschen als zum Schuldigwerden fähig ansahen, die Natur aber für unschuldig. Sie vernachlässigten jedoch das tragische Element, das zugleich mit der Verantwortlichkeit den Menschen ausmacht, und lehrten die moralische Freiheit des Menschen. Dazu gehörten besonders Pelagius und seine Anhänger, jahrelange Feinde Augustins[41] und später – als Halb-Pelagianer – der Reformatoren; heute sind sie als Neo-Pelagianer maßgebliche Kräfte des moralistischen Protestantismus. Dass die idealistische Trennung zwischen schuldigem Menschen und unschuldiger Natur strikt zu verwerfen ist, bestätigen die modernen Ergeb-

[39] Vgl. Tillich: ST II, 46–48.

[40] Tillich: ST II, 48.

[41] Pelagius leugnete auch die Erbsünde: Sünde war für ihn eine Entscheidung und nicht eine Macht, die Menschen von Geburt an bestimmt: Augustinus: gr. et pecc. or., bes. II; II,2, I,3, XII,13 (MPL).

nisse zur Entwicklung des Menschen, nach denen es trotz verschiedener Stadien und sprunghafter Vorgänge keine Veränderung von der tierischen zur menschlichen Natur gibt. Es ist zu jeder Zeit beides qualitativ vorhanden, ebenso wie man unmöglich sagen kann, wann Verantwortlichkeit noch nicht vorliegt und wann sie einsetzt. Genauso wenig darf man den Manichäern recht geben, die mit der Einbindung ins Naturhafte die Seite der Freiheit leugneten, auch wenn biologische, psychologische und soziologische Mächte uns unsere Grenzen weisen.[42]

▶ **EINSCHUB:** Der Manichäismus (Begründer: der Perser Mani, gest. ca. 277) ist eine synkretistische Erlösungsreligion, der Augustin in seiner frühen Lebensphase als Wahrheits- und Sinn-Suchender angehörte. Seine Bekehrung zum Christentum (386) folgte der enttäuschten Abkehr vom Manichäismus. Dieser lehrte das zwanghafte Eingebundensein in die gefallene Materie und forderte die Abwendung von der Welt. Augustin galt bisher in der Forschung als Inbegriff des im Zerrfeld Stehenden, dem insbesondere der Absprung vom Manichäismus nie gelang, so erkennbar in seiner Gnaden- und Prädestinationslehre. Tatsächlich hatte sich Augustin sein Leben lang mit z. T. extremen Positionen auseinanderzusetzen, dabei auf der Gegenseite zu Pelagius mit denjenigen, die dem Menschen jegliche Freiheit, Entschlussfähigkeit zum Guten und Widerstandskraft gegen das Böse absprachen. Konferenzen forderten ständig seine Antwort heraus und beeinflussten sein schriftstellerisches Werk (hier maßgeblich: »De gratia et libero arbitrio«, um 427).[43] Die neueste Forschung hat die These von der Schicksalsergebenheit Augustins stark relativiert. Obwohl Augustin den anthropologischen Pessimismus des Paulus teilt (sein Vorbild, denn ein Saulus besaß wahrhaft keine Verdienste vor Gott), wies er an den Paulusbriefen nach (v. a. Röm, 1 Kor), dass der Mensch durchaus in der Lage ist, dem Bösen zu widerstehen, aber dass darüber hinaus auf der Seite Gottes die Gnade eine allumfassende Größe ist, die unabhängig vom menschlichen Tun und Wollen wirkt. Deutlich ist die *concupiscentia* bei Augustin nicht ein in der Schöpfung liegendes Prinzip, sondern Folge und Strafe der Gottlosigkeit. Augustins Prädestinationslehre, wonach Gott Men-

[42] Vgl. Tillich: ST II, 48–50.

[43] Vgl. Drecoll: Gratia et libero, 253 f., 258 f. Im Streit gegen Pelagius hat die o. g. Formel »*posse / non posse …*« ihren Sitz, vgl. 104; d. Verf.

schen zum Glauben bestimmt und andere ausschließt, wird heute mehr durch die damalige aktuelle Diskussionslage als durch persönlichen Fatalismus hervorgerufen gesehen.[44]

Neben Augustin ist der zweite wichtige sog. Erfahrungstheologe der Theologiegeschichte Luther, dessen Kämpfe bei der Suche nach einem gerechten Gott im Sinn monastischer Frömmigkeitsleistungen als »Anfechtungen« bekannt sind. Der befreite Luther wurde zum größten Prediger der Freiheit.[45] Sein schärfster Gegner war Erasmus von Rotterdam, der dem Menschen Freiheit, verstanden als Willenskraft, zuschrieb, sich dem Heil selbst zu- oder abzuwenden. Luther lehnte das massiv ab[46]; was aber verstand er unter »Freiheit«? Im Traktat »De libertate Christiana« (1520) stellt er klar, dass das Evangelium Christi, das durch Glauben Heil verschafft, vom eigenen sittlichen Tun (»Werken«) befreit, allen voran den Verfügungen der Papstkirche. Werke sind gut, wenn sie uneigennützig dem Nächsten dienen und keinen Lohn bei Gott beabsichtigen; solche aber können nur mit einem aus Glauben mit Gnade gefülltem und verwandelten Herzen erbracht werden; sie sind innerer Dank für die Heilstat, frei von Eigenwirken.[47] Um solcherart »befreit« aus der Verbindung und Gnade Gottes zu leben, praktizierte Luther selber täglich mehrstündige Meditationsübungen.[48]

Die außermenschliche Natur ist weder unfrei noch unschuldig. Sie besitzt Analogien zur menschlichen Freiheit sowie zum menschlichen Gut und Böse, ebenso wie die menschliche Natur teilhat an seinem Gut und Böse. Der Mensch wirkt in die Natur hinein, und die Natur wirkt in den Menschen hinein.

»Schöpfung und Fall koinzidieren«, ein »Utopia« gab es weder in der Vergangenheit, noch gibt es ein »Utopia« in der Zukunft. Es hat »niemals einen historischen Zustand essenzieller Vollkommenheit gegeben«, so dass der Ausdruck »gefallene Welt« rundum treffend

---

44 Vgl. Drecoll: Gratia et libero, 254f.; vgl. ders.: Gratia, 226, 235. Das Besondere der (z. Zt. meines Schreibens frisch gedruckten, aber noch nicht ausgelieferten) Artikel ist ihre entstehungsgeschichtliche Hermeneutik; d. Verf.

45 Vgl.: Augustin »größter Lobredner der Gnade«, 1.0.0.0, S. 7 Mitte.

46 Vgl. Luther: Servo arbitrio, WA 18, bes. 665,13–16; 667,29 – 668,3.

47 Vgl. Luther: Libertate, §3–5, 24, 27, 28, 29; daraus bes. 267, 25–27; 291, 24–33; 297, 25–28; 299, 1–20. Vgl. Ulfig: Begriffe, 134: Da in der christlichen Philosophie Gott als das Absolute, einzig freie Wesen gilt, kann sich menschliche Freiheit nur an seiner Freiheit messen. Die so erfahrene Freiheit erkennt in der vermeintlichen sittlichen Freiheit Bindung und Normativismus.

48 Vgl. Nicol: Meditation, 69–72.

ist: »Die Schöpfung ist gut, aber sie ist reine Potenzialität. Wird sie aktualisiert, verfällt sie durch Freiheit und Schicksal der universalen Entfremdung.«[49]

2.1.2 Phänomene der Entfremdung als Merkmale für Sünde

Im dritten und vierten Kapitel der Systematischen Theologie II. definiert Tillich die Sünde und ihre Destruktivität phänomenologisch mit Begriffen, die uns aus der Theologiegeschichte und den theologisch-kirchlichen Beiträgen der Gegenwart (Teil 1.) schon bekannt sind. Bei den ersten beiden, sogleich folgenden Begriffen stützt er sich auf die Formulierung der Reformatoren *sine fide erga deum et cum concupiscentia* (ohne Glauben an Gott und mit Konkupiszenz) und möchte selber noch die für Augustin wichtige *hybris* (= superbia) hinzunehmen.[50]

aa) Entfremdung als Unglaube *(aversio dei):*

Im Protestantismus meint dies die Haltung, in der sich der *ganze* Mensch von Gott abwendet (und nicht: die Lehren der Kirche missbilligt). Definitionen wie Gottesleugnung, Ungehorsam gegen Gottes Willen oder Selbstliebe sind ungenau, weil auch das Fragen nach Gott, Gehorsam gegen Gebote und bereits das Besitzen eines isolierten Selbst Phänomene der Entfremdung sind. Unglaube ist abgefallene Liebe zu Gott nach Verlassen eines göttlichen Zentrums, in der Selbst- und Gottliebe eins waren. Es geht um die zerrissene essenzielle Einheit. Der Mensch erlebt den Zustand als permanente Daseins- und Todesangst, als Schuld und Sinnverlust.

Bei Augustin und den Reformatoren wird (mit gewissen Unterschieden) der Riss geschlossen (Versöhnung) durch das Eingießen der göttlichen Liebe. Im Schema von Entfremdung und Versöhnung machen diese Theologen besonders klar, dass Sünde eine religiöse Sache ist und nichts mit kirchlichen, moralischen oder sozialen Vorgaben zu tun hat.[51]

---

[49] Tillich, ST II, 50–52.

[50] CA 2; BSLK 53, 5 f.; die Aufzählung heißt vollständig »*sine metu Dei, sine fiducia erga …*«, also ist das Element der Selbstüberhebung, hier: »ohne Gottesfurcht«, auch dabei; d. Verf.

[51] Vgl. Tillich: ST II, 55 f.

bb) **Entfremdung als hybris:**
Der entfremdete Mensch lebt außerhalb des göttlichen Zentrums und ist sein eigenes Zentrum geworden.[52] Ein der *hybris* verfallener Mensch erkennt die Unendlichkeit Gottes nicht an. Die griechische Tragödie zeichnet solche Menschen als Heroen, Besitzer von Macht, als Ignoranten ihrer Umwelt. Die Propheten drohten den Hohen der Gesellschaft. *Hybris* mag äußerlich sehr augenfällig sein, ist aber im Kern eine »geistliche Sünde«.[53]

cc) **Entfremdung als Konkupiszenz:**
Das Abgetrenntsein vom Ganzen erlebt der Mensch als innere Armut. Das treibt zur Suche nach Befriedigung. Diese Suche, die Konkupiszenz, ist der grenzenlose Drang, sich physisch und psychisch alles einzuverleiben: Nahrung, sexuelle Befriedigung, Liebe, Erkenntnis, Macht, Wissen. Literatur und Kunst malen diesen Zug in Typen wie Faust oder Don Juan. Freud nennt die unbegrenzte Begierde *libido*.[54] Liebe, die nicht ausschließlich von *libido* bestimmt wird, sondern verbunden ist mit *philia* oder *agape*, entstammt dem essenziellen Wesen. Sie kann dem Mitmenschen geben und entschärft damit das reine Nehmen der *libido*.[55]

Getrieben durch *hybris* und Konkupiszenz zerstört der Mensch seine Umwelt, weil er sich immer mehr zum Zentrum macht und damit in Wahrheit aufhört, Zentrum zu sein, Inhalt einer Welt, in Einheit mit seiner Umgebung zu leben.[56]

dd) **Entfremdung als Verzweiflung:**
Entfremdung in ihren selbstzerstörerischen Folgen treibt in die Verzweiflung. Die deutsche Vorsilbe »ver« drückt ihre Radikalität aus. Das englische *despair* bedeutet »keine Hoffnung« – Ausweglosigkeit. Kierkegaard hat diese Verzweiflung in seinem Buch »Die Krankheit« zum Tode eindrucksvoll beschrieben: Sie ist eine unheilbare Krank-

---

52 Vgl. bei Luther die »*incurvatio in se ipsum*«. Die Formel findet sich bis ins Spätwerk, zuerst in der Röm-Vorlesung, vgl. bes. WA 56, 5 f.; d. Verf.
53 Tillich: ST II, 58.
54 Vgl. Tillich: ST II, 60. *Libido* ist bei Freud die Energie aus dem Lebenstrieb *eros*, bekanntermaßen von ihm mit sexuellem Primat verstanden. Die zur Essenz drängende Seite ist bei Freud der Todestrieb *thanatos;* d. Verf. – »Einverleiben« vgl. 54.
55 Vgl. Tillich: ST II, 60, 62 f.
56 Vgl. Tillich: ST II, 71.

heit. Paulus spricht von einer zum Tode führenden Traurigkeit.[57] Man erfährt diese Krankheit als Zerriebensein zwischen einem potenziellen Sein gleichsam einem Soll sowie der aktuellen Erfahrung, die völlig entgegengesetzt ist. Man erlebt in ihr das Gefühl, den Sinnverlust der eigenen Existenz selbst verantwortet zu haben, ohne ihn reparieren zu können.[58]

2.2 Beurteilung der Tillichschen Lehre und zweites Zwischenergebnis

Auch am Beginn dieser Bewertung möchte ich bündeln, was wir von Tillich erfahren haben (mit Systematisierung) und wie seine Denkweise ist, bevor ich zur eigentlichen Beurteilung komme:

● ZUSAMMENFASSUNG:

Tillich will nachweisen, warum die Exphil. das Korrelat zur Theologie sein muss und die Korrelation vollziehen. Beide Gebiete befassen sich Tillich zufolge mit dem Menschen seiner göttlichen Herkunft oder seinem Ideal nach (Essenz) und seinem weltlichen Bezug nach (Existenz). Die von der Essenz getrennte Existenz befindet sich aus beider Sicht im Zustand der Entfremdung und zwar außer von ihrem Ursprung auch von sich selbst und der Umgebung.

Der Sündenfall ist als Symbol menschlichen Seins im Übergang von der Essenz zur Existenz anzusehen. Voraussetzungen (a) für diesen Übergang sind die Freiheit des Menschen, die endlich ist, sowie das Schicksal als dasjenige, das sie begrenzt. Die Ambivalenz zwischen Freiheit und Schicksal wird zum Konflikt. Die Motive (b) im Übergang von der Essenz zur Existenz erfährt der Mensch als Zwiespalt zwischen der Nichtverwirklichung oder -aktualisierung seiner Potenzialitäten, die ihn seines Menschseins berauben würde und der – im Normalfall gewählten – Verwirklichung, die ihn schuldig macht. Der Zwiespalt wird als zweifache Angst erlebt und kann auch mit »Versuchung« bezeichnet werden. Die Zwischenphase lässt sich mit

57 2 Kor 7,10; d. Verf.

58 Vgl. Tillich: ST II, 84.

der Vorstellung »träumende Unschuld« ausdrücken. Der Übergang selber (c) ist, bezogen auf den einzelnen sowie auf alle Menschen, weder ein einmaliges noch ein vorgeschichtliches Ereignis, sondern er ist allem Menschsein immanent. Gerade die Tatsache, dass der Mensch seinsmäßig in Essenz und Existenz gespalten ist, drückt der Mythos im Bild des Ausziehens aus einem Paradies oder goldenen Zeitalter aus. So stellt die atl. Urgeschichte am Einzelfall das Typisch-Allgemeine, Überzeitliche dar. Als Folgen (c) darf man ontologisch nicht von einer Natur-Mensch-Trennung sprechen. Da Mensch und Natur nicht in sich zerlegt werden können, sondern sich gegenseitig durchdringen, ist der Fall ein universales oder kosmisches Ereignis, auch wenn sich der Übergang im Menschen abspielt.

Phänomenologisch äußert sich die Sünde alias Zustand der Entfremdung in Unglauben, *hybris*, Konkupiszenz und Verzweiflung (aa) – (dd). Sie alle sind ausweglos destruktiv, solange der Mensch nicht mit Gott versöhnt wird. Systematisch lässt sich also festlegen:
– Sünde ihrem Wesen nach (als gestörtes Gottes-, Selbst- und Weltverhältnis) drückt ***Tillich*** aus als ***Entfremdung (Begriff nach Hegel bzw. der Exphil.)***.

- Phänomenologisch (die destruktive Wirkung der Sünde betreffend) übernimmt er
- von ***Augustin: superbia*** (= *hybris*), ***concupiscentia***
- von ***Luther: aversio dei***
- bzw. von ***den Reformatoren: superbia, concupiscentia, aversio dei***
- von ***Kierkegaard: Verzweiflung***.

An Tillichs Denkweise fiel mir *formal* auf, dass seine Ausführungen rein begrifflich und damit hochabstrakt sind. Diese Art finde ich umso fraglicher, als Tillich das Grundproblem der Theologie, den Lessing'schen »garstigen Graben« zwischen ihrer ewigen Wahrheit und der für deren Aufnahme vorgefundenen Zeitsituation, mit seiner Methode der Korrelation ausdrücklich schließen will – ja: Er will diese Wahrheit mittels der Korrelation *konkretisieren*.[59]

G. Schneider-Flume hat sich mit Tillichs Denken *inhaltlich* auseinandergesetzt und bezweifelt, ob die Methode der Korrelation ihrer

[59] Vgl. Tillich: ST I, 9; vgl. 2.1.1, S. 28 unten; vgl. Schneider-Flume: Entsprechungsdenken, 492 f.

Absicht überhaupt gerecht wird oder ob sie speziell in der Sündenrede nicht sogar kontraproduktiv wirkt?[60]

Sie sieht in Tillichs System die Vernachlässigung der philosophischen Seite, indem er diese von der Theologie absorbieren und verformen lässt. Wenn für Tillich die existenzielle Situation nach Antwort auf die Frage ihrer selbst sucht, so hat er nach Schneider-Flume die Situation bereits durch die Brille des Theologen gelesen. Das beste Beispiel ist für sie der Begriff der Sünde, der, wie Tillich (gerade hier in Durchbrechung seiner Methode) selber sagt, nur theologisch gedacht werden kann.[61] So kommt er zum Zirkelschluss, Sünde situationsanalytisch als Entfremdung auszulegen, um sie anschließend durch das Sündenverständnis zu deuten. Der Begriff der Sünde entzieht sich nach ihrer Ansicht deshalb der Korrelationsmethodik, weil er nur vom Zustand des neuen Seins her nachvollzogen werden kann. Die Theologie hat nach Schneider-Flume größere Aussagen, als es die Beschreibung der Entfremdung und die Kapazitäten eines Frage-Antwort-Schemas fassen könnten. Tillichs Art, Theologie und existenzielle Situation einander entsprechen zu lassen und das Eine durch das Andere zu erklären, sei für beide Seiten letztlich einschränkend.[62]

Für die Beurteilung in *dieser* Arbeit gilt: Ihr Ziel betrifft die Hermeneutik und damit vornehmlich die *formale* Seite. Insbesondere geht es um die möglichst einleuchtende Erklärung der Motive des Sündenfalls, um von dorther das Wesen des Bösen besser zu verstehen (s. Leitfrage am Ende des 1. Teils). Das Problem der Sprache Tillichs beschreibe ich in Anknüpfung an Schneider-Flumes inhaltliche Bemerkungen nun genauer: Die Sprache geht mit seiner Korrelationsmethode – und zwar der *philosophisch* ausgerichteten – notwendig einher, weil die biblische Wahrheit erst einmal zu Kernaussagen hin abstrahiert werden muss, um so über den »berühmten« Graben geschickt werden zu können.

Dennoch darf *inhaltlich* auf Entsprechungsdenken und Korrelation auf keinen Fall grundsätzlich verzichtet werden. Die Tatsache, dass mit menschlichen Mitteln echte Sündenerkenntnis niemals erfolgen kann, ist kein Grund, sie zu unterlassen, weil Gottes Geist und Gnade auch durch Menschen wirken. Noch viel schwerwiegender ist

60 Vgl. Schneider-Flume: Entsprechungsdenken, 491 f.

61 Vgl. Schneider-Flume: Entsprechungsdenken, 501, 505; vgl. Tillich: ST II, 57; vgl. 2.1.2 aa), S. 35.

62 Vgl. Schneider-Flume: Entsprechungsdenken, 507, 509, 512 f.

die Grundüberzeugung des christlichen Glaubens, die ja tatsächlich darin besteht, dass Gott Antworten geben will auf Fragen, wie sie in allen Lebenssituationen enthalten sind und die die empirischen Fächer aufdecken können. Die Bibel selber arbeitet zur Beschreibung aller existenziellen Situationen mit Entsprechungsdenken. Wenn der Mensch nach Lev 18,5 permanente Opfer zur Erreichung der Gottesgemeinschaft und des Lebens erbringen muss, so sagt das sein unendliches tiefes Versündigen gegen Gott aus, auf das nur Gott selber als wahrer Hoherpriester antworten und damit unendliche Gemeinschaft, mithin echtes, ewiges Leben eröffnen kann (Hebr 2,17; 4,15 f.). Wenn Mt 27,46 mit dem Satz »Mein Gott, mein Gott, warum hast du mich verlassen?« in der Bedrückung und Hoffnungslosigkeit des Todes endet, so ist es in 28,2 Gott selber, der den Stein des Grabes wegrollt und einen gänzlich gewandelten Zustand der Freude und neuen Perspektive schafft. Nicht alle Aussagen der Bibel sind uns heute so mehr oder weniger nachvollziehbar wie die Erfahrungen der Ungenügendheit und der Todesverlassenheit. Eine gelungene Korrelation kann für mich wie in den genannten Beispielen nur in Kategorien des möglichst vielen Menschen Erfahrbaren liegen. Leider sind uns biblische Erfahrungen aus der mythischen Zeit heute weit entfernt. Wenn ich Zeitgenossen, egal wie »gebildet« sie formell gesehen sind (vgl. 1.0.1.0), vom Apfelbaum der Genesis erzähle, werden sie mich für vorgestrig halten, wenn ich aber von Essenz und Existenz rede, für übergeschnappt. Die Erfahrungen einer gelungenen Korrelation dürfen nicht nur einer intellektuellen Minderheit vertraut sein.

Mit Tillichs Begriffskategorien Heideggerscher Prägung bleibt die allgemeine Verständlichkeit auf der Strecke (Ausnahme: der dem Erlebbaren entstammende Begriff der »träumenden Unschuld«).[63] Erschwerend ist, dass sich die Motive des Falls im rein ontologischen Teil befinden, der per se erfahrungsenthoben und daher schwierig nachzuvollziehen ist. Der Teil ist m. E. auch in seinen Aussagen problematisch: Wer die ontologische Art zu spät erkennt und über die totale Ablehnung der Selbstverwirklichung[64] oder der Sexualität stutzt, wird erst zwanzig Seiten später erleichtert aufatmen können,

[63] Es dürfte mit diesem Begriff auch klargeworden sein, dass eine Qualität, nicht eine zeitliche Abfolge wie beim wirklichen Traum gemeint ist und dass insbesondere das Heraus*müssen* aus diesem Zustand hervorgehoben werden soll.

[64] Sie wird heute ja sogar theologisch positiv gesehen, vgl. 1.0.1.0, S. 15 Mitte und 1.1c), S. 19 f.

dass es für beide mittels *philia* und *agape* noch Hoffnung gibt. Wer sich darüber wundert, dass der Mensch die Erde nicht zerstört, muss fast fünfundzwanzig Seiten warten, um das Gegenteil zu lesen. Einzig trostreich kann dabei das Eingeständnis Tillichs sein, dass er selber von seinen Fachkollegen reichlich dafür getadelt wurde, Phänomene »weg zu ontologisieren«.[65]

Schon der 1. Teil dieser Arbeit legte nahe, dass weder mit beispielhaften Bezügen aufs heutige Leben (Ehe, Lebensentwürfe, übergeordnete Strukturen) noch mit der Philosophie alleine die schwierige Frage nach den Motiven des Bösen geklärt werden kann. Gerade hierfür müsste sich der Erfahrungsbezug mehr oder weniger allen Menschen bekannten bzw. persönlich nachvollziehbaren Disziplinen bedienen, nämlich der praktischen Fächer wie insbesondere der Psychologie. Solche Disziplinen würden Füllungen für die Begriffe der Sündenrede erbringen, die aus dem Umgang mit Menschen (!) gewonnen wurden. Tillich selber lobt die »Praktiker«[66], doch uns ihre Inhalte zu nennen, ist nicht seine Art.

Tillich vollzieht, um Schneider-Flume zu antworten, eine wirkliche Korrelation und eine solche ist im christlichen Glauben eigens angelegt. Sie bewährt sich gerade in der tiefgreifend existenziellen Situation der Sünde, weil diese das Kernziel der Antwort Gottes ist. Tillich ist darin integrativ, dass er humanwissenschaftliche Disziplinen zum Aufschließen menschlicher Situationen verwenden will; doch meine ich, dass das angesichts heutiger Problemstellungen[67] mit praxisbezogenen Fächern besser gelingt als allein mit der Philosophie.

ZWEITES ZWISCHENERGEBNIS

Als zusammenfassende Bewertung schließe ich damit, dass Tillichs Werk sehr spekulativ ist. Die inhaltlich zutreffende Korrelation kommt aus formalen Gründen nur schwer zustande, weil Tillichs begrifflichen Kategorien die Verbindung zur Lebenserfahrung fehlt. Insbesondere werden die wichtigen Motive für den Fall und damit das eigentliche Wesen des Bösen nicht klar. Den neueren Bemühun-

---

[65] Tillich: ST II, 51.

[66] Tillich: ST II, 34; vgl. S. 27, 2. Abs.

[67] Vgl. insbes. 0.0b), S. 3 und den Beginn von 1.0.1.0, S. 13.

gen der Theologien und Kirchen dagegen fehlt, wie festgestellt wurde, die tiefere Fundierung, doch kann auch sie nur aus dem Praxisbezug stammen. – Fragen wir nun also den praktizierenden Psychologen![68]

[68] Eugen Drewermann führt noch heute, lange nach seiner Amtsenthebung als Priester, ca. 20 Einzelseelsorgegespräche pro Woche durch; Näheres in 3.0.

3. Eugen Drewermanns Sündenlehre

3.0 Zur Person

Eugen Drewermann, geb. 1940, wuchs im Ruhrgebiet auf; seine Mutter ist katholisch, sein Vater evangelisch. Er studierte Philosophie in Münster, Theologie in Paderborn und Psychoanalyse in Göttingen. Die Einführung der Bundeswehr und des allgemeinen Wehrdienstes 1956 kollidierte mit seiner pazifistischen Überzeugung und brachte ihn bald darauf als Wehrdienstverweigerer zum ersten Mal in Konflikt mit der katholischen Kirche, die den Wehrdienst befürwortete. 1966 zum Priester geweiht, arbeitete Drewermann als Gemeindepfarrer und Studentenseelsorger. Mit dem heute ersten Band der »Strukturen des Bösen« habilitierte er sich 1978 und war bis 1991 Privatdozent für katholische Dogmatik an der kirchlichen Hochschule in Paderborn.

Drewermann wurde außer durch Freud, Jung und Kierkegaard durch die Wertekritik Nietzsches geprägt und literarisch durch die volksnahe Frömmigkeit Dostojewskis. Theologisch bestimmt ihn die Exegese Rudolf Bultmanns, der die Schrift so entmythologisierte, dass in der Akzeptanz des mythischen Materials eine unverfügbare Botschaft die Existenz des Menschen treffen soll.

Als Drewermann seine zunehmend kritische Haltung gegen die autoritäre Amtskirche und seine vielfach von der Kirchenführung abweichenden Meinungen (z.B. als Zölibatsgegner) nicht ändern wollte, entzog ihm Erzbischof Johannes Degenhardt im Oktober 1991 die kirchliche Lehrerlaubnis, danach die Predigtbefugnis und suspendierte ihn schließlich im März 1992 vom Priesteramt.

Wichtigstes Zeugnis aus dieser Phase ist das Buch »Kleriker – Psychogramm eines Ideals« (1989), das zugleich den Konflikt forcierte. In ihm untersucht Drewermann psychoanalytisch die seelische Verfassung katholischer Kleriker und legt die zwangsneurotischen Strukturen der kirchlichen Institutionen und ihrer Ideale frei. Nach seiner Amtssuspension bekam Drewermann einen Lehrauftrag für Kulturanthropologie an der Gesamthochschule Paderborn.

Drewermann darf in katholischen Kirchenräumen offiziell nicht mehr predigen. Bis Dezember 2000 hielt er wöchentliche Wortgottesdienste in einem Paderborner Gymnasium ab. Außerdem entwickelte er nach der Dienstenthebung ein außergewöhnliches schriftstellerisches Schaffen.

Heute ist Drewermann als freier Schriftsteller und Vortragsreisender tätig. Seine Beiträge finden sich in Radio, Fernsehen, Zeitungen und Fachzeitschriften. Nach wie vor bietet er kostenlose psychotherapeutische Einzelgespräche an, die er als Fortführung seiner Seelsorgetätigkeit versteht. Drewermann gehört seit Jahren zu den begehrtesten Rednern Europas, wenn es um Themen der Religion, der Bibelauslegung, tiefenpsychologischen Märchenanalyse oder das Verhältnis zwischen Mensch und Tier geht. In freier Rede spricht er in stets ausverkauften Vortragssälen, z. B. auch bei Lehrerfortbildungen und internationalen Kongressen. Themen seiner über siebzig Buchveröffentlichungen sind Moraltheologie und Bibelexegese, Märcheninterpretationen, Krieg, Frieden und die ökologische Krise. Seine pazifistische Überzeugung findet im Band »Jesus von Nazareth – Befreiung zum Frieden« ihre theologische Begründung. Die weiteren vier Bände seines fünfteiligen theologischen Hauptwerks »Glauben in Freiheit« (1993–2002) verbinden neueste Erkenntnisse der Anthropologie, der Evolutionsgeschichte, der Biologie, Chemie und Physik mit religiösen Fragen wie der nach dem Schöpfergott. Besonders engagiert ist Drewermann in den letzten Jahren um eine neue christliche Tierethik. Die anthropozentrische Haltung des bisherigen Christentums gipfelt für ihn in der industriellen Ausbeutung der Tiere.

Drewermanns Blick auf das menschliche Handeln steht unter der Prämisse der »Angst«, seit er sie in den »Strukturen« des Bösen als Motiv psychoanalytisch herausarbeitete und bewies.[1]

---

[1] Vgl. Rister, MCR Media: Eugen Drewermann.

3.1 Darstellung: Drewermanns Deutung der jahwistischen Urgeschichte

3.1.0 Die Urgeschichte in exegetischer Sicht

3.1.0.0 Zur Hermeneutik und exegetischen Methodik im Umgang mit alttestamentlichen Mythen; die Aufgabe der Psychologie

»… nach dem Sündenfall ist die Lage des Menschen derart, dass er in sich wie außerhalb von sich alles nur in Gestalt von Angst wahrzunehmen vermag …«[2]

Keineswegs um eine psychische Gestimmtheit geht es hier, sondern um ein Ganzes, das wie eine nicht weiter minimierbare Größe den Menschen durchgreift als eine Selbstverständlichkeit, die das menschliche Leben selber ist. »Wir glauben am Abschluss unserer Untersuchungen, dass J in seiner Urgeschichte ein Bild vom menschlichen Dasein malt, das zu der … Alternative zwingt, entweder die Verzweiflung zu wollen oder sich vom Glauben ergreifen zu lassen.«[3]

Dieses Bild soll *nachgezeichnet* werden. Dabei soll der Erfahrung der Schuld der ihr zustehende zentrale religiöse Platz eingeräumt werden. *Nicht einen Beweis* wird das ergeben, sondern einen *Hinweis:*[4] auf die Ausweglosigkeit einer Existenz ohne Gott, deren Dasein sich in die Hölle verwandelt, gerade dann, wenn man es in ein Paradies zurückverwandeln will.

»J«, wenn es ihn denn gab – als Autor einer Quellenschicht des Pentateuchs ist er literarkritisch gut gestützt und dennoch eine Hypothese – ist nicht die Bibel.[5] Warum schenken wir ihm dann solche Aufmerksamkeit? Erstens beansprucht er sie selber und zweitens schrieb er Mythen, deren Deutung zu prinzipiellen anthropologischen Betrachtungen zwingt und wiederum entsprechende Methoden

---

[2] G. Bernanos: Tagebuch eines Landpfarrers, zit. in Drewermann: SB I, XI. (Mit römischen Zahlen beziffert Drewermann die Seiten eines ausgedehnten Vorspanns).

[3] Drewermann: SB I, XI–XIII.

[4] Die kursivgedruckten Wörter (XIII) werden in 3.2. (Beurteilung Drewermanns) wichtig werden.

[5] Nach herrschender Meinung ist das Werk des J in die Zeit um 950 v. Chr. zu datieren. Innerhalb der Urgeschichte Gen 1–11 sind außer Schöpfung und Sündenfall (Gen 2,4b–3,24) als weitere bekannte Texte J zuzuordnen: Gen 4 (Kain und Abel), teilweise Gen 6–8 (Sintflut), Gen 11 (Turmbau); d. Verf.

verlangt, so z. B. die Einbeziehung der Psychoanalyse. Auch die neuzeitlichen philosophischen Denkansätze bieten sich als Handwerkszeug an.[6]

Unter dem hermeneutischen Gesichtspunkt ist das besondere Selbstverständnis von J als Anfangserzählung zu erwähnen. Wichtig dazu ist die Beachtung der hebräischen Denkstruktur, die dem hellenistisch-abendländischen Denken grundverschieden ist. Das griechische Denken zerlegt die Wirklichkeit in die zwei Ebenen des empirisch Fassbaren, Veränderlichen, Vielfältigen einerseits und des nur geistig zu schauenden Wesenhaften, Grundgelegten, Bleibenden andererseits. Solche Zweiteilung kennt das Hebräische nicht. Es sieht das Sein als etwas, das in der Zeit gleich bleibt, weil es so schon von Anfang an war. Das hebräische Wort *re^'šīt* sollte besser als »Prinzip« oder »Grundlegung« denn als »Anfang« übersetzt werden. Unzählige Bibelstellen werden mit diesem Hintergrundwissen verständlich. So will der Beter, der in Ps 51,7 seine Sünden bereits auf das Leben seiner Mutter zurückführt, ihr nicht etwa seine eigenen Fehler anlasten, sondern von seinem Durch-und-durch-Sein reden, das genauso schon vor ihm dagewesen ist. Samuel, dessen Kindheitsgeschichte 1 Sam 1–2 ausmalen, soll nicht als wundersames Kind vorgeführt werden, sondern rückblickend als einer, der seinem ganzen Wesen nach immer schon mit Gottes Gnade begabt war. Die zahlreichen Benennungen von Herkunft und Wesen, die Wendungen um »Vater«, »Mutter«, Stammesväter und Herrschaftsverhältnisse, die Kindheitserzählungen, Verfertigungsberichte und Genealogien – sie alle wollen keinesfalls die Umstände früherer Lebensabschnitte schildern, sondern in der Gleichung von Anfang und Wesen etwas Grundsätzliches zutage fördern, wie es sich im betreffenden Kind, Knecht oder Volk gerade äußert. Es ist daher nur folgerichtig, die j Urgeschichte als wesenhafte Menschheitsbeschreibung zu lesen.[7] »Wesen« ist aber nicht in unserem (ursprünglich platonischen) Sinn von »Natur« als etwas Unveränderliches, Notwendiges zu verstehen. J denkt theologisch; er beschreibt den Menschen nicht von sich her, sondern in seinem Vor-Gott-Sein, in dem, wie und was er im Verhältnis zu Gott ist. »Adam« bezeichnet uns Menschen: In ihm haben

---

[6] Vgl. Drewermann: SB I, XII–XVIII.

[7] Die Universalität im anthropologischen Blickwinkel von J ist allgemein anerkannt, vgl. W. H. Schmidt: Einführung AT, 80; d. Verf.

sie alle gesündigt, sagt Paulus[8]; die Erfahrungen in J kommen einem Menschheitswissen gleich. Das Denken in der Einheit vom Allgemeinen und Individuellen, Abstrakten und Konkreten, das für mythisches Denken typisch ist, findet sich in fast allen Naturgesellschaften, so z. B. in der Wahl von Eigennamen.[9]

Nach diesem ersten hermeneutischen Ansatz muss nun die Tiefenpsychologie als exegetische Methode gerechtfertigt werden. Im Groben trennt man, so Drewermann, zwei Herangehensweisen zur Deutung von Mythen, nämlich die tiefenpsychologisch-symbolische, die den sozialen Kontext vernachlässigt, und die ethnologische, die die Psychologie ignoriert. Das oben erbrachte Ergebnis, dass J etwas Allgemeines, Alle-Zeiten-Überdauerndes ausdrückt, legt es nahe, dass sich für unsere Untersuchung besonders die psychologische Methode anbietet.

Daraufhin stellt sich die Frage nach der Vorgehensweise à la Jung oder Freud, die sich, extrem knapp skizziert, dadurch unterscheiden, ob sie die Mythen in ihrer Verwendung durch die Völker als Symbole für Erneuerung und Leben verstehen (Amplifikationsmethode Jungs) oder in ihrer Symptomatik und deren Ursächlichkeit (analytische Methode Freuds) erfassen wollen. Je nach Blickrichtung werden beide Schulen befragt, doch da wir letztlich wissen möchten, welche Krankheit die Kranken krank machte und am Gesundwerden immer wieder hindert, kommt für diesen schlussendlichen Zweck nur die pessimistische Haltung Freuds infrage.[10]

Genauer besehen, darf Exegese *gar keine* aller infrage kommenden Deutungsebenen vernachlässigen, um aufschlussreiche Ergebnisse zu liefern. Die Bilder der Mythen, exegetisch als »Motive« (tradierte Bilder) bezeichnet, eröffnen eine Vielzahl von Zugängen. Im Abschreiten der einzelnen Interpretationsmethoden zeigt sich dann, inwieweit sie ergiebig und ihre Ergebnisse verwertbar sind.[11] Drei wichtige Motive der Sündenfall-Erzählung erbringen, um beispielhaft die Ergebnisvielfalt aufzuzeigen, je nach Interpretationsmethode folgende Bedeutungen:[12]

---

[8] Röm 5,12 nach einer sinngemäß zutreffenden, aber grammatisch schlechten lat. Übersetzung der Vulgata, revid. 1979; vgl. 1 Kor 15,22; d. Verf.

[9] Vgl. Drewermann: SB I, XVIII–XXVIII.

[10] Vgl. Drewermann: SB I, XXXI–XLIII.

[11] Vgl. Drewermann: SB I, XLV–LXXXIII.

[12] Drewermann: SB I, LXXXIV, Tabelle von Drewermann übernommen und leicht gekürzt. Die nachfolgenden Tabellen dieser Arbeit wurden von der Verf. aus Gründen

Methode / Motiv	**Paradies**	**Sündenfall und »Erkenntnis«**	**Nacktheit**
α) kultur-historisch	Einheit mit der Natur (Paläolithikum)	Abfall von der Natur und Kulturentstehung (Neolithikum)	Erinnerung an die Eiszeit (die »Fellröcke«)
β) historisch-exegetisch	das Land Mesopotamien	Abfall vom Jahwekult; Fruchtbarkeitsreligion und magisches Wissen	das Ende kindlichen Daseins in den Initiationsriten
γ) natur-mythologisch	das Land des Mondes, der Einheit von Sonne und Mond	Vertreibung des Mondes vom Himmel durch die Sonne	Entblößung von Sonne oder Mond[13]
δ) tiefen-psychologisch	Kindheitserinnerung an prä- und postnatale Eindrücke (z. B. Einheit mit der Mutter; dem Unbewussten)	die Ambivalenz der Gefühle (z. B. oraler Sadismus; Differenzierung und Bewusstwerdung u. a.)	Schamgefühl (sexuelles Erwachen; Erwachen eigener Individualität)
ϵ) philo-sophisch	Einheit mit der inneren und äußeren Natur; Status geistiger Unreflektiertheit	Bewusstwerdung; Reflexion in der Angst des Bewusstseins	Erkenntnis der Seinsnichtigkeit und Kontingenz des Daseins
ζ) theologisch	Einheit mit Gott und darin Einheit mit sich selbst und mit der umgebenden Natur	Abfall von Gott; das Ambivalentwerden der inneren und äußeren Natur; die Verwandlung des Daseins von Segen in Fluch	Obszönität des Daseins ohne Gott

Drewermanns Forschungen an der j Sündenfallgeschichte ergaben, dass die Deutungsebenen β), δ) und ε) besonders berücksichtigenswert und jeweils mit der theologischen Ebene ζ) in Verbindung zu setzen sind. Daraus entstanden die drei Bände »Strukturen des Bö-

der Übersichtlichkeit bzw. Verkürzung entworfen. Der Beurteilung Drewermanns wird schon hier die Kritik vorweggenommen, dass seine überbordende Schreibfülle nur mühsam zu bearbeiten und zumutbar weiteren Lesern zu präsentieren ist. Ferner halte ich die römischen Zahlen für umständlich.

13 Bezeichnung Drewermanns für den Beginn einer Entmythologisierung; d. Verf.

sen«. Wenn es im Folgenden um die historisch-exegetische Deutung von Gen 2,4b–3,24 gehen soll, so ist nach Drewermann unvermeidbar, dass dabei immer wieder auch Gedankengut einer anderen Ebene einfließt. Stets ist außerdem die Einfühlung in die subjektive Aussage dessen, was wir als Gottes Wort bezeichnen, unvermeidbar – keinem Menschenwort kann ohne dieses Element wirklich zugehört werden. Eine isoliert historisch-kritische Exegese führt zu verkürzten bis falschen Ergebnissen; sie ist das Dilemma der heutigen Theologie.[14]

► **EINSCHUB:** Drewermann will die historisch-kritische Theologie nicht abschaffen, sondern erweitern. Insbesondere die Erbsündenlehre ist für ihn in ihrem wichtigsten Motiv der Angst mit einer rein historischen Interpretation dogmatisch schlechthin unbegründbar.[15] Dass er die historisch-kritische Methode nicht grundsätzlich ablehnt, zeigen seine z. B. Evangelien-Auslegungen an vielen Stellen.[16]

Was Inhalt bzw. Zustand der menschlichen Seele ausmacht, so möchte ich die zwei oben schon erwähnten Betrachtungsweisen bei Drewermann genauer erklären: Die psychoanalytische Methode nach Freud gilt der Diagnostik und Heilung der krankhaft veränderten (d. h. bei Freud insbesondere neurotischen) Seele. Bezogen auf das Inventar der Seele in ihrer nicht unbedingt krankhaften Verformung, aber in ihrer Entwicklungsfähigkeit zu Reife und Ganzheit, ist Drewermann genauso stark von der ebenfalls analytisch genannten Archetypenlehre C. G. Jungs geprägt. An späteren Stellen dieser Arbeit bezeichne ich der Benennung halber Freud als konfliktbezogenen, Jung als integralen Analytiker. Archetypen sind Ausdrucksformen des kollektiven Unbewussten, das die Gesamtheit aller Vorstellungsformen der Menschheit umfasst (z. B. zeit- und kulturübergreifend bestehende Vorstellungen wie »die große Mutter«, »der weise Alte«). Dieser Lehre folgend, sind mythische Symbole für Drewermann innerseelische Verdichtungen der Wirklichkeit. Jung hielt Religion nicht nur für das kulturgeschichtlich älteste, sondern auch das persönlichste Erleben. Therapeutisch ging Jung über die Freudsche Heilung von Neurosen hinaus, indem er Menschen zu einem erweiter-

---

14 Vgl. Drewermann: SB I, LXXIX–LXXXII.LXXXVI f.

15 Vgl. Drewermann: Tiefenpsychologie, 21.37; vgl. SB I, LXXXVI.

16 Vgl. Drewermann: Markusevangelium I, 270 f., 181; II, 189, 194; bes. 196, 199 f.; Drewermann formuliert seine Thesen gegen die Ausschließlichkeit der historischen Kritik jedoch sehr scharf, was ihm Feindschaft der Fachwelt einträgt. Mehr dazu in 3.2 (Beurteilung Drewermanns).

tem spirituellem Bewusstsein verhelfen wollte. Er musste kritisieren, dass der protestantische Rationalismus die Fühlung mit den Archetypen der Seele verlor, denn Religion befasse sich nicht mit der Wirklichkeit, sondern mit ihren psychologischen Deutungen.[17]

Drewermann wird von daher vielfach eine Theologie der Verinnerlichung unter Vernachlässigung des äußeren Heilshandelns vorgeworfen.[18] Der Vorwurf kann so nicht formuliert werden, denn Drewermann betont permanent, der Mensch könne nicht leben außer in Beziehung zu einem Gott, der sich ihm zugewendet hat.[19] Jedoch gehen für ihn nach der Jungschen Lehre die Anschauungsweisen und Ausdrucksformen der Religion im Erbe von Jahrmillionen der Evolution aus der menschlichen Psyche hervor.[20] Den gängigen theologischen Denkmustern ist ungewohnt, dass es für Drewermann als Psychologen eine Trennung in äußere und innere Heilsgeschichte gar nicht gibt. Seine Frömmigkeitsform sieht so aus, dass im Nachfühlen der Zuwendung Gottes tief schlummernde Sehnsüchte aktualisiert und beruhigt werden.[21] Dabei ist es keineswegs der Fall, dass man für die Kontaktaufnahme mit Gott mühsam in eigene seelischen Tiefen hinabsteigen *muss*.[22] Drewermann will für die Regungen der Seele sensibel machen, weil Menschen nur heil und ganz werden können, wenn sie die Entfremdung von Denken und Fühlen, von Bewusstem und Unbewusstem, von Außen und Innen überwinden.[23] Besonders seine vielen Berichte, die auf Erfahrungen der Psychotherapie fußen, zeigen für mein Empfinden gerade an Beispielen schwer Leidender, welche Seelenzustände bei einer verstärkten Einfühlung ins eigene Innenleben offenbar werden, die nach der wie mit weit offenen Armen schon immer wartenden Gnadenbotschaft nur so hungern.[24] »Die tiefenpsychologische Deutung ist zum Verständnis der Bibel in-

---

[17] Vgl. C. G. Jung: Archetypen, 9–17; vgl. ders.: Antwort auf Hiob, 7–11.

[18] Vgl. Schnelle: Einführung NT, 193 f.

[19] Vgl. Drewermann: Dein Name, 108 f., hier besonders anschaulich erklärt anhand der Jesus vorangehenden vernichtenden Botschaft des Täufers.

[20] Vgl. Drewermann: Sechster Tag, 53 f.; 269, 445.

[21] Vgl. Drewermann: Dein Name, 165; vgl. ders.: Jesus von Nazareth, 181.

[22] Vgl. Schnelle: Ntl. Exegese, 194.

[23] Vgl. Drewermann: Dein Name, 15: Wer die Menschwerdung Gottes mit allen Regungen begreift (wie Künstler es vermögen und in ihren Bildern malen, hier Gaugin), kann die Welt nur als neugefundenes Paradies erleben.

[24] Vgl. Drewermann: Markusevangelium I, 226 (zu Mk 2,1–12, Die Heilung des Gelähmten); 243 f. (zu Mk 2,13–17, Die Berufung des Levi); 363 f. (zu Mk 5,1–20, Der Besessene von Gerasa; Drewermann ist der erste, der das Hineinfahren der Besessen-

soweit unerlässlich, als sie Erfahrungen freizulegen vermag, die hinter den religiösen Worten der Schrift stehen, … um zwischen Angst und Glauben das eigene Leben … zu umgreifen und zu seinem Ursprung zu öffnen.«[25]

3.1.0.1 Zur Abgrenzung der Urgeschichte und des Untersuchungstextes in dieser Arbeit

Für Drewermann kann die j Urgeschichte Gen 2–11 nur als literarische Einheit verstanden werden. Er stützt sich darin auf Westermann,[26] dessen Kommentar er aber auch kritisiert. Drewermanns Hauptargument für die notwendige Einheit ist die schiere Unlogik in exegetischen Arbeiten verschiedener Verfasser, die j Aussagen über Sünde allein ans Paradies zu koppeln, einen Einschnitt vorzunehmen und die Geschichte der Menschen jenseits von Eden als eine Geschichte der Errungenschaften und des Fortschritts zu betrachten. Vielmehr sind Fortschritt und Schuld unauflöslich verbunden und gerade in der oft mühsamen Durchdringung von kulturellen Leistungen und immer tieferer Schuldverfallenheit zeigt sich, dass man mit dem historisch-kritischen Handwerkszeug allein nicht weiterkommt. Ein anderes, aber eng mit dem ersten zusammenhängendes Argument für die Einheit liefern die kulturgeschichtlichen Übereinstimmungen der Urgeschichten nahezu aller Völker. Also waren Urzeiterzählungen nicht beliebig ausgestaltbar, sondern hatten *ihre* Themen. Überall finden sich Erzählungen der Schöpfung, der menschlichen Errungenschaften, ihrer Frevel und deren Ahndung.[27] Doch für Westermann ist die Geschichte nach Gen 3,24 keineswegs eine Unheilsgeschichte; er erkennt etwa in 4,1 und 4,25 das Gotteslob der Menschen und insgesamt das Fortwirken der Schöpfermacht Gottes.[28] Drewermann dagegen sieht ein reines Fluch-Dasein, denn Sünde und Kultur sind nicht zu trennen, und gerade *das* ist die Aussage von J, die

heit in die Schweine mittels Psychologie plausibel erklären kann); vgl. ders.: Schwesterlein, 39 f.

[25] Drewermann: Markusevangelium I, 108; vgl. ders. in Psa. und MT II zur Notwendigkeit von Tiefenpsychologie in der Theologie: Nur sie hat »den Abgrund der Angst in der Tiefe der menschlichen Existenz vor Augen«, ohne den Theologie zur »reinen Moral- und Rechtslehre« verkommt (109).

[26] Vgl. Westermann: Genesis 1–11, 26.

[27] Vgl. Westermann: Genesis 1–11, 90, 25.

[28] Vgl. Westermann: Genesis 1–11, 24.

im allerletzten unbedingt die Einheit der j-Passagen von Gen 2,4b–3,24 fordert: Die *Ambivalenz* des Menschseins.[29]

Westermann meint, die j Beschreibungen vom Erdenleben wollen das menschliche Begrenztsein ätiologisch begründen und das Sündigsein im Gegenüber zu Gott pointieren.[30] Letzterem ist nach Drewermann nur zuzustimmen, doch dürfen Zustandsbeschreibungen nicht auf eine bloße Möglichkeit reduziert werden, denn die aussagende Klammer des j ist die *Zwangsläufigkeit*, dass der von Gott getrennte Mensch der durch Mühsal, Leid und Tod begrenzte Mensch ist. J beschreibt nicht das Wesen, sondern die Kausalität des Daseins (ontologische bzw. ontische Sicht), seine Gedankenführung ist nicht temporär, sondern in logischer Weise zu verstehen.[31]

Drewermann weist darauf hin, dass er in den »Strukturen des Bösen, I« exegetische Literatur nur stark selektiv benutzt, insoweit sie nämlich zum Verständnis des Bösen weiterhilft. Sein Ziel ist systematischer, nicht exegetischer Art.[32]

■ **ANMERKUNG:** Zur arbeitstechnischen Textabgrenzung meiner Arbeit wiederhole ich, dass es darin schwerpunktmäßig um Gen 2,4b–3,24 geht, weil ihr systematisches Ziel das Verständnis des Sündenfalls ist. Drewermann behandelt die gesamte Urgeschichte bis Gen 11, doch liegen seine Schlüsselerkenntnisse in 2,4b–3,24. Alles andere muss dann zwangsläufige Folge sein – eben die Folge, die er als die Kernaussage des J erkannte. Zur Verdeutlichung der Zwangsläufigkeit werfe ich auch einen kurzen Blick auf die besonders markante Kain-und-Abel- Geschichte in 4,1–16. Zur in 3.1.0.2 nachzuzeichnenden Arbeitsweise Drewermanns ist zu sagen, dass er den j Text in seiner Reihenfolge behandelt und bei dessen Exegese a) literaturkritische, b) motivgeschichtliche, c) traditionsgeschichtliche, d) redaktionsgeschichtliche und e) psychologische Überlegungen so platziert, wie sie ihm am geeignetsten erscheinen. Letztere bezeichne ich als »psychologische Fühlung«, um sie von der psychoanalytischen Methode in 3.1.1 abzusetzen.

---

29 Vgl. Drewermann: SB I, 1–5.
30 Vgl. Westermann: Genesis 1–11, 377–379.
31 Vgl. Drewermann: SB I, 5–7.
32 Vgl. Drewermann: SB I, 8.

3.1.0.2 Drewermanns Exegese: Von der ursprünglichen Ordnung zum Desaster

a) Unter Einbeziehung literaturkritischer Erwägungen in Gen 2,4b–25

Gen 2, der Schöpfungsbericht des J, ist wichtig, um die Veränderung durch den Fall in Gen 3 zu begreifen. Gen 2 ist auf der mündlichen Erzählstufe als geschlossener Bericht über die Erschaffung des Menschen anzusehen.[33]

Redaktionelle Einfügungen wie z. B. die Passage über die Paradiesströme (2,10–14) mag man auch einer anderen Hand als der des J zuschreiben – sie sind aber in der Aussage unbedeutend. Mit dem zusammengefügten Bericht »Schöpfung und Fall« wird uns der Mensch als zweideutiges Wesen von Anfang an vorgestellt, das seiner Bestimmung zuwiderhandelt und durch Schuld sein Dasein verändert. 2,4b–25 ist das Positiv-Gegenstück der typisch gegenwärtigen Lage.[34]

Gen 2 will nicht die Schöpfung der Welt, sondern die des Menschen erzählen.

Dass der Mensch als Besteller und Bebauer des Paradieses vorgeführt wird (5.15), zeigt, wie mit seiner Erschaffung im Plan Gottes etwas Einschneidendes geschieht gegenüber der Zeit, wo Gott »noch nicht hatte regnen lassen« (5). Gleichzeitig wird die Notwendigkeit der Bewässerung vorgeführt, so dass dieser Text ursprünglich aus der Zeit stammen dürfte, als sich das nomadisierende Hirtentum mit der kanaanäischen Ackerbau- und sesshaften Viehzuchtkultur verband. Die eigentliche Menschenschöpfung beginnt, wo der Mensch die Erde bestellt.[35] Es fließen in die Ansicht vom Paradies also die Erfahrungen ihrer Entstehungskultur mit ein. In dem Sinn verweist auch das Geschaffensein des Menschen aus Erde auf seine Erdbezogenheit als Ackerbauer (vgl. *'adām* – »Mensch« und *'adamā* – »Erde«).

Viel bedeutsamer ist die dahinterstehende Aussage, dass der Mensch nicht nur begrenzt und absolut nichtig wie verwehbarer Staub ist (vgl. Hi 4, 19; Ps 22,16 u. v. a. m.), sondern restlos abhängig von seinem Schöpfer, damit sein Leben nicht wieder in die Ursprünge seines Staubs zurück verfällt.[36] Der Mensch *ist* nur von Gott her und

---

[33] Vgl. Westermann: Genesis 1–11, 262.

[34] Vgl. Drewermann: SB I, 9 f.; Zur Positiv-Negativ-Zusammenfügung vgl. W. H. Schmidt, Einführung, 81; d. Verf.

[35] Vgl. Westermann: Genesis 1–11, 274; Kultureller Übergang ab 1400 v. Chr.; d. Verf.

[36] Vgl. Wolff: Anthropologie, 143.

Gott ist *sein Leben*. J und andere Stellen des AT (z.B. Ps 104, 29f.) drücken das aus im Bild der eingehauchten *nĕpĕš* aus. Die hebräische »Seele« ist nicht nach dem griechischen Bild eines unsterblichen Bestandteils zu verstehen, sondern als Lebensprinzip, als Äußerung des Lebens schlechthin – wiederum zeigt sich das Hebräische Denken ganzheitlich – das man wohl am besten wohl mit »schnaufen« wiedergeben muss. Der Mensch lebt nicht aus sich heraus, er ist gänzlich hergeleitet von Gott, ihm wesensgleich; und man ahnt schon das Drama, sollte diese »hauch«-dünne Verbindung zerreißen. Wenn J Gott ganz und gar anthropomorph darstellt (formt Menschen, haucht ein; in 3,8a geht er im kühlen Garten spazieren), so wird darin ein Gott vorgeführt, der das persönliche Gegenüber der Menschen ist[37] – ja, der sich vom Menschen mit seinem Eigennamen anreden lässt: Jahwe.[38] Die Doppelung aus der Gottesbezeichnung »Elohim« und dem Eigennamen »Jahwe« gibt es nur in Gen 2.[39]

In 5–17 pflanzt Jahwe also den Garten, der einzig der Versorgung des Menschen dient. Die Details der Beschreibung und ihre verschiedenen Interpretationen (z.B. »gen Osten« als Ort unbestimmter, geschützter Ferne oder auch als Ort des Sonnenlichts) drücken die Umgebung des Menschen sämtlich als Ort der Geborgenheit und des Versorgtseins aus: *ʿêdĕn* heißt übersetzt »Wonne«. Zum Glück des Menschen gehört auch sein Tätigsein. Mitnichten hat man die Gartenbebauung im Sinn aristotelischer Abwertung der Arbeit zu verstehen: Es ist schöpferische, verantwortliche, kurz: erfüllte Arbeit. Leider verwandelten zwei Aspekte die Idylle in einen »exegetischen Irrgarten«.[40] Es sind die Bäume in der Gartenmitte (9), der Baum der Erkenntnis von Gut und Böse und der Baum des Lebens, sowie das Essverbot und die Todesdrohung (17) nach der zunächst großzügigen Freigabe des Gartens (16). Drewermann betrachtet die von J angeordneten Baum-Stellen in 2,9 und 2,24 als erzählerische Klammer um das herum, was sich am »Baum mitten im Garten« nach 3,3 abspielt. Dabei scheint der »Baum der Erkenntnis von Gut und Böse« für ihn eine Einfügung von J in das ursprüngliche Erzählgut zu sein. Für »Gut und Böse« gab es bisher drei Interpretationsmöglichkeiten, die mehr oder weniger alle zutreffen: Es handele sich um die Erwerbung

[37] Vgl. Gunkel: Genesis, 6.
[38] Vgl. Buber: Werke III, Botschaft, 742.
[39] Ges. Absatz vgl. Drewermann: SB I, 10–13.
[40] Drewermann: SB I, 14.

des geschlechtlichen Verlangens, des sittlichen Bewusstseins oder der Allwissenheit. Zwar muss die Zurückweisung der Sexualität durch Gott im Paradies bezweifelt werden, doch auch die erste Deutung enthält Wahres, indem Gen 2 den Menschen irgendwie auf eine kindliche Stufe setzt (vgl. das Essverbot). Drewermann folgt einer weiteren Variante Martin Bubers, dass die Menschen sich nicht durchs Essen magische Kräfte einholen sollen (so zu verstehen ist das »Wissen«), die in der Schöpfung Gottes gezügelt sind.[41] Die Geborgenheit der Menschen würde zerstört, würde der Mensch die Kräfte der Schöpfung selber anrühren. Er würde das in ihnen gebundene Böse entfesseln; Gottes Drohung dient also gerade der Fernhaltung des Todes. Gleichwohl steht der Mensch vor der Wahl zwischen Leben und Tod. Eine schlüssige Deutung kann letztlich erst in der Bearbeitung von Gen 3 gegeben werden.[42]

Doch noch hat Gott seine Schöpfung nicht beendet. Er empfindet die Einsamkeit des Menschen und macht ihm Tiere aus demselben Stoff der Ackererde als Gefährten, die der Mensch dann partnerschaftlich benennt. Aber Gott erkennt die mangelnde Entsprechung von Ich und Du und lässt seine Schöpfung zum Abschluss kommen durch die Erschaffung der Frau aus der Rippe des Adam.

Entsprechend jubelnd ist die Reaktion des Menschen, der über dem Erkennen beider Wesensgemeinschaft (1,23: »Blutsverwandtschaftsformel«) dreimal *z'ôt* – »die da« ruft.[43] Die Beziehung der inneren Zusammengehörigkeit soll nicht nur den Grund der Ehe, sondern den Inbegriff menschlicher Gemeinschaft von Mann und Frau überhaupt ausdrücken. Dem wird mit der Erwähnung nichtvorhandener Scham trotz Nacktheit in 25 noch ein Trumpf aufgesetzt: Es gibt rein gar nichts, was die Harmonie zwischen beiden stören könnte. Die Schöpfung ist perfekt, der Glanzhintergrund für das düstere Kapitel 3 nun aufgespannt.[44]

Gen 3 thematisiert nicht etwa ein Verhalten des Menschen aufgrund seiner Wahlmöglichkeiten,[45] sondern Aussage und Tragödie von Gen 2 *und* 3 ist der im Mythos gemalte Verlust einer Einheit, wie sie Gott ursprünglich gewollt hatte. Sitz im Leben mögen Ge-

---

[41] Vgl. Buber: Werke III, Gut und Böse, 613.

[42] Drewermann: SB I, 14–21.

[43] Vgl. Gunkel: Genesis, 12.

[44] Vgl. Drewermann:SB I, 14–23.

[45] Vgl. Westermann: Genesis 1–11, 265, 329f.

burts- oder Mannbarkeitsriten gewesen sein.[46] Im kulturgeschichtlich agrarischen Umfeld des Mythos, dem man noch Elemente vielleicht einer Ablösung vom Totemismus (2,19b) oder eines Patriarchats (2,24a) zufügen könnte, leistete der Mythos, was er sollte. Er beschreibt nicht die Erschaffung der Welt, sondern die der Bauern (z.B. nennt er keine Wassertiere).[47]

b) Anhand motivgeschichtlicher Erwägungen in Gen 3

Die Erzählung vom Sündenfall in Gen 3 zeigt in seinen Motiven erstaunliche Übereinstimmung mit Mythen zahlreicher Völker. Besonders markant ist die Parallele zur Engidu-Episode im Gilgamesch-Epos.[48] Diese schildert, wie der steppengeborene Wilde Engidu, der fellhäutig ist und unter den Tieren lebt, durch den Verkehr mit einer Tempeldirne zum kultivierten, zivilisierten Menschen wird. Er empfängt darüber »Wissen« und »Weisheit« aus der Stadt Uruk, in deren Gemeinschaft er dann aufgenommen wird. Hier wie in der Genesis treibt die Entwicklung das Motiv, göttlich zu werden durch ein kulturelles Wissen, das hier sexuell erworben wird. In beiden Fällen geht es um den Eintritt in die Zivilisation; man braucht das rechte Handwerkszeug zur zivilisatorischen Daseinsbewältigung, das Wissen um »Gut und Böse« (im sittlichen Bewusstsein liegt Westermanns Deutung dieses Motivs), und zuletzt: man muss bekleidet sein (hier Kleider, dort Fellröcke Gen 3,21). Problematisch ist allerdings das Sterbenmüssen des Engidu mit der Genesis zu parallelisieren.[49]

Eine weitere Gemeinsamkeit nahezu aller »Fall«-Mythen besteht im Nahrungsverbot. Bei diversen Bedeutungen ist letztlich der gemeinsame Nenner zu erkennen, dass Menschen sich etwas Todbringendes zuführen, mit dem sie eigentlich ihr Leben erhalten wollten. Interessanter dagegen erscheint, dass als destruktive Kraft in mannigfachen Mythen das Schlangenmotiv auftaucht (z.B. im Gilgamesch-Epos als »Erdlöwe«). Möglicherweise hat es die Genesis- Tradition aus anderen Kulturen übernommen. In der christlichen Tradition erfuhr dieses Motiv verschiedenste Deutungen, die jedoch nicht überbewertet werden dürfen. Im mythologischen Vergleich stößt man auf die Beziehung der Schlange als Überbringerin der Sexualität

---

[46] Vgl. Westermann: Genesis 1–11, 265, 329f.

[47] Vgl. Gunkel: Genesis, 28f.; ges. Absatz vgl. Drewermann: SB I, 23–26.

[48] Älteste Sagenbildung vermutl. um 2000 v.Chr.; d. Verf.

[49] Vgl. Drewermann: SB I, 27–36.

mit dem Sterbenmüssen. Ein afrikanischer Mythos erzählt sehr plastisch, wie zur Begrenzung von Übervölkerung nur sterbliche Wesen fruchtbar sein dürfen. Möglicherweise ist die Schlange aus Abwehr gegen kanaanäische Fruchtbarkeitskulte in der besonders negativen Gestalt der Verführerin in die Genesis-Tradition eingegangen.[50]

Übereinstimmungen zwischen Genesis und vielerlei anderen Mythen kann man ferner in der Verführung (oft sexuell) durch Früchte erblicken. Insgesamt führen alle noch so interessanten motivgeschichtlichen Vergleiche in der Interpretation von Gen 3 nicht weiter.[51]

c) Anhand traditionsgeschichtlicher Erwägungen, wieder in Gen 3

Der nächste Suchort nach verwertbaren Ergebnissen ist die Traditionsgeschichte. In Bezug auf den Werdegang des Textes ist Westermann zuzustimmen, der folgende Entstehungsreihenfolge konstatiert:

- Verse 6, 7 (Essen und Erkenntnis der Nacktheit)
- die Verbindung mit der ursprünglich selbständigen Passage 1–5 (Verführung nur *eines* Menschen)
- 8–13 (Entdeckung und Verhör)
- 21, 23 (Fellröcke; Ausweisung aus Eden)
- 14–19 (Fluch- bzw. Strafworte; redaktionell eingeschoben)
- Offengeblieben sind die Verse 20, 22, 24. Vers 20 (Eva als »Mutter aller Völker«) ist eine »Stammbaumnotiz« und setzt bereits eine Kindesgeburt voraus; er dürfte der Tradition erst sehr spät zugereiht worden sein.[52] Die Verse 22 und 24 müssen ursprünglich einen zusammengehörenden extra Schluss gebildet haben. Das Bild Lebensbaumes, obwohl in 2,9 schon vorbereitet (von J?), ist hier überflüssig und das Motiv des Götterneides in 24b stammt aus einem ganz anderen Themenkreis. Im Ergebnis sind auch die traditionsgeschichtlichen Untersuchungen nicht aufschlussreich.[53]

---

[50] Vgl. Drewermann: SB I, 36–41.
[51] Vgl. Drewermann: SB I, 41 f.
[52] Vgl. Westermann: Genesis 1–11, 340–364.
[53] Vgl. Drewermann: SB I, 42–44.

d) Anhand redaktionsgeschichtlicher Erwägungen, nochmals in Gen 3

Die Redaktionsgeschichte fragt nach der schriftstellerischen Leistung und Aussageabsicht des Redaktors. Vorgelegen hat J eine Erzählung von Versuchung, Fall und Austreibung der Menschen. Daraus hat er mit anderem bzw. selbstgeschaffenem Material eine komplexe Szene der Bestrafung aller Beteiligten gestaltet. Es kann kein Zweifel sein, dass die Bestrafungen bzw. Verfluchungen des J am wichtigsten sind.[54] Aber welcher Sinn kommt ihnen zu? Wenn wir uns erinnern, dass *'êdĕn* gleich »Wonne« ist, dass der Mensch sein Tun liebte, sich den Tieren zuwandte, seine Partnerin im Glückstaumel begrüßte und deren beider Harmonie vollständig war, so können jetzt die in 3. ausgesprochenen Strafen Gottes kaum fassbar sein. Dabei erweisen sich die Gegensätze in der Aufstellung des J formell und inhaltlich als lückenlos (in der Reihenfolge von Gen 3):[55]

2,25: Menschen waren nackt und schämten sich nicht	3,7: erkannten ihre Nacktheit
2,19.20: Freundschaft zwischen Mensch und Tier	3,14: Feindschaft zwischen Mensch und Tier
2,23.24: Mann und Frau als Einheit	3,16: Herrschaftsverhältnis statt Einheit
2,16.17: von dem Baum darfst du nicht essen	3,17: von dem Baum hast du gegessen
2,15: Mensch soll den Garten Eden bebauen	3,17: soll den Ackerboden in Mühsal bebauen
2,9.10–14.16: der Garten als Ursprung aller Fruchtbarkeit	3,16; 3,18: Qualen der Fruchtbarkeit; die Erde bringt Gestrüpp und Dornen hervor
2,7: Mensch wird aus Erde geschaffen	3,19: Mensch ist Erde und soll wieder zu Erde werden
2,19.23: Benennung der Tiere; Benennung der Partnerin nach ihrem Wesen	3,20: Namensgebung an Aufgabe gebunden
2,25: Nacktsein	3,21: Fellröcke

Die Verse 2,16.17 und 3,17, die Nennung von Verbot und entsprechendem Verstoß, werden als kausale Klammer des J deutlich; sie

[54] Vgl. Gunkel: Genesis, 20.
[55] Vgl. Drewermann: SB I, 45–47.

stellen die Begründung für die folgende Lawine an Beschwernissen. Es ist wirklich eine Lawine in Gang gekommen. Denn die Widerfahrnisse ab 3,7 sind keine vorübergehenden Plagen, sondern *Zustände* – so wie antithetisch die Harmonie in Gen 2 ein Zustand war. Es ist die gegenläufige Schöpfung und diese Dramatik benennt J mit dem Ausdruck »Fluch«. J beschreibt, wie die Welt zum Fluch wurde. Eine seiner Kernaussagen lautet: Gottes Schöpfung war und blieb gut, solange der Mensch in Gemeinschaft mit ihm war. J komponiert zwei gezielt einander entsprechende Hälften, zulaufend auf Klimax und Antiklimax, und der Umkehrpunkt liegt exakt in 3,7: Die Augen wurden Adam und Eva aufgetan – soll heißen, zur Erkenntnis von Gut und Böse sind sie hier gelangt.[56]

Das »Erkennen von Gut und Böse« fungiert, wie Westermann erkannte, in Gen 3 als Leitwort. Zunächst in der Exposition (2,9.17) begegnet es, dann am Höhepunkt (3,5) und zuletzt im Rückblick (3,22).[57] Mit dem Erkennen von Gut und Böse verkehrt sich die Wirklichkeit in ihr Gegenteil, aber, wie Drewermann bei Martin Buber fand, – nicht die Wirklichkeit an sich, sondern, nach aufgetanen Augen, ihre Aspekte:[58] *Ein Geschöpf aus Lehm zu sein, heißt nicht, begrenzt zu sein, solange man in der Geborgenheit Gottes lebt, doch wird sie zerstört, verwandelt sich das Lehmdasein in Höllenpein.* Nicht sein eigenes Begreifen erhält und rettet den Menschen, sondern allein: Gott selbst. Das Böse kommt wohl durch die Trennung von Gott in die Welt und Erkenntnis von Gut und Böse mag im mythischen Sprechen auch Kulturfortschritt meinen – jedoch diese gängigen Interpretationen des Sündenfalls sind mager. J würde sie nicht akzeptieren, denn sein Gott verbietet keinen Fortschritt. Nur so kann das Essverbot Gottes gemeint sein, dass es gesprochen wurde in der Anschauung von Menschen, die vorher einzig Gutes von ihm vernahmen. J führt vor, wie die Welt die gleiche bleibt, doch *ihre Betrachtung verändert sich.* Nicht umsonst ließ er seine Paradiesbeschreibung im Hinweis auf die Nacktheit ohne Scham kulminieren (2,25). In der Verbindung zu 3,7, der Nacktheit mit Scham, schuf er die Achse, anhand derer »Erkenntnis von Gut und Böse« begriffen werden müssen: Das Böse nimmt seinen Lauf mit geänderter Betrachtung. Die Scham der Nacktheit – sie kann dann bei weitem nicht

---

[56] Vgl. Drewermann: SB I, 47 f.

[57] Vgl. Westermann: Genesis 1–11, 330.

[58] Vgl. Buber: Werke I, Philosophie, 258, 612.

mehr nur in der Sexualität verstanden werden. Es geht hier um die »Blöße und Ungeschütztheit, um die Offenheit und Bedrohtheit«[59] des gesamten Daseins, in der sich die Menschen vor sich selbst, voreinander und vor Gott schämen müssen. Auf derselben Linie liegt auch das, was in Gottes Strafworten von Tod und Beschwernis ausgedrückt wird: In derartiger Heillosigkeit muss das ganze Leben nur noch als Marter des Todes empfunden werden.[60]

Wer in solchem Verstehen der »Erkenntnis von Gut und Böse« die Aussageabsicht des J erfasst, kann nur in Westermanns rein ätiologischer Deutung der Strafen[61] ein »Viel-zu-wenig« erblicken, wird über das Essverbot des gütigen Gottes stets schockiert sein und im eigenen Glaubensleben mit Gen 2 und 3 nicht zurechtkommen. J ist kein Ätiologe, sondern Theologe.[62]

▶ **EINSCHUB:** Bis hierher wurde noch längst nicht alles gesagt und doch führte Drewermann erheblich weiter. Was macht den Menschen böse? Die eigene Betrachtung! Betrachtung schafft Definitionen, indem die Dinge als schwarz, weiß, kalt oder heiß bezeichnet werden. Doch nirgendwo auf der Welt, weder in der Natur noch in den Gedanken oder Herzen der Menschen, gibt es wirklich Einteilungen; alles ist relativ und stufenlos. Der Inbegriff aller Fixierungen und Verschlimmerer jeder Bosheit ist für Drewermann die Moral, mit der man die Menschen traktiert und kurieren will. Jedoch muss der Patient, den man zum Zweck seiner Besserung in grotesker Manier das bloße Aufstehen aus dem Bett befiehlt, nur noch schwächer werden. Heil macht dagegen allein, den Menschen sich selbst betrachten zu lehren unter einer einzig wohlmeinenden Obhut[63], die ihm zuruft: *Sei* einfach – sei ein geliebter Lehmklumpen.[64] Diese Gedanken aus Drewermanns »Friedens-Vermächtnis« sollen die Plausibilität seiner Interpretation des J, angeleitet durch Martin Buber, vor Augen führen und für weitere Entdeckungen Drewermanns neugierig machen.

---

[59] Drewermann: SB I, 51.
[60] Drewermann: SB I, 48–51.
[61] Vgl. S. 45 unten, 46 oben.
[62] Drewermann: SB I, 50 f.
[63] Vgl. Drewermann: Jesus von Nazareth, 73–76.
[64] Analogie zu Gen 2–3 von d. Verf.

e) Mit psychologischer Fühlung, ebenfalls in Gen 3

Gewöhnlich wird die Sünde der Menschen in ihrem »Stolz« gesehen, mit dem sie nach einem von Gott verbotenen Wissen und nach Ihm-gleich-Sein streben. Dem Gesamtverständnis von Gen 2 und 3 nach ist diese Ansicht falsch. Dabei wird die Erkenntnis von Gut und Böse als Selbstbestimmung der Menschen interpretiert über das, was für ihr Leben »förderlich oder abträglich« ist.[65] Gen 3 redet aber mit keinem Wort von Autonomie. Es geht nicht um »Bestimmen«, sondern um »Erkennen«, und der Fortgang der Dinge ist vielmehr im »Getriebe der Angst«[66] als in Überheblichkeit begründet. »Erst Zweifel, dann Misstrauen, danach Begierde und zuletzt Auflehnung« – das ist die Reaktionskette der Bosheit, wie sie angeblich nach gängiger Interpretation und Lehre im Menschen ablaufen soll. Die Motive dürfen so nicht einfach aneinandergereiht werden.[67]

»Die ... Erzählung hat durch ihre Meisterschaft in der psychologischen Schilderung stets das Entzücken feinfühliger Leser erregt: In wenigen Worten und Handlungen ... versteht es der Erzähler, sie im Innersten deutlich zu machen ...«[68] Wenn dem so ist, dann kommt man um ein Sich-Einfühlen in die emotionalen Verfassungen, wie sie sich in den Verhaltensbeschreibungen von Schlange und Frau zeigen, nicht herum. Niemals im Sprechen unter Menschen geht es allein um Fakten; üblicherweise hören wir Worte stets aus dem Innern von Menschen hervorgehen. Wenn dem wirklich so ist, dass die Versuchungsgeschichte in Gen 3,1–5 traditionskritisch als Erweiterung zu gelten hat[69], dann musste der Erzähler mit ihr geradezu hervorheben wollen, wie es zur Sünde kam[70] und damit besonders den Ablauf der Entwicklung im Blick haben.[71] Vor allem besteht die Frage, warum die Frau in Vers 6 Verbotenes tut, obwohl sie drei Verse vorher das Verbot selber verteidigte.

»Wie kann es überhaupt geschehen, dass Menschen, mitten in der Ordnung und lebend in der Obhut Gottes, in Übertretung und Sünde fallen? Wie ist es

[65] Vgl. Steck: Paradieserzählung, 35.
[66] Drewermann: SB I, 53.
[67] Drewermann: SB I, 75 f.
[68] Gunkel: Genesis, 15 f.; zu J als »großen Psychologen«, universalistischen Denker und Meister der Sprachkunst unter den atl. Erzählern vgl. v. Rad: 1. Mose, 11; ähnlich W. H. Schmidt unter Verweis auf Noth und Hempel: Einführung AT, 76; d. Verf.
[69] Siehe c), S. 49 f.
[70] Vgl. Westermann: Gen 1–11, 322.
[71] Vgl. Drewermann: SB I, 53 f.

möglich, dass Menschen, deren Leben an dem Hauche Gottes hängt ... und ohne ihn dem Tod anheimgegeben bleiben, lieber den eigenen Untergang heraufbeschwören ... als dem Gebot Gottes treu zu bleiben?«[72]

Klargestellt sei, dass die Nachfühlung des Geschehens noch keine Psychoanalyse ist. Mit der Schlange, listiger als alle Tiere, nimmt alles seinen Anfang (3,1). Das Bild der Schlange ist motivkritisch nicht ein mythischer, sondern ein märchenhafter und damit eigentlich vormythischer Zug, doch muss »primitives« Sprechen hier abgelehnt werden, nachdem das Gespür für Wesen und Tun des Menschen ungewöhnlich weit entwickelt ist.[73] Aus den Alltagserfahrungen war das Bild der Schlange geeignet, um »List« und damit Verführung auszudrücken. *Was* mit ihr als Gegenstand der Verführung gemeint ist – denkbar wären die Fruchtbarkeitskulte Kanaans – sagt J nicht und will es nicht sagen. Allein wird ausgedrückt und bleibt festzustellen, dass es tatsächlich eine allererste Erfahrung gibt, die eine Regung von Zweifel und Misstrauen an dem Gut-Sein des Bestehenden aufkommen lässt. *Doch ist diese Regung »Sünde«?* Mitnichten! Die Frau isst ja das Verbotene nicht aufgrund der Regung, sondern, wie wir gleich sehen werden, in einem Strudel nicht mehr zu bewältigender seelischer Kräfte.[74]

Das Schlimme an der Schlange und entsprechend das Wesen des Zweifels sind es, dass sie zwar an der Wirklichkeit anknüpfen – dem Gebot, das Gott tatsächlich erließ – aber dieses in der Phantasie zum Horrorbild verzerren. In den Worten »sollte Gott gesagt haben?« (1) liegt ja ein Ad-absurdum-Stellen Gottes, das ihn zum grausamen Diktator mit sinnlosen Entscheidungen aufbaut. Und die Infragestellung, das bloße Gedankenspiel, keinen guten Gott zu haben, muss nun eine Verwüstung im Herzen des Menschen anrichten. Entsprechend heftig zeigt sich in Vers 2 und 3 die Reaktion der Frau, die, wie alle Gesetzlichkeit es tut, besteht auf dem, was Gott gesagt hat. Als ob die Frau Gott überhaupt noch verteidigen *könnte*, der nun nicht mehr derselbe ist wie vorher, sondern gesehen wird durch die Brille und im Schrecken des Misstrauens! Und ihr Problem ist sicher nicht, sich selber gegenüber der Schlange zu verteidigen, sondern die Unsicherheit über das Bild ihres Gottes zurechtzurücken, von dem sie abhängt, so dass alles, was ihr Leben ausmacht, jetzt am Abgrund steht. Sie tut

[72] Drewermann: SB I, 54; vgl. die Leitfrage dieser Arbeit.
[73] Vgl. Westermann: Genesis 1–11, 324; Vgl. v. Rad: 1. Mose, 17, 9, 11.
[74] Vgl. Drewermann: SB I, 76f.

also, was irgend in ihrer Macht steht, um an Gott und seinem Gebot festzuhalten, und dass sie dabei nicht von »Jahwe«, sondern, in der allgemeinen Gottesbezeichnung, von »Elohim« spricht, zeigt, dass sie hier wie in einer ersten Theodizee sich gedanklich bemüht und reflektiert. Wenn es in Gen 3 um den Zusammenhang von Bewusstsein und Sünde geht, dann hier in Vers 3, aber nicht erst im Erkennen von Gut und Böse.[75]

Allerdings wiederholt die Frau das Gebot nicht nur, sondern sie verschärft es, wenn sie dem Essenverbot auch noch das Berührverbot hinzufügt. Jeder Psychologe weiß um das Verschärfen eines Gebotes, je größer die Neigung zum Übertreten wird. Freud prägte den Begriff »Abwehrmechanismen« für eigene Verschärfungen gegenüber latenten Wünschen. Im gedanklichen Drehen um das Verbot ist das bisher nur theoretisch Mögliche geregt und zugleich die bisherige Möglichkeit des Todes real geworden. Zum ersten Mal macht hier die Todesdrohung Gottes Angst; es ist nichts als Angst, die das Gebot verschärft und die ab nun neben dem Misstrauen das Handeln der Frau bestimmt.[76]

Ohne das Raster der Angst, in dem sich die Zerrissenheit und Konfliktbesessenheit in der Situation der Frau abspielen, kann man diese überhaupt nicht begreifen. Einzig in ihm ist zu erkennen, wie die Schlange in Vers 4 und 5 nun in das schon brüchige Verhältnis zu Gott einfällt. Das ursprüngliche, ruhige Verhältnis zu Gott ist zerbrochen, die Sicherheit in seiner Nähe fehlt, und über der Frau in ihrem verkrampften Bemühen ist ein Gott erstanden, der das Todesbeil schwingt. Dieses Bild von Gott ist allein als Gipfel der Angst zu verstehen. Der angstauslösende, nun auch mit Berührverbot belegte Baum kommt nach Westermann einem Tabu gleich[77]. Das ist nicht ganz richtig; der wird erst zum Tabu durch die Bedeutung, die die Frau ihm zukommen lässt. Die Schlange, die dann in Vers 6 das Gebot Gottes in Abrede stellt, tritt der Frau freundlich-hilfreich entgegen. Das lässt sich nur unter dem Vorzeichen begreifen, dass die Frau in ihrer Angst Gott jetzt als Gegner statt als Retter ansieht, dass sie damit überhaupt keine Rettung mehr besitzt und in ihrer Ausweglosigkeit nichts anderes kann als das glauben muss: »Ihr werdet nicht sterben« (4). Endlich ist alles ist gerettet. Das Unerträgliche ist fort.

---

[75] Vgl. Drewermann: SB I, 57–59.
[76] Vgl. Drewermann: SB I, 59 f.
[77] Vgl. Westermann: Genesis 1–11, 305.

Die Freiheit scheint zurückerworben. Kein Grund mehr kann jetzt die Frau von ihrem nächsten Schritt abhalten.[78]

Die Retterin war die Schlange. Gott hat als Retter versagt. Auf diesem Hintergrund wird glaubwürdig, inwiefern die Schlange das Gefühl, wie Gott zu sein (5b), wecken kann und worin es verlockend ist: Gott wird Angst vor den Menschen bekommen. Reizvoll ist die Aussicht, als Mensch triumphieren zu können. Längst sind Mensch und Gott Gegner geworden. Gen 3,1–6 inszenieren die Tatsache, dass Angst genau zu dem hintreibt, wovor es Angst macht. Aus dem Tierreich ist bekannt, dass Panik vor dem Beutetier dermaßen irreleitet, dass das Tier den sicheren Tod anstrebt. Der Erzählung Schopenhauers nach stürzte sich ein Eichhörnchen auf diese Weise in den weitgeöffneten Rachen einer Schlange.

Liegt solche Erfahrung der Wahl der Schlange in Gen 3 zugrunde? Das bleibt fraglich, doch allzu deutlich ist: Diejenige, die nach Kräften versuchte, sich gegen die Schlange zu wehren und sogar den verbotenen Baum nicht einmal anzurühren wagte, »findet am Ende keinen anderen Ausweg, ihrer Angst zu entrinnen, als der Schlange geradewegs in den Rachen zu kriechen.«[79]

Dass in Vers 6a der Baum mit dreifachem Attribut – lustvoll, verlockend, klugmachend – als Inbegriff des Begehrenswerten dargestellt wird, erweist sich im Kontrast zu Gen 2,9, wo nur die anderen Bäume »verlockend anzusehen« und »gut zu essen« waren, als verständlich, nachdem Gott entmachtet ist. Das Essen selbst wird in 6b nur äußerst knapp dargestellt. Es ist sekundär, nachdem das Eigentliche schon geschehen ist. Auch dass der Mann mitisst, bedarf keiner großen Worte. Die beiden waren ja zur Gemeinsamkeit geschaffen (2,21), folglich war der Mann »bei ihr« (3,6b), und sein gleiches Handeln drückt aus, wie die gottgeschaffene Gemeinschaft auch auf dem Weg in die Schuld bestehen bleibt. Folgerichtig ist weiter, dass die Menschen ohne Gott erkennen, was sie ohne Gott sind: nackt (7a).

Hier geht es tatsächlich um ein erworbenes Wissen, denn in der Geborgenheit Gottes war die Nacktheit kein Thema. In 7b allein das Bedecken von Körperteilen zu sehen, weil man sich »geniert«[80], ist zu wenig. Es geht darum, dass man sich vor dem Mitmenschen bloß-

---

78 Vgl. Drewermann: SB I, 60–67.

79 Drewermann: SB I, 67 f.

80 Vgl. Westermann: Genesis 1–11, 342; vgl. d), S. 51 unten, 52 oben.

gestellt fühlt und fortan alles bedecken muss, was man nicht mehr für akzeptabel hält.[81]

Es bleiben Schuldgefühle und weitere Angst vor Strafe, so dass die Menschen sich verstecken (8b.10). Doch man kann den Schuldgefühlen nicht ausweichen: Gott geht im Garten spazieren (8a). So gemeint, ist das Bild alles andere als naiv und bedeutet zugleich die Art und den Wunsch Gottes, sich um seine Geschöpfe zu kümmern und mit ihnen zu kommunizieren (9.11.13a). Wo Verstecken nicht möglich ist, müssen die Schuldgefühle in ihrer Unerträglichkeit abgewiesen werden (12). Die Gemeinschaft der Menschen, die auch in der Sünde besteht, kann in ihr wahrhaft doch nicht bleiben. In der Angst um die eigene Schuld bedient man sich des Anderen. Oder man verteidigt sich trotzig (13b). In diesem Vers findet sich tatsächlich ein Fünkchen Stolz, aber nicht zusammen mit Feigheit[82], sondern *aus* Feigheit. Die Schlange schließlich kann sich schließlich nicht mehr verteidigen. Das entfesselte Böse endet in Gottes Schöpfung selbst (14).[83]

Mit Schuldgefühlen und in Disharmonie ist der Segen des einstigen Lebens zur Qual geworden. In einer solchen Welt muss der Kampf auch für die Natur weitergehen (15). Frau und Mann bekommen je ihre eigene Strafe, in der sich ihre ursprüngliche Bestimmung umkehrt (16–18). Der Mensch fällt wieder zu dem zurück, was er ohne Gott ist (19). Wird die Todesdrohung etwa nicht vollstreckt? Solch ein Leben ist der Tod. Die Kinder der Menschen werden in die Düsternis hineingeboren (20). Einzig trostreich ist, dass der erbarmende Gott eine »Ausstattung fürs Elend«[84] mit auf den Weg gibt (21). Gott und Mensch sind jetzt Konkurrenten. Der Mensch wird Gott stets nur als Antreiber und Urteilsvollstrecker empfinden (22–24).[85]

Mit Menschen, die wie in der geschilderten Weise ins Desaster der Sünde hineingeraten, weil sie hilflos das Triebwerk der Angst nicht zu stoppen vermögen, kann man nur mitleidig sein. Es ist schwer zu sehen, was die Frau in der wie von selbst ablaufenden Maschinerie der Angst hätte anders machen sollen und worin ihre

[81] Vgl. Drewermann: SB I, 69–74.
[82] Vgl. Gunkel: Genesis, 19.
[83] Vgl. Drewermann: SB I, 79–86.
[84] Gunkel: Genesis, 23.
[85] Vgl. Drewermann: SB I, 86–106.

Schuld besteht. Sie hat den Fehltritt versucht abzuwehren, so gut sie es konnte. Tatsächlich begegnet uns der Begriff »Sünde« in Gen 3 gar nicht. Er taucht zum ersten Mal in 4,7 auf. Abgelehnt werden muss hier jedenfalls schon, dass »Sünde« etwas mit dem Erwachen zum Selbstbewusstsein zu tun hat. Und wenn sie irgendetwas mit kultureller Entwicklung zu tun hat, dann nur, dass man eine lange vorausgehende Abkoppelung vom Ursprung erwägt, die Menschen aus der Erfahrung des Mangels heraus nach eigenen Mitteln greifen lässt – aber nicht ursächlich gesehen.[86]

3.1.0.3 Jenseits von Eden

Nur ganz kurz soll die Kain-und-Abel-Geschichte, Gen 4, 1–16, gestreift werden, um vorzuführen, dass der Mechanismus des Bösen jenseits von Eden derselbe ist wie vor dem Hinauswurf über Edens Torschwelle. Zentral und eine Quelle ständiger Missverständnisse sind die Verse 4 und 5, wonach das Opfer der beiden Brüder von Gott jeweils angenommen bzw. missachtet wird. Drewermann macht anschaulich, dass das Negativurteil Gottes über Kain eine reine Projektion seiner verunsicherten Seele ist. So gesehen, geht es gar nicht um die Beurteilung einer Tat, sondern um den handelnden Menschen mit seinem ganzen Wesen selber.

Zweifellos sind Kain und Abel als repräsentative Gestalten anzusehen. Dabei ist keineswegs Kain der alleinige Bösewicht der Geschichte[87], sondern seine Haltung ist typisch für die verbannten Kinder Gottes. Es gibt übrigens in anderen Kulturen motivkritisch sehr viele verwandte Überlieferungen. Das Gefühl, gegenüber einem anderen verworfen zu werden und in der eigenen Existenz nicht berechtigt zu sein, ist das Unerträglichste, was es gibt. Er kann nicht anders, als mit Gewalt sich sein Recht zurückzuholen, und der geeignetste Mechanismus ist, den Vergleichsparameter aus dem Weg zu schaffen, der dieses Recht infrage stellte. Unter dem Vorzeichen der genannten Seelenqual ist Kains Brudermord einzig konsequent.

Konkurrenz, Kriege, Streben auf Kosten anderer und – koste es, was es wolle – um den Preis der Natur müssen unter solchen seelischen Bedingungen nur normal sein. Es stellt sich dennoch psychologisch die Frage, wie man die Struktur eines Gefühls genauer be-

[86] Vgl. Drewermann: SB I, 76 f.
[87] Vgl. Westermann: Genesis 1–11, 434.

schreiben kann, die Kennzeichen trägt, wie sie in der Sündenfall- und in der Kainsgeschichte vorgeführt werden. Mit psychologischem Handwerkszeug kann auch die Vorstellung vom »Fluch« gut erschlossen werden, die in Gen 4,11 wiederum auftaucht sowie, was es bedeutet, »gezeichnet« zu sein (4,15).[88] Damit begeben wir uns im Folgenden in die tiefenpsychologische Arbeit Drewermanns.

3.1.1 Die Urgeschichte in psychoanalytischer Sicht

3.1.1.0 Ein wiederholtes Plädoyer für die Psychologie

Nochmals: Was soll Psychologie in der Dogmatik? Mit der Bearbeitung der »Strukturen des Bösen«, I., wurde festgestellt, dass die Motive von Gen 2 und 3 viele Fragen aufwarfen, die mit herkömmlichen exegetischen Mitteln allein nicht zu lösen waren. Nur eine schlüssige Interpretation kann Grundlage für die Dogmatik sein. Speziell behandeln wir eine Krankengeschichte, und eine solche bedarf richtiger Instrumente. Sehr deutlich machte schon die exegetische Interpretation von Gen 3 die Tragik des menschlichen Daseins, die in der Ablehnung all dessen besteht, was dem Menschen von Gott her zukommt, aber zugleich gemäß seiner eigenen Bestimmung sich das Mangelnde künstlich ersetzen muss. Offenbar wurde die tödliche Art des Zwangs, in der man »wie Gott« sein will, aber, von ihm getrennt und in ständiger Scham um seiner eigenen Nichtigkeit willen sich ein Berechtigtsein erkämpfen muss, das man doch nie bekommt und dabei die Welt in die Hölle verwandelt. »In einem Leben ohne Gott folgt daher jede Psychoneurose auf dem Fuß«, gerade dann, wenn ihre Erscheinungen in unserer Realität als ganz normal gelten.[89]

Die Bezeichnung unseres Daseins als Krankengeschichte und unserer selbst als »Daseinsverkrüppelte« mag auf Ablehnung stoßen, denn schließlich trifft man täglich eine Menge heiterer Menschen. Das »Glück des Gottlosen« beschrieb ebenfalls bereits das Alte Testament, besonders treffend in Ps 73. Doch dieses Glück ist die Oberfläche und ja wiederum nur die Kette eines endlosen, zugegebenermaßen an der Fassade auch oft sehr erfolgreichen Strebens – ja, der Erfolgsstrudel wird im je größeren seelischen Unterdruckbereich nur

[88] Vgl. Drewermann: SB I, 111–147; zu Gen 4,4 f.; vgl. 122–126.
[89] Drewermann: SB II, XII–XIV.

umso schneller rasen. Doch ist er förderlich für andere? In Gott beruhigte Menschen wissen indes, dass ihr Glück und Frieden nirgendwo anders liegen können als in ihnen selbst.[90]

▶ **EINSCHUB:** Von der »Selbstfindung in Gott« oder vom »Einssein der Selbst- und Gottliebe« sprachen auch die ersten beiden Teile meiner Arbeit.[91] Nach Mt 16,24 kommt Selbstfindung durch Selbstverleugnung zustande, doch verleugnen sich bekanntlich viele Menschen um der Anerkennung willen. Tatsächlich schließt sich der Widerspruch erst, wenn Gott dem Verhältnis zu sich selbst und den Mitmenschen vorangeht. Was man sich genauer unter dieser Formulierung vorzustellen hat, ist für mich eine der wichtigen Fragen, die Drewermanns in seiner Sündenlehre mit psychologischen Mitteln vor allem gegen Ende hin sehr einsichtig macht.

Ein letztes Mal betont Drewermann: Die Psa. kann nicht psychologisch von Gott reden, stellt aber das optimale Zeugnis für Gott, wenn sie die Realität der seelischen Bilder erklärend nachweist. So zeigt sich dann auch, wie die christlichen Dogmen sämtlichst von den Konflikten, Wünschen und Hoffnungen der Psyche vorbereitet wurden. Damit wird verständlich, dass sich »rational« gebende Aussagen darüber, wie Christus von einer Jungfrau geboren oder nach dem Tod auferstanden sein soll, auf Ablehnung stoßen – sie *können* nicht rational sein, weil nicht rationalen Ursprungs sind. Da mythische Texte mit der Grammatik der Psyche geschrieben wurden, müssen sie auch entsprechend ausgelegt werden. Den Menschen vor uns war es nicht bewusst, dass sie ihre eigenen Ängste in die Natur übertragen, wenn sie die Sonne als im Todeskampf liegend, blutigrot untergehend beschrieben, um sie anschließend in der Dunkelheit von der bösen Schlange verzehrt werden zu lassen. Über die Entdeckung solcher Symbole hinaus war das Anliegen C. G. Jungs, aufzuzeigen, wie der Mensch mit den in ihm angelegten Erwartungen und Hoffnungen, die nach der Methodik Freuds nur im Rahmen enger Grenzen erfüllt blieben, ausgerichtet ist auf die Wirklichkeit des Glaubens, die es unanhängig von ihm schon gibt.[92]

Freuds Methode dagegen hat hervorragend nachgewiesen, dass der Mensch von angeborenen Triebbedürfnissen bestimmt wird. Des

---

[90] Vgl. Drewermann: SB II, XXII f.

[91] Vgl. 1.0.0, S. 9, 1. Abs.; vgl. 2.1.2aa), S. 35.

[92] Vgl. Drewermann: SB II, XXV–XXIX.

Weiteren bewies er den gewaltigen Einfluss der äußeren Prägung, was allerdings nach 1945 aus Abwehr gegen Biologismus von verhaltenstherapeutischen Strömungen in Richtung der Sozialpsychologie verschoben wurde – entgegen dem ausdrücklich anthropologischen Willen Freuds. Um Anthropologie und Freuds genuine Lehre soll es auch in der Untersuchung der Urgeschichte gehen. An dieser Stelle wird die Ausgangsthese für die folgende Analyse wiederholt, dass der Mensch ohne Gott nicht anders kann, als sich durch den Druck seiner Angst und im Bann seines völligen Ungerechtfertigtseins im rasenden Gottähnlichkeitsstreben zu ruinieren.[93]

▶ **EINSCHUB:** Was ist eigentlich Psychoanalyse? Sigmund Freud (1856–1939), ihrem Begründer, ist die Einsicht zu verdanken, dass die Seele durch ein Miteinander von bewussten und unbewussten (oder: unterbewussten) Anteilen bestimmt wird. Die Psa. will seelische Leiden heilen, indem sie mit bestimmten therapeutischen Verfahren (z. B. Assoziation, Aufdecken manifester Trauminhalte, Weckung von Übertragungsverhalten) ins Unterbewusstsein abgeschobene Trieberlebnisse, die Ursachen für Krankheit bzw. Verhaltensanomalie, aufdeckt und bearbeitet.[94]

Nach Freud wird der Mensch von drei seelischen Prinzipien bestimmt: *Das Es* (»Lustprinzip«) ist die Instanz aller natürlichen Konstituenten wie Vererbung, Geschlechtszugehörigkeit oder Triebe. Außerdem ist es Auffangbecken des Verdrängten, das psychisches Geschehen weiterhin beeinflusst. Das Es kennt keine Logik, keinen Ordnungssinn, keine Rücksichtnahme und ist allein an Lustgewinn oder Unlustvermeidung ausgerichtet.[95] *Das Ich* (»Realitätsprinzip«) stellt sozusagen den um das Es gelegten Bereich dar, der dem Kontakt zur Außenwelt (dem Realen oder der Gesellschaft) dient. Von ihm gehen alle bewussten Denk- und Willensvollzüge aus. Das Ich hat vermittelnde Funktion zwischen der Realität und den Trieben, indem es als Träger der psychischen Energie (libido) die mit ihr zu besetzenden Objekte auswählt.[96] *Das Über-Ich* ist die Größe, die sich durch Verinnerlichung gesellschaftlicher Normen ausbildet und das Ich kontrolliert, mahnt oder straft. Ein zu starkes Über-Ich verursacht

---

[93] Vgl. Drewermann: SB II, XXXV–XXXVII, XLVIII.
[94] Vgl. Nicol: Grundwissen PT, 118.
[95] Vgl. Obleser: Es, 110 f.
[96] Vgl. A. Müller: Ich, 183.

die krankmachende Verdrängung von Triebgeschehen. Ein psychisch gesunder Mensch kann für Freud die Regungen aller drei Bereiche in Einklang bringen.[97] Die menschliche Triebentwicklung vollzieht sich in Etappen. Über seelische Gesundheit oder Krankheit entscheiden maßgeblich unbewusste Erlebnisse in der Kindheit. Freud definiert die ersten drei Entwicklungsphasen wie folgt:

- Die *orale Phase* umfasst in etwa das erste Lebensjahr; das Kind erstrebt Triebbefriedigung durch Nahrungsaufnahme.
- Die *anale Phase* des zweiten und dritten Lebensjahres bezeichnet frühe Formen der Machtausübung durch Zurückhalten und Abgeben von Exkrementen.
- In der *phallischen Phase* – bis zum sechsten Lebensjahr – werden die Eltern gegengeschlechtlich wahrgenommen und begehrt.[98]

Carl Gustav Jung (1875–1961), zunächst Schüler Freuds, gilt als Entdecker der Symbole. Das Unbewusste setzt sich nicht nur aus Verdrängtem zusammen, sondern es ist ein Ort, in dem sich menschliches Erfahrungswissen sammelt. Diesen Teil nennt Jung das kollektive Unbewusste, in dem die Archetypen wirksam sind. Nach Jung macht eine Persönlichkeitsspaltung neurotisch-krank, die das eigene Unbewusste, dabei auch das Böse (den »Schatten«) nicht annimmt. Psa. heißt für ihn, das Unbewusste insbesondere in seinen Archetypen durch Traumarbeit, aber auch durch vergleichende religiös-kulturelle Beobachtung ans Licht zu heben.[99]

3.1.1.1 Interpretation: Der Sündenfall als Ausdruck von Angst

Die exegetische Untersuchung endete mit der Feststellung, dass »Sünde« nicht als Folge des Kulturfortschritts bezeichnet werden darf, wenngleich die Motive der Urgeschichte ihrer Herkunft nach selbstverständlich an ganz bestimmte kulturelle Entwicklungssprünge gekoppelt sind. So könnte etwa die Fellbekleidung in Gen 3,21 einen Hinweis auf die Jägerkultur geben; die Ausbildung und Differenzierung von Ackerbau und Viehzucht (4,1) erfolgte mit der »neolithischen Revolution«; in späteren Stellen der Genesis tauchen dann die Siedler, die Händler und schließlich das babylonische Großreich

[97] Vgl. Obleser: Über-Ich, 434 f.
[98] Vgl. Nicol: Grundwissen PT, 152.
[99] Vgl. Nicol: Grundwissen PT, 119 f.

auf. Gegen eine einlinig ätiologische Aussage spricht der ebenfalls schon beschriebene und im exegetischen Teil auch bewiesene Universalismus der j Urgeschichte. Kain und Abel sind nicht nur Gestalten an der Schwelle zum Neolithikum, sondern Vertreter der gefallenen Menschheit. Dennoch musste das ebenfalls erklärte zwanghaft strebende Wesen des von Gott getrennten Menschen eine Verbindung zwischen Sünde und Fortschritt nahelegen. Diese Verbindung wird die Psychoanalyse transparent machen können.[100]

Sowohl die Methode Freuds als auch die Jungs darf nicht allein als erschöpfend gelten. Vielmehr wird die jeweils geeignetere Methode benutzt, werden ggf. beide kombiniert und letztlich – das ist Ziel der Untersuchung – werden ihre Ergebnisse auf das Verhältnis zu Gott bezogen.[101] Während auf einer ersten Stufe (a) nach der Bedeutung des Sündenfalls in der integralen Sicht Jungs gefragt und daraus sein Notwendigwerden abgelesen werden soll, wird in einem zweiten Schritt (b) der besonders brisanten »Dynamik der Angst«[102] mittels der freudschen konfliktbezogenen Methode nachgegangen.

a) Notwendigwerden des Sündenfalls, überwiegend nach der integralen Analyse C. G. Jungs (Gen 2,7–3,5)

Folgende Bilder in Gen 2 entstammen dem Unbewussten der Seele und müssen wie beschrieben gedeutet werden:

Geschaffenwerden aus Erde und Atem Gen 2,7; Gartenbebauung 2,15	<u>Objektal</u>[103] feuchte, fruchtgebende Erde (2,6): Mutter; das Einhauchen des Atems: ein allmächtiger Vatergott (Gegensatz zur feuchten, fruchtgebenden Erde); vgl. die medizinischen Symptome von Aerophagie und Flatulenz, die zum krankhaften Ersatz für verhinderte Machtausübung durch Wutablassen werden; vgl. Duftmarken der Tiere <u>Subjektal</u> Regression zum Kindsein, Sehnsucht nach Einssein mit dem Ursprung; Aufgabe der Bebauung als Gegenmacht zur Verlockung der Regression, die gesellschaftsgefährdend wäre. Paradies als

[100] Vgl. Drewermann: SB II, 1 f.
[101] Vgl. Drewermann: SB II, 8 f.
[102] Drewermann: SB II, 152.
[103] Objektal: Auf die Umwelt bezogen. Subjektal: Auf das eigene Ich bezogen; d. Verf.

	Urbild des mit sich selbst vereinigten Menschen[104] ► EINSCHUB: Diese tiefenpsychologischen Kategorien bieten bereits Greifbares dafür, dass kein Unterschied besteht, ob man sagt, jemand hätte sein Selbst oder Gott gefunden.
Erschaffung und Benennung der Tiere 2,19	Objektal das Naturhafte Subjektal Tiere = leidenschaftliche Triebe, vor denen man sich fürchtet; Benennung = Triebabwehr[105]
Erschaffung der Frau aus der Rippe Adams; Adams Reaktion 2,21–23	Objektal Androgynie = Ganzheit Subjektal Angst vor Übermacht der Mutter (Schlaf = eigene Ohnmacht); nach Freud Verbot der Onanie und Kastrationsangst[106] (»Herausschneiden«); Adams Reaktion: narzisstische Liebe, die liebt, weil »von meinem Gebein«, Narzissmus als Ursprung der Liebe[107]
Adams Verlangen nach der Frau 2,24	Objektal Mutterbindung Subjektal Bewusstwerdung der eigenen *anima;* Angst vor kulturverhindernder *anima* (wiederum als Gegenmacht besteht die Aufgabe Gartenbebauung)[108]

Insgesamt kann man in Gen 2 eine seelische Entwicklung und einen angelegten Konflikt im Selbst des Urmenschen erkennen. Es ist das Erkennen seiner *anima,* der im Auftrag des Ackerbaus die männliche Pflicht (Verwirklichung des *animus*) entgegensteht.[109] Noch ist der

104 Vgl. Drewermann: SB II, 21–27.
105 Vgl. Drewermann: SB II, 45. Vgl. Freud: Traumdeutung 414.
106 Erklärung folgt im Freud-Abschnitt (b).
107 Vgl. Drewermann: SB II, 33–42.
108 Vgl. Drewermann: SB II, 50 f.
109 *Anima:* Begriff Jungs für die weibliche, regredierende Veranlagung im Unbewussten des Mannes; *animus* entsprechend umgekehrt progressives Prinzip; d. Verf.

Mensch eine Ganzheit, subjektal gesehen, in Einheit mit sich selbst. Objektal geht es um die Lebenseinheit mit der Mutter. Die Frage ist nun, was diese Einheit zerreißt.[110] In der Erarbeitung einer Antwort ist das Motiv »Baum« ein Schlüsselsymbol. Wie wir sehen werden, taucht es deshalb schon zentral in Gen 2 auf, weil es auf beiden Entwicklungsstufen, »in der Einheit« und »nach der Einheit« Bedeutung trägt. Exegetisch blieb dieses wichtige Symbol gänzlich ungeklärt. Die Religionsgeschichte, nach der auch die Exegese fragt, findet den Baum in Mythen als Weltmittelpunkt, als Achse zwischen Ober- und Unterwelt, oder, mit seinen gegabelten Ästen, als Ort des Gebärens. Der Baum ist allerorten Verkörperung oder Attribut der Göttinnen, die über den Zyklus von Leben und Absterben gewähren; im Christentum entspricht ihm das Kreuzsymbol. Damit erweist die Religionsgeschichte ihn als Vegetationssymbol, das sowohl Fruchtbarkeit als auch Tod bringen kann – doch kann sie die Frage nach dem Essverbot und den tödlichbegehrten Früchten nicht beantworten.[111]

Das Bild »Baum« in Gen 2; 3 sowie das bedeutsame Bild der Schlange in Gen 3 sind tiefenpsychologische Symbole wie folgt:

der Baum 2,9 17 3,2f. 6 24[112]	<u>Objektal</u> Holz lat. *mater*ia, Frau, Mutter[113]; Früchte: Mutterbrust; Körper zum Anklammern, schützender Arm, Schoß, sich zu verkriechen[114]; Essverbot: Versagung der Mutter, Entwöhnung von der Mutterbrust, Ende der oralen Phase[115]. Ab einem bestimmten Alter darf das Kind von allem anderen des mütterlichen Gartens essen, nur nicht von den Früchten. <u>Subjektal</u> Sehnsüchte, die sich auf Mutter oder Vater beziehen. Theologisch drückt J damit aus, dass Gott dem Menschen beides ist, Vater *und* Mutter, also das ganze Leben.[116]

[110] Vgl. Drewermann: SB II, 51.

[111] Vgl. Drewermann: SB II, 52–56, 58–60.

[112] Es geht um die Symbolik an sich, unabhängig von der Verschiedenartigkeit der Bäume in der Genesis, die, wie festgestellt wurde, traditionsgeschichtlich erklärbar ist (vgl. 3.1.0.2, S. 48 oben).

[113] Vgl. Freud: Vorlesungen zur Einführung, 161.

[114] Vgl. Szondi: Triebpathologie I, 89.

[115] Vgl. Erikson: Die angenehmste Umgebung kann das Kind nicht vor dem Trauma dieses Abbruchs bewahren. Hinzu kommt die schmerzhafte Zeit des Zahnens, in der massiv »Gut und Böse« in seine Welt eintritt. Vgl. Erikson: Kindheit und Gesellschaft, 72f.

[116] Vgl. Drewermann: SB II, 56–66.

die Schlange 3,1–5	Objektal Phallus, Geschlechtslust und -genuss; zerstörerische, aber auch heilerische Kräfte. Besonders das naturmythologische Auftreten als Regen, befruchtendes Prinzip, legt eine nur männliche Bedeutung nahe, doch ist die Schlange ähnlich dem Baum (s. o.) insgesamt bisexuell zu verstehen.[117] Subjektal negatives Mutterbild, Angst vor Inzest; Weglenken der psychischen Energie vom schon Vorhandenen (vgl. oben: zerstörend und heilend); Extraversion[118] Gesamtdeutung der integral-psa. Ergebnisse nach Jung

● ZUSAMMENFASSUNG:

Unschwer lässt sich nun erkennen, dass die Geschichte vom »Sündenfall« in subjektaler Hinsicht die Individuation des Menschen erzählt. Dieser psychologisch notwendige Schritt ist mit der Differenzierung in Gutes und Böses verbunden, die dem Unbewussten noch fremd war.[119] Das Essen ist damit ein Schritt der Selbsterkenntnis, der die Ureinheit im Unbewussten auflöst. Die Regression auf die Phase der inzestuösen Bindung an die Mutter, die *anima*, wird durch ein fortgeschrittenes, wacheres Leben überwunden, das in der Spannung zwischen Bewusstem und Unbewusstem, Gut und Böse, Natur und Kultur steht. Da die Unbewusstheit allerdings selber ein weitaus größeres Übel darstellt als die dem Einheitsverlust folgenden Einbußen, ist der Ertrag dieses Schrittes nicht nur negativ zu sehen. Überdeutlich werden die Ambivalenz und die Schicksalshaftigkeit eines bewussten Lebens.

Jung kann damit die »Erkenntnis von Gut und Böse« psychologisch plausibel erklären. Er macht deutlich, dass der »Sündenfall« sowohl für den stammesgeschichtlichen als auch für den ontogenetischen Fortgang notwendig ist. Indem sich entpuppt, dass das Halten des Verbots ein Schritt der Regression wäre, der Fortschritt aber gerade durch den regredierenden Trieb ausgelöst wird, kann die negative Symbolik von Gen 3,1–7 auch sehr positiv gewürdigt werden und

---

[117] Vgl. Drewermann: SB II, 69–87, 101–106.
[118] Vgl. Drewermann: SB II, 126.
[119] Vgl. Jung: Analytische Psychologie, 137.

wir verstehen plötzlich, wie Mythen, Kunst und Frömmigkeit der Schlange göttliche Heilkraft zuschreiben oder sie mit Christus in Verbindung bringen können. Jung hinterlässt eine offene Deutung, in der Negatives auch positiv ist. In diesem Sinn kann das Erkennen der unterschiedlichen Geschlechtlichkeit immer auch das Finden von *anima* oder *animus* in einem selbst bedeuten.

Das Positive der Schlange besteht also nicht allein darin, dass sie den Fortschritt bringt. Die Schlange steht für die Entfaltung eines reicheren Lebens, eines umfassenderen Bewusstseins und einer Persönlichkeitsreifung, die nicht daran vorbeikommt, in den unbekannten Teil der Seele einzutauchen, der bisher als nutzlos, verworren, niederrangig und moralisch fraglich galt. In den Mythen und Märchen geht es um den Hinabstieg in das Wasser der Urflut (»Der Froschkönig«) oder in den Brunnen (»Frau Holle«), um verborgene Schätze, ferne Kostbarkeiten, Früchte, die von verzauberten Königskindern an den Eingängen zur Unterwelt gehütet werden, um lockende Hexen (»Hänsel und Gretel«, »Schneewittchen«), um Wächter des Waldes oder um magische Gegenstände (»Die Kristallkugel«) – dann endlich verwandelt sich das Bild vom fressenden, verschlingenden Mutterungeheuer und bringt die jungfräuliche Königstochter, den langersehnten Prinzgemahl hervor, Gerettete kommen aus dem Wald, aus dem Leib des Tieres oder der Unterwelt hervor, um dem geliebten Partner die Hand zur Hochzeit zu reichen. Der atl. Mythos vom Schilfmeerdurchzug, Jakobs Kampf am Jabbok (Gen 32, 23–32), ähnlich auch Daniel in der Löwengrube (Dan 6,13–29) – sie alle liegen auf der gleichen Ebene. Die Stellung der Frau in Gen 3 muss in ihrer notwendigen Bedeutung als Kollaborateurin der Schlange bei der Verführung des Mannes vor dieser Kulisse absolut positiv beurteilt werden. Wenn Gen 3 seinen Sitz im Mannbarkeitsritus hatte, galt es, zu vermitteln, was den Menschen ganz macht. Die Stärke einer Ganzwerdung besteht indes darin, das Unbewusste zwar nicht zu verdrängen, in ihm aber auch nicht unterzugehen. So ist zu verstehen, warum der Ablauf der Handlung beim Mann endet. In den Mythen ist es gerade der Held des Volkes, der die Begegnung mit dem »mütterlichen Monstrum« übersteht.[120]

Die Jungsche Deutung trägt wertvolle Impulse zum Verständnis von Gen 2 und 3 bei. Sie wird allerdings dem insgesamt negativen Gefälle, das J mit seiner interpretierenden Redaktion der Erzählung

---

[120] Vgl. Drewermann: SB II, 131–135.

gab, nicht gerecht, so dass nun untersucht werden soll, was Freud zur weiteren Erschließung der Aussagen von J beisteuern kann. Es muss akzeptiert werden, dass bisher keine Psychologie eine dem J deckungsgleiche oder überhaupt theologisch akzeptable Theorie zur Erklärung der Sünde geschaffen hat. Bei der Jungschen Persönlichkeitsentwicklung geht es auch um die Stellung des Menschen zu sich selbst, um Selbsterkenntnis, doch interessiert theologisch primär die Stellung des Menschen vor Gott. Trotzdem verspricht Drewermann weitere ergiebige Entdeckungen aus der Psychologie.[121]

(Jan Bruegel d. J., Paradies, ca. 1620). Die ewige Sehnsucht des Menschen nach der guten, spendenden Mutter und nach einem konfliktfreiem Leben im Einklang mit der Natur spiegelt sich in den Bildern und der Sehnsucht des Menschen nach dem Paradies.

[121] Vgl. Drewermann: SB II, 139–150.

b) »Die Dynamik der Angst« nach der konfliktbezogenen Analyse S. Freuds (Gen 3)

Mithilfe von Freuds Theorie über die Angstentstehung will Drewermann die Entwicklung der psychischen Gestimmtheiten in Gen 3 nachzeichnen. Schon die exegetische Untersuchung der j Erzählung machte eine Kette intensiver psychischer Gestimmtheiten offenbar, nämlich von Misstrauen zu Angst über Abwehr, Rivalität bis zuletzt Auflehnung. Indem sich zeigte, dass die Daseinsangst trotz Lösung von Konflikten bestehen blieb, musste diese als zentrale Gestimmtheit von Gen 3 und der weiteren Urgeschichte angesehen werden. Angst wird in der Fachwelt auf verschiedenste Weise definiert und auf dem gemeinsamen Nenner kann man sie als ein Missverhältnis zwischen tiefsten existenziellen Bedürfnissen und dem inneren oder äußeren Milieu beschreiben. Drewermann führt an Gen 3 die sog. fünf Freudschen Abwehrmechanismen zur Bewältigung der Angst vor. In der psychologischen Topik Freuds geht Angst vom »Ich« aus, das im Konflikt mit dem »Es« oder dem »Über-Ich« steht. Zum Grunderlebnis der Angst wird die Trennung von der Mutter. Zentral sind dabei die Trennung von der Brust in der oralen Phase und die Aufgabe der libidinös-symbiotischen Beziehung zur Mutter in der phallischen Phase; nach Freud erlebt das männliche Kind während der phallischen Phase die »Kastrationsangst«.[122]

► **EINSCHUB:** »Kastrationsangst« ist ein sehr einseitig geformter Begriff Freuds, der auch symbolisch für beide Geschlechter verstanden werden kann, nämlich als Angst vor dem Beschneiden der Entwicklung durch eine übermächtige Mutter.[123] Ebenfalls wird die *libido* bei Freud mit sexuellem Primat verwendet, meint aber generalisierend einen permanenten Lebenstrieb. Jung war bestrebt, *libido* auch auf Affekte, Emotionen oder geistig-religiöse Vorstellungen zu beziehen.[124]

Ein Über-Ich, also einen Komplex internalisierter Schuldgefühle, kann man in Gen 3 noch nicht voraussetzen, denn die Erzählung entwickelt sich ja erst zur Schulderfahrung hin. Die Gefühlsregungen, die mit dem Verbot, vom Baum zu essen, verbunden sind, muss man allerdings als Vorläufer betrachten. Die Geschichte zeichnet als erste

---

[122] Vgl. Drewermann: SB II, 152–155.
[123] Vgl. A. Müller: Kastration, 216 f.
[124] Vgl. Kuptz-Kimpel: Libido, 255 f.

Situation der Menschenkinder die der totalen Abhängigkeit und Angewiesenheit gegenüber Gott. Ontogenetisch ist es die infantile Situation, in der wie in Gen 3 die Angst der Trennung einer Todesangst gleichbedeutend ist. An dem Verbot macht die Genesis die Angst besonders offenbar. Es scheint tatsächlich, als hat uns J in mythischer Sprechweise eine Anamnese der Angstentstehung hinterlassen wollen. Die seelische Entwicklung und das Leben jedes Menschen hängen davon ab, von den Eltern, theologisch gesprochen, von Gott, geliebt zu werden. Der bei der Trennungs- oder Todesangst bestehende Konflikt zwischen dem Es und dem Ich wird dabei von einem Objekt (die Eltern; Gott) als dritter Größe geschürt, indem diese das Verbot ausspricht und zusätzlich die Gefahr des Objektverlustes mit sich führt. Neben der primären Gefährdung der Versorgung geht es also sekundär – aber auch auslösend – um die Gefahr, das Objekt der völligen Aufmerksamkeit zu verlieren. In beiden Fällen wird ein Freiraum eingeschränkt, der vorher selbst-verständlich war. Die erstgenannte Gefährdung erregt den direkten Widerstand des Säuglings in der orale Phase, während die auf die Eltern gerichteten Liebeserwartungen erst in der phallischen Phase konfliktbringend sind (in Gen 3 ab Vers 8).[125]

Die Frau kann in Gen 3,1–5 ihren oralen Triebwunsch weder sublimieren noch verdrängen, wie es für Menschen einer ontogenetisch frühen Phase typisch ist. J drückt das aus, indem er die Schlange immer weiterreden lässt. Im Gespräch der Frau mit der Schlange sind die nachfolgend beschriebenen fünf Freudschen Abwehrmechanismen erkennbar (α – ε) und schließlich die Entstehung des Schuldgefühls aus der Angst (ζ).[126]

α) Identifikation:

Freud fand heraus, dass ein verlorenes Objekt im Ich wieder errichtet wird, indem eine Identifizierung vorgenommen wird. Die freigewordene *libido* zieht sich somit in sich selbst zurück. In Bezug auf Gott zeigt sich nochmals, dass Gottesliebe, also: Ohne-Gott-nicht-leben-Können, das Gleiche ist wie Sich-selbst-Lieben.

---

125 Vgl. Drewermann: SB II, 152–157.

126 Vgl. Drewermann: SB II, 159. Zu den ursprünglich von Freud inaugurierten Abwehrmechanismen vgl. die Systematisierung von Anna Freud: Ich und Abwehrmechanismen, 34–82 (Die Freud-Tochter, -Schülerin, Verwalterin seines Erbes und Psychoanalytikerin gilt als eine der Begründerinnen der Kinderanalyse; d. Verf.).

Jedoch gerät in Gen 3,1 mit der Infragestellung Gottes durch die Schlange eine erhebliche Störung in die libidinöse Verbindung. Der entstandene schwere Konflikt kann nur gelöst werden, indem das Ich die Feindseligkeit auf sich bezieht. Dies besteht darin, dass die Frau in 3,3 das Gebot verschärft.[127]

β) Fixierung, Tabuisierung, Ambivalenz, Gegenbesetzung:
Erst damit ist der Konflikt auf den Ebenen Es und Ich ein akuter geworden. Der Nachdruck, mit dem die Frau das Verbot äußert, zeigt, dass das verschärfte Verbot ihre Triebregung keineswegs überbieten kann und lässt auf eine Hinwendung zum Gebot schließen, die Freud »Fixierung« oder »Tabuisierung« nennt. Der zweite Ausdruck ist besonders zutreffend, da in Bezug auf den Baum eine massive Berührungsangst, natürlich unbewusst, besteht. Jetzt kann verstanden werden, warum in der Exegese abgelehnt wurde, den Begriff »Tabu« losgelöst von der Einschätzung der Frau zu verwenden.[128] Die ambivalente Gefühlseinstellung hat ein Höchstmaß erreicht. Die Energie, mit der das Ich versucht, das Es von der Besetzung eines Objekts abzuhalten, bezeichnet Freud als »Gegenbesetzung«.[129]

γ) Allmacht, Magie, Animismus:
Wie schon in der Exegese erkannt wurde, trifft die Schlange mit ihrem Ausspruch (3,4 f.) die Frau bestens vorbereitet. Kurz seien die vorigen Schritte wiederholt: Im Rückfall auf die orale Stufe wurde unter dem Druck der Angst vor Objektverlust und vor der Todesangst das Verbot Gottes introjiziert und nahm ambivalente Züge an. Innerlich spielte sich dabei ein unlösbarer Kampf zwischen den gefährlichen Strömungen des Es und dem vom Ich getragenen Wunsch der Verbotsbefolgung ab. Entscheidend ist dabei, dass beim regredierenden Es eine libidinöse Phase des Narzissmus wiederbelebt wird. Narzissmus ist aufs äußerste damit verknüpft, sich für unsterblich zu halten. Unbewusst tut das der Säugling, der sein Leben im totalen Versorgungsanspruch durch nichts bedroht sehen braucht. Pathologisch zeigt sich der Unsterblichkeitswunsch im Größenwahn einer unter ähnlichen psychodynamischen Umständen zustandekommenden Schizophrenie. Der Konflikt kann nur gelöst werden, wenn die

[127] Vgl. Drewermann: SB II, 160–162.
[128] Vgl. 3.1.0.2e), S. 54 unten.
[129] Vgl. Drewermann: SB II, 165.

Allmachtsvorstellung Raum bekommt. Diese Möglichkeit ist zwingend an den verbotenen oralen Genuss geknüpft. Die Speise erhält damit magischen oder animistischen Charakter. Dies erklärt den ausgesprochenen Drang zum verbotenen Schritt der Frau in Gen 3,6.[130]

δ) Projektion und Verleugnung:
Mit der erlangten Allmacht bleibt der Konflikt zur Todesdrohung bestehen: Man kann sich nicht gleichzeitig für unsterblich halten und mit dem Tod bestrafen. Die zur Lösung eingesetzten Mechanismen sind die Verleugnung und die Abwehr (3,12f.). In pathologischer Form zeigen sie sich in der Paranoia. Das beinahe stolze, trotzige Auftreten der Beschuldigten in 12f. macht allzu deutlich, dass der Mechanismus erfolgreich war.[131]

ε) Introjektion:
Die abgelöste Phase der Projektion, in der alle oralen Wünsche in ein verbotenes Objekt gelegt wurden, ist mit theologischen Worten der Selbstvergötterung gewichen, die die Psa. Introjektion nennt. Der dazu angeeignete, vorher tabuisierte Baum ist nach Drewermann zu einem »Totem« geworden, weil durch die Speise seiner Früchte eine Gemeinschaft unsterblicher Götter aufgerichtet wurde wie bei einem »Totemmahl«.[132]

ζ) Die Entstehung des Schuldgefühls aus der Angst:
Wie weiterhin die Exegese erbrachte, finden wir auch bei Freud, dass sich die Angst nach noch so erfolgreich eingesetzten Abwehrmechanismen letztlich doch nicht abstellen lässt und wieder aufkommt, wenn gerade das Objekt, das die Todesangst beruhigen könnte, preisgegeben wurde. Freud erkannte die maßgebliche Bedeutung des Objektverlustes für die Entstehung des Schuldgefühls aus der Todesangst und dieses als Triebkraft für die Neurosenform der »Depression«. Er meinte, dass der Mensch kein natürliches sittliches Unterscheidungsvermögen besitzt, sondern dass dem Kind von Anfang an eine Großzahl an Ge- und Verboten auferlegt wird, die es um nichts von seinen Triebneigungen abhalten könnten, hätte es nicht »in seiner Hilflosigkeit und Anhängigkeit« eine große Angst »vor dem Lie-

---

130 Vgl. Drewermann: SB II, 165–167.
131 Vgl. Drewermann: SB II, 169–172.
132 Vgl. Drewermann: SB II, 174–178.

besverlust«.[133] Es wird dem Kind schnell klar, was »das Böse« ist: das, wofür man mit Liebesverlust bedroht oder bestraft wird – deshalb muss man es meiden.[134] Als die größte Strafe für sein Tun erlebt das Kind die Trennung von der Mutterbrust; es deutet sie als Zurückweisung, die es sich selbst zuzuschreiben hat.

Alle Märchen und Gruselgeschichten, in denen Werwölfe, Vampire oder ähnliche blutsaugende Ungeheuer auftreten, verarbeiten dieses Trauma. Oft geht es darum, schneller zu sein als das Ungetüm, um sich die Lebensquelle zu erhalten. Neben der bei Freud gängigen, aber schwierigen, weil gesellschaftlich abhängigen Herleitung des Schuldgefühls aus dem sog. Ödipuskomplex hält Drewermann die genannte Herleitung aus der Objekttrennung für allgemein verifizierbar. Sie wird auch von anderen Psychologen getragen[135]; manche gehen sogar bis auf die Geburtstrennung zurück. Nach Drewermann will J die Sündenfallerzählung als Bild benutzen, das zeigt, wie nach Übertretung eines Essverbots in der ontogenetischen Entwicklung jedes Menschen zwingend das Schuldgefühl als Begleiterscheinung der Todesangst eintritt. Wie Mythen und Verhaltenskunde veranschaulichen, sind Todesangst und Schuldgefühl primär an die orale Phase gekoppelt. Interessanterweise entstammen die meisten solcher Mythen den Jägergesellschaften, besonders notgedrungen-ausschließlichen Fleischessern, die das Töten der Tiere mit auffälligen Riten umgeben, um mit der so empfundenen Schuld zurechtzukommen, die durch den Einschnitt zwischen ihnen und der Natur entstanden ist.[136]

---

[133] Freud: Unbehagen, 483.

[134] Ges. Absatz vgl. Drewermann: 178–183.

[135] Vgl. Erikson: Kindheit und Gesellschaft, 73. Ödipuskomplex: Nach Freudscher Vorstellung bezeichnet er eine massive Konfliktsituation in der Entwicklung der Geschlechtsidentität des 5–6-jährigen Knaben, der in Auseinandersetzung mit seinen Inzestwünschen den Vater als Rivalen tödlich zu beseitigen versucht (nach dem Mythos von König Ödipus im Drama von Sophokles). Die als Lösung gewählte Identifikation mit dem Vater bildet den Schlüssel für eine starke Ausprägung des Über-Ich. Eine ähnliche Theorie besaß Freud für die weibliche Entwicklung; beide Lehren wurden bereits von seinen Zeitgenossen kritisch bewertet. Vgl. Kuptz-Kimpel: Ödipuskomplex, 304 f.; Drewermann hält grundsätzlich den Ödipuskomplex unabhängig seiner kulturell bedingten phallischen Ausformung als sehr geeignetes Bild für die neurotisch-machende Selbstverschreibung einem anderen gegenüber und für (den »Vater«) überbietende Taten zum Zweck der Akzeptation (s. Lamechlied, Gen 4,23 f.) Das weibliche Gegenbild findet sich in der Vergötterung eines anderen Menschen (s. Engelehe, Gen 6,1–4). Vgl. Drewermann, SB III, 307, 316, 323, 328.

[136] R. Bilz, s. 281, prägte dafür den Ausdruck »Tiertöter-Skrupulantismus«. Bis hierher vgl.Drewermann: SB II, 190–199.

Die Exegese ergab schließlich, dass der Mensch seine Grundgestimmtheit nach dem Sündenfall beibehält. Ihr markantester Ausdruck findet sich bereits in der Kain-und-Abel-Geschichte. Wir können nun diese Gestimmtheit als permanentes Schuldgefühl oder auch als »Schuldangst« bezeichnen. Die klassische Einteilung kennt mehrere, erstmals von Freud beschriebene, aber nicht systematisierte Grundängste, die miteinander korrespondieren bzw. an den Symptomen der Schuldangst aufgehängt zu sein scheinen. R. Bilz leitete alle diese Ängste empirisch von ihren Ursituationen im Tierreich her und fasste sie unter dem treffenden Begriff »Daseinsangst« zusammen.[137] Präziser als die hier spekulative Psa. konnte er naturgemäße Triebenergien hinter den Ängsten wirklich nachweisen. Seine Beschreibung deckt sich allerdings mit der psa. Angsttheorie.

Die Grund- oder, nach Bilz, die Urängste werden in unterschiedlicher Weise von Menschen verarbeitet, woraus sich die vier klassischen Neuroseformen ergeben.[138] Das Bild der Menschen in Gen 3 und 4 ist das des depressiven Typus.[139] An ihm seien – so von Drewermann eingeteilte – fünf Angstformen nachstehend kurz verdeutlicht (alle vier Neuroseformen insgesamt werden im Abschnitt 3.1.2 aus psychologisch-philosophischer Sicht behandelt).

αα) Die Schuldangst (Gen 3,8–10):

Die Schuldangst ist, wie Freud erkannte, in erheblichem Maß an die Triebeinschränkungen durch die Normen der menschlichen Kultur gebunden – aber nicht nur. Vielmehr lassen sich Vorformen schon in den Sozietäten der Tiere nachweisen. So werden etwa Möwen, die mit ungewöhnlicher Federfärbung nicht die »Robe nach Vorschrift« tragen, von ihren Genossen tödlich angegriffen; bereits verklebte Federn wirken »anstößig«. Der bei Menschen geläufige Umgang mit Außenseitern, das »Tratschen« über den Fremden, das »Auf-ihm-Herumhacken« bis hin zum vernichtenden Hass gegen den »Bruder mit dem bunten Rock« (Gen 37,3; 23; 32), das ausmerzende Mobbing oder die Lynchjustiz, das öffentliche Ausstellen im Pranger oder auf

---

[137] Rudolf Bilz (1898–1976), Psychiater und Psychotherapeut, Pionier der Erforschung angeborener Verhaltensweisen und deren Pathologie; d. Verf.; Vgl. Bilz: Paläoanthropologie. I, 431.

[138] Ebenfalls nach Freud; systematisiert unter Herleitung von vier Angstformen von Riemann: Grundformen der Angst und die Antinomien des Lebens, Erstauflg. München 1961

[139] Vgl. Drewermann: SB II, 217, 222 f.

dem Marktplatz, die archaische Gleichung, dass der Kranke, Leidende immer auch der Schuldige, von Gott Gestrafte sei – sie sind Ausprägungen eines sozialen Gewissens, das offenbar auf Uniformierung oder auf die Anerkennung des Einzelnen im Rahmen gültiger Normen zielt und in der Tierreihe schon lange vorbereitet wurde. Umgekehrt nimmt bei Tieren und Menschen der Ranghöchste und Würdigste eine exponierte Stellung ein; er kann sich »vorzeigen« und besitzt unbegrenztes Kontrollrecht. Verinnerlicht wurde das soziale Gewissen beim Einzelnen als Schuldangst. Das Gefühl der Unwürdigkeit, in Gen 3 mit dem Bild der Nacktheit geradezu verstärkt, das Empfinden der Unansehnlichkeit und der Drang der Blickvermeidung gegenüber dem zur umfassenden Blickkontrolle berechtigten Gott machen allzu deutlich, dass das Gefühl der Schuldangst zutiefst ein Minderwertigkeitsgefühl ist.[140]

ββ) Die Verarmungs- oder Verhungerungsangst (Gen 3,17–19a):
Zur Selbstwahrnehmung des depressiven Typus gehört die Angst ständigen Verhungerns, Abnehmens und Verlierens. Ihr Vorläufer im Tierreich ist die Angst des Nahrungsverlustes und der damit verbundenen Schwäche und Tiefrangigkeit. Erfahrungen des Älterwerdens, der ungewollten Veränderungen oder des Abschiednehmens werden von Betroffenen einseitig negativ gesehen. Die Umgebung und die Lebensgrundlagen erscheinen als stets quälende Mächte, die es auf die Beraubung der fleißig erwirkten und sorgenvoll gehüteten Güter abgesehen haben. Die Kulturleistung der geregelten Arbeitsweise, zu der sich nur sehr wenige Tiere anleiten lassen, ist Zeichen einer permanenten Haltung der Verlustabwehr.[141]

γγ) Die hypochondrische Angst (Gen 3,19):
Im Körperlichen ergibt die Verarmungsangst die Erscheinung der Hypochondrie, die die Realität des körperlichen Abbaus ins Extrem übertreibt und gerade noch in jeder Sekunde knapp dem Tod entrinnt. Auch diese Form hat im Tierreich die Angst um körperliche Beeinträchtigung als Vorgänger. Die Angst des Hypochonders stützt sich kaum auf tatsächliche Erfahrungen, sondern für ihn macht die bloße Möglichkeit, dass das Leben bedroht und begrenzt ist, Grenzen und Tod in jedem Lebensvollzug leibhaftig. Alle religiösen Vorstellungen

140 Vgl. Drewermann: SB II, 223–226.
141 Vgl. Drewermann: SB II, 226–228.

haben in erster Linie mit dem Tod zu tun und knüpfen an die Anschauung aus Gen 3,19 an, dass unser Sein »zum Tode« ist.[142]

δδ) Die Segregationsangst (Gen 3, 23.24):
In den Klagen der Depressiven hört man regelmäßig die Angst, abgewiesen und alleingelassen zu sein, den Vorwurf, dass sich für sie und ihre Nöte niemand interessiert (»Ich habe keinen Menschen«, Joh. 5,7). Die Paläoanthropologie sieht die Angst des Hordenverlustes als ursächlich an, denn die Vereinsamten waren dem Tod ausgeliefert und buchstäblich »verloren«. Wenn die j Erzählung vom Sündenfall mit der Verbannung aus dem Paradies endet, so kann darin die Zustandsbeschreibung der verbannten Seele gelesen werden, sich im Gefühl der Vereinzelung und Verlorenheit zu befinden. Indes greifen die christlichen Bilder der Erlösung auch an dieser Angst an, indem sie Gott mit unendlich geduldigen Augen die Verirrten suchen lassen, und es formiert sich für uns im Vorausblick auf Abschnitt 3.1.2 eine Theologie der Bibel heraus, die Schuld *und* Erlösung umschließt, aber durch Kenntnis der Urszenen ergründet werden will.[143]

εε) Die Angst der Ausweglosigkeit (Gen 3,19):
Insgesamt neigt das depressive Erleben (das von den objektiven Gegebenheiten ganz verschieden sein kann!) zu Reaktionen, die ebenfalls im Tierreich geläufig sind. So setzt die Natur selbst der Ausweglosigkeit des erbeuteten oder gefangenen Tieres ein Ende, indem nervlich gesteuerte suizidale Mechanismen in Gang gebracht werden, die etwa auf Einstellung des Herzschlags zielen. Die psychosomatische Medizin kennt die Symptomatik der Vagus-Präponderanz[144], die zu Apathie, verstärktem Schlafbedürfnis und schließlich letalen Automatismen führt. Die Vagotonie und das Erleben der Ausweglosigkeit verstärken einander.[145]

Ergebnis und • ZUSAMMENFASSUNG der konfliktbezogenen Psa. nach Freud: Man kann nun feststellen, dass die sog. Strafen in Gen 3 Ausdruck der (nach Drewermann gezählten) fünf Urängste sind. Deutlich zeigt sich die enge Zusammengehörigkeit, denn ihr gemein-

---

142 Vgl. Drewermann: SB II, 228f.
143 Vgl. Drewermann: SB II, 229f.
144 Übergewicht des Vagus, Hauptnerv des parasympathischen Systems; d. Verf.
145 Vgl. Drewermann: SB II, 230f.

samer Inhalt ist die Angst vor der Vernichtung, die durch den Urteilsspruch der Gruppe genauso eintreten kann wie durch Armut, körperliche Schwäche, Isolation oder Ausweglosigkeit.

Psychologisch gesprochen, bildet die Angst des Objektverlustes eine Einheit mit der Entstehung des Schuldgefühls und der Selbstentwertung. Damit verkörpern Angstgefühl, Minderwertigkeitsgefühl und Schuldgefühl ein unentwirrbares Konglomerat des menschlichen Daseinszustands: Man hat Angst, minderwertig (= schuldig / nicht in Ordnung vor Anderen) zu sein, und man ist minderwertig darin, dass man Angst hat. Man macht sich groß, weil man sich klein fühlt und fühlt sich nur noch kleiner, wenn man sich groß machen muss. Weil man nicht ertragen kann, ein Nichts zu sein, will man Alles sein und hat nun noch mehr Angst vor der Nichtigkeit. Man will Gott sein und wird sich seines Menschseins umso mehr bewusst. Sehr anschaulich ist jetzt, dass das »Getriebe der Angst«[146] seinen Namen zu Recht verdient. Wenn nach der Exegese erkannt wurde, wie die Angst den Menschen von Gott trennt und sein Dasein grundsätzlich umkehrt, dann kann jetzt desto mehr verstanden werden, warum ein Leben ohne Gott nur noch eine einzige Qualität besitzt: Angst. Zusätzlich wurde deutlich, was die Exegese noch etwas skeptisch hinnehmen musste, dass es tatsächlich eine Reihe von Antrieben (darunter Ängste) im Menschen gibt, die seinem Bewusstsein voraus liegen. Drewermann meint, J will uns lehren, diese »bösen« Anteile zu akzeptieren, aber gerade sie bezeichnet er nicht als Schuld, sondern erst das, was die Menschen in Form der Ängste Gen 3,8–24 gefangen nimmt und das dann ab Gen 4 ausufert.[147]

▶ **EINSCHUB:** Wenn am Ende von Abschnitt 3.1.0 schon gesagt wurde, dass die eigene Betrachtung den Menschen »böse« macht, so konnte das durch die psychoanalytische Untersuchung vertieft und bestätigt werden. Am Beispiel der beim depressiven Typus gängigen »Übertragung« zeigt Drewermann, wie es unter völlig harmlosen Bedingungen zum Versagen kommt: »Eine Frau …, deren Ehe vor einer Weile geschieden wurde, entdeckte erst jetzt, im Rückblick, was eigentlich der Grund ihres Scheiterns war. Sie hatte als Kind außerordentlich unter ihrem Vater gelitten, der Alkoholiker war« und regelmäßig in jähzornigen Exzessen ausbrach. »Der Mann, den sie

[146] S. 210.
[147] Vgl. Drewermann: SB II, 232 f. 237, 575, 239.

schließlich heiratete, war ein lebenslustiger Phlegmatiker ... wie hätte sie darauf kommen sollen, dass sie ... das Umkehrbild ihres Vaters gesucht und geheiratet hatte?« Der Mann *musste* all ihre Ängste hervorholen, vor denen sie lebenslang geflohen war. Entgegen dem anfänglichen Wunsch beider, sich das Leben zu verschönern, trieb die Frau aus Angst, vom Ehemann verlassen zu werden wie von ihrem Vater, gerade den, dessen Nähe sie ersehnte, mit Befürchtungen und Verdächtigungen immer wieder von sich fort. Aber auch der Mann war ahnungslos in die Falle der Vaterübertragung hineingetappt, und schließlich geschah das, was die Frau am allermeisten verhindern wollte: Das Ganze wurde ihm zu anstrengend – er haute ab![148]

Man versteht nun auch, inwiefern Zorn und Rache des Kain die Überkompensation eines Minderwertigkeitsgefühls sind, das so unerträglich ist, dass es in dem Versuch, sich Anerkennung zu verschaffen, nur um ein Alles-oder-Nichts gehen kann. Es leuchtet ein, dass gerade die vernichtende Bestätigung der eigenen Minderwertigkeit unfähig macht, moralischen Appellen zu gehorchen (Gen 4,7 – ein ewiges Rätsel für Exegeten), wie das Hasten auf dem Boden immer wieder neuer Rückschläge einem Fluch gleichkommt (11) und dass die von sich her nicht heilbare Zerrissenheit des Ichs das Wesen eines »Gezeichneten« besitzt (15). Es ist auffällig, dass die Urgeschichte die kulturellen Erfindungen des Menschen direkt auf die Verschlechterung ihres Daseins in der Gottesferne antworten lässt, genauso, als würden die Menschen die je größere innere Not umso eifriger äußerlich zustopfen. Bezeichnenderweise sind die wichtigsten Errungenschaften mit nur wenigen Versen in der Linie Kains dargestellt (4,17–22).[149] Ist Kultur also *doch* »sündig«?

Es gilt jetzt noch, philosophisch zu zeigen, dass »alles, was der Mensch ist, je nach Art seines Selbstbewusstseins gut oder böse sein kann und wieso es faktisch überall, wo Gott nicht neu in das Leben das Menschen eingreift, böse ist.« Es soll nun die kausale Betrachtung der Psa. durch eine ontologische abgelöst werden und in einer zusammenschauenden »existenziellen Psychoanalyse« der Daseinsentwurf des Menschen vertieft werden. Dann wird sich zeigen, dass Angst nicht nur an den Objektverlust des Kindes gegenüber den Primär-

148 Drewermann: Jesus von Nazareth, 63.

149 Vgl. Drewermann: SB II, 272 f., 294, 575, 295; zu »Errungenschaften« vgl. Westermann: Genesis 1–11, 79.

objekten seiner *libido* gekoppelt ist, sondern grundsätzlich von seiner Freiheit und einer tiefgreifenden ontologischen Haltlosigkeit herrührt.[150]

(Edvard Munch, Der Schrei, 1895). Einen Vulkan aus Schmerzen kann entfachen, wenn die Gasse uns ein böses Wort nachwirft. Jeder von uns dürfte zumindest im Ansatz die Angst kennen, die die Blockierung des Kontakts, der Rückzug auf das eigene Ich und die Schutzlosigkeit mit sich bringen.

[150] Vgl. Drewermann: SB II, 239.

3.1.2 *Die Urgeschichte in philosophischer Sicht*

3.1.2.0 Der schwere Befund Angst – wo ist Heilung und welche Disziplin kann sie erschließen?

»Was ist es, das den Menschen böse macht?« Unweigerlich muss sich bei dieser Frage das ganze Arsenal bekannter Bilder des Grauens aufdrängen: Die ausgemergelten Gesichter von KZ-Häftlingen, die schmerzverzerrten Gesichter Gefolterter, Kinder neben ihren bombenzerfetzten Eltern, Verhungerte, Zerschossene, Erhängte, Enthauptete – unbegrenzt sind die Formen, in denen Menschen sich Böses antun. Mithilfe der Exegese und Psa. wurde durch Erkennen der onto- und phylogenetischen Hintergründe der Urgeschichte festgestellt, dass nach J *die Angst* und das darin liegende Missverhältnis zu Gott den Menschen zum Bösen geradezu *zwingt*. Uns interessieren dabei keine Aussagen aus dem alten Israel vor dreitausend Jahren, sondern allein das, was an allezeit gültigen Aussagen über die Frage des Bösen ausgeschöpft werden kann.

Es soll weder J, der nur als Konstrukt bekannt ist, noch eine frühere Kultur verstanden werden, sondern: *der Mensch*. Wenn dem so ist, müssen aber die bisher dem J unterstellten Deuteabsichten durch allgemeingültige Theoreme der Philosophie abgesichert werden. Zudem ergeben sich aus allem vorher Erarbeiteten vier Thesen, die die Zuhilfenahme der Philosophie erfordern:

- Die Angst macht den Menschen böse; sie geht aus seinem *Bewusstsein* hervor. Das verweist auf eine sehr grundsätzliche Betrachtung des Menschen.
- Die Psychologie kann die menschliche Angst hervorragend interpretieren, sie aber nicht heilen.
- J wird erst richtig erfasst, indem man die Koordinaten der Freiheit und Schuld in die Analyse der Psychologie einzieht.
- Allein die Theologie vermag gültig zu zeigen, was den Menschen zerstören und heilen kann.[151]

Das Desaströse des menschlichen Bösen ist ja nicht nur, dass es nach gängigem biologisch-psychologischem Erklärungsmuster ein unangepasstes Relikt der Evolution in der menschlichen Psyche ist, son-

---

[151] Vgl. Drewermann: SB III, XII f.

dern dass die das Böse steuernde Angst im Zusammenspiel mit der Intelligenz eskaliert, wobei einerseits alle verstandesmäßigen Steuermechanismen unter ihr kollabieren, andererseits im Erfinden technologischer Vollzugswerkzeuge die Angst ins Uferlose wächst.

»Kann ein Mensch gut sein, der Angst hat? Tiere können es nicht.«[152] Angst ist kompromisslos. Tolstoi lässt in einer seiner Erzählungen Tiere über die Angst reden: Sie ist das leidvollste Gefühl überhaupt; vor ihr findet der Stärkste keine Ruhe. Die Angst macht böse, und das Böse macht Angst, und wenn man denn keine Angst mehr hat, Napalmbomben hageln zu lassen und in der Bomberpause während einer gelassenen Tasse Kaffee durch Feindesangriff dasselbe zu erleben, so hat man doch Angst vor der Befehlsverweigerung, die Degradierung und Verachtung kosten könnte.[153]

Indes ist bedeutsam, dass die j Urgeschichte den dargestellten Pessimismus vollkommen teilt, das menschliche Schicksal aber auch aus einer geistigen Fehleinstellung heraus interpretiert, in der der Mensch unter Angst sich nur noch selbst im Blick hat. Wenn J die Sicht auf den Ursprung des Menschen lenkt, so erweist sich die Psa. zwar als geeignetes diagnostisches Instrument, doch unfähig, den Menschen derart tiefgründig zu heilen, dass er in der Dimension der Schuld Erlösung erfährt. Der Mensch ist nicht nur krankes Tier, das nicht gerettet werden kann, er ist nicht allein von Faktoren bestimmt, mit denen er sich stets entlasten könnte, kein Neurotiker, der bis ins hohe Alter all seine Fehler auf die Kindheit schieben darf, sondern er besitzt Freiheit und Verantwortung, die die Dimension der Psychologie übersteigen. Mag der Vater in der Kindheit noch so angsteinflößend gewesen sein – man ist nun erwachsen geworden und muss sich fragen, ob man weiterhin den Lehrer, Ehepartner oder Pfarrer mit seinen infantilen Ängsten überziehen und die eigene Verantwortung nur auf sie schieben will.

Irgendwann muss die Frage lauten, wem man sich selbst vermacht anstatt was andere aus einem machten – und es wird klar, dass die eigentliche Angst die geistige Angst des Menschen vor sich selbst sein muss und ihre Bewältigung eine geistige Frage.[154] Wenn der feinfühlige Beobachter Blaise Pascal bemerkte, wie das meiste Unglück nur daher rührte, dass die Menschen nicht allein in ihrem Zimmer

---

[152] Drewermann: SB III, XV.
[153] Vgl. Drewermann: SB III, XIV f., XVI f.
[154] Vgl. Drewermann: SB III, XX–XXIII.

bleiben könnten[155], so ist tatsächlich der springende Punkt der Menschheitsanalyse, dass es kein Mensch ohne Gott es überhaupt mit sich selber aushält und wie die verbannten Kinder Evas (Gen 3,24) jeder vor sich selber flieht. Damit reicht es dann nicht mehr aus, die Zwänge und Notwendigkeiten der Psa. als äußere Faktoren zu akzeptieren, sondern man muss sie von innen her als Selbstvernichtung auf dem Boden der menschlichen Freiheit verstehen. J will den Menschen nicht auf ein Niveau herabdrücken, wo er von Trieben gehetzt wird und im Dunst seiner Maloche dahindämmert, sondern in aller Endlichkeit und Mühsal des Daseins auf einen Pol der Ruhe und Erfüllung verweisen, an dem die äußeren Faktoren ihre Dominanz verlieren. So wie J den Glauben an den Gott Jahwe zum Heil oder Unheil des Menschen dem Kräftespiel gegen die Natur in den Mythen der Völker entgegenstellte, so gilt es, aus dem Mythos der eigenen Neurose herauszutreten.[156]

Für J ist Gott alles in allem; das Negative, Böse unterscheidet sich von ihm und seiner Schöpfung nicht, doch es sind die Menschen, die Antagonismen wahrnehmen und das Böse erst zum Bösen machen. In mythologischer Sprache beschreibt J, was psychologisch anhand der oralen Problematik vertieft wurde, nämlich, wie es ist, ohne Gott im bloßen Gegenüber zu Natur existieren zu müssen, wobei man allein »durch sein bloßes Dasein schuldig ist.« – »Im Rahmen der Natur bleibt der Mensch immer überflüssig, ungerechtfertigt und haltlos; schon die Beschaffung und Aneignung der Nahrung muss ihm in einer Welt, die nicht von Gott geschenkt ist, als widerrechtliche Gewalttat anmuten, wie die antiken Mythen schildern …«[157]

Die Analyse der Angst ist darin so wichtig, dass sie die einzige Macht darstellt, die Menschen daran hindert, an etwas anderem als Gott zur Ruhe zu kommen und sie zugleich wie um jeden Preis zu Ersatzgöttern treibt. Gerade im Zweideutigen ihrer Wirksamkeit muss die Angst eindeutig sagen, wie unerlässlich dem Menschen Gott ist und wie zwangsläufig er sich ohne ihn verfehlt. Die Philosophie

155 Vgl. Pascal: Gedanken I, 89.

156 Vgl. Drewermann: SB III: XXVI f., XXXI. Die plötzliche Schärfe der ganzen Passage gegen die Psychologie benutzt Drewermann, um ein neues Fachgebiet, die Philosophie, zu rechtfertigen. Zuletzt leitet er sie von J her, den er als Philosophen betrachtet, weil er inhaltlich den Mythos weit überwunden hat. Natürlich betont Drewermann ansonsten, dass man Heilung zwar ansteuern, aber nicht befehlen kann und dass sie i. d. R. viele Jahre dauert; vgl.: Wort des Heils, 29.

157 Drewermann: SB III, LI, LV f.

soll noch mehr als bisher erklären, warum dieser Verlust schuldhaft sein muss, gerade auch, weil dies als Widerspruch zur Angst erscheinen mag. Sie wird klarmachen, warum Verstand und Wille zu spät kommen (Gen 4,4), wenn die Tiefe der Seele aus dem Lot geraten ist und wie einfache Erklärungen der Bosheit, sie gründe auf Dummheit, Faulheit oder Skrupellosigkeit, am verkehrten Ende ansetzen. Bereits die psychologisch konsequente Fortsetzung der Qual zum Quälen in der Kainsgeschichte zeigte markant, was Schuld eigentlich ist: Verzweiflung.

Philosophisch soll untermauert werden, wie das ganze Dasein des auf seine bloße Kreatürlichkeit zurückgeworfenen Menschen eine einzige Verzweiflung sein muss.[158] Keine andere Philosophie als die Kierkegaards begriff für Drewermann die Verbindung von Gottferne mit Verzweiflung und wurde so der Aussageansicht des J gerecht.[159]

Für Kant folgte aus dem Widerspruch von moralischem Anspruch und Wirklichkeit der notwendige Progress zur sittlichen Vervollkommnung; doch für J endet gerade die aus der Kluft von Gott und Mensch entspringende Dynamik im Fall ihrer Eigensteuerung im Abgrund, so dass eher von einem »Ver-Enden« als Vollenden gesprochen werden muss.[160]

Bei Hegel war das Böse mit einer zum Menschsein notwendigen Bewusstwerdung verbunden. Er ähnelt darin Jung, demzufolge der bewusst gewordene Mensch einerseits seine Triebe kennenlernt, andererseits bei isolierter Bewusstheit reiner Rationalität neurotisch-einseitig wird. Beide übersahen, dass Bewusstheit an sich nicht böse ist, sondern erst in ihrer Verbindung mit einer Angst, die Gott aus dem Leben entfernt.[161]

Hervorragend dagegen zeigte in Drewermanns Augen Sartre auf, wie sich die absolute Selbstübersteigerung des Menschen aus dem Abfall des bei Sartre sogenannten »Für-sich« phänomenologisch ausnimmt. In Übereinstimmung mit den »Strafen« bei J beschrieb er das Dasein als ausgesetzte Freiheit, das in seiner ungerechtfertigten Kontingenz sich selbst zur eigenen Grundlage, zur Ursache eigenen Strebens, zu Gott, machen muss. Sehr stimmig lesen sich auch der Ekel vor der eigenen Nichtigkeit und der unter dem Vorzeichen des

[158] Vgl. Drewermann: SB III, LVII, LXX, LXXX.
[159] Vgl. Drewermann: SB III, 434 f.
[160] Vgl. Drewermann: SB III, 25.
[161] Vgl. Drewermann: SB III, 186–188.

Ausgeliefertseins stehende Drang zum vergeblich rechtfertigenden weiteren Ekelhaften. Getroffen liegt in Sartres Wort der »Obszönität« das Verständnis einer Sexualität des bloßen, getriebenen Fleisches, die sich gierend einander bemächtigt und insofern aber nicht nur ausschließlich masochistisch im Sinn Sartres, sondern bisexuell in jeder Form des Masochismus und Sadismus erscheint. Erweitert ist gerade dieser Begriff auf die gesamte Daseinssituation der Nacktheit, der Kontingenz, der Überflüssigkeit, der Absurdität und des Ekels zu beziehen, die präsexuell gegeben sein muss, damit ein derartig pervertierender sexueller Erfüllungsdrang überhaupt empfunden werden kann.[162] Die herausgearbeitete oral-depressive Symptomatik, von Gen 3 – es muss immer ein Mangel oder Hunger gestillt werden – findet durch Sartre damit eine optimale Fundierung.[163] Unmöglich ist es dagegen für Drewermann, Sartre zufolge (ebenso nach Hegel und Kant) die Ontologie des Menschen nach Gen 2 zu verstehen bzw. die Tatsache, dass der Gott von Gen 3 das Gottesbild des Sünders und nicht ein fremdes, ja anklagendes Gegenüber ist.

Inwiefern (nach protestantischem Erbe und im Sinne des J) das Sündersein mit dem Menschsein und das Gottesbild mit dem Sündersein verschmilzt, erklärte philosophisch niemand, aber auch niemand so trefflich wie Søren Kierkegaard.[164]

3.1.2.1 Søren Kierkegaard: Sünde als Verzweiflung – eine Krankheit zum Tode

Wer war Søren Kierkegaard? Kierkegaard hat in seinem kurzen Leben von 1813–1855 die Heimatstadt Kopenhagen selten verlassen; er belegte theologische Studien und absolvierte die Philosophie. Belastet durch unglückliche Familienverhältnisse und eine schwache Gesundheit, aber spannungsvoll-genial begabt zum Beobachten[165], Reflektieren und Phantasieren, lebte er abseits der Gesellschaft ohne festen Beruf von rastloser Schriftstellerei und dahinschwindendem Vermögen. Bis heute erstaunt sein in gerade elf Jahren geschaffenes Werk von ca. fünftausend Druckseiten. Zentrum seines Denkens ist

[162] Vgl. Drewermann: SB III, 241. 325 f., 212, 221, 238; Sartre: Sein und Nichts, 768.

[163] Gleiches betrifft dem Gesagten zufolge die phallisch-ödipale Problematik einer Selbstauslieferung an Menschen ab Gen 4; zur ödipalen Symptomatik vgl. 279.

[164] Vgl. Drewermann: SB III, 327–329, 434 f.

[165] Er selbst nannte sich »Vigilius Haufniensis«, d. h. soviel wie »ein aufmerksamer Beobachter Kopenhagens« (die Stadt hieß im Mittelalter Havn); d. Verf.

die konkrete, einmalige Existenz des Individuums und ihre Problematik. Erst das 20. Jh. entdeckte Kierkegaard als eigenwilligen Geist von Weltrang, dessen Denken auf die Exphil. und die Theologie einwirkte. Kierkegaard machte vor keiner Selbstverständlichkeit und keinem gewohntem Fachbegriff der akademischen Theologie Halt; er griff das Nivellierte mit existenzieller Kritik auf, schürfte hemmungslos und bis an die äußersten Grenzen des Denkbaren das subjektive Innere als Sitz und Kriterium von Wahrheit aus und entwarf damit ein breites, tiefenscharfes Bild der gläubigen Existenz wie kein anderer. Die Probleme und das Erlösende einer subjektiven Aneignung des Christentums diskutierte er mit allen erdenklichen literarischen, dialektischen und psychologischen Mitteln.

Die dem eigenem Leiden entrungenen Erkenntnisse ließen Kierkegaard am Ende seines Lebens mit dem bürgerlichen Staatskirchentum scharf abrechnen und darin seinen persönlichen Einsatz zum Gipfel gelangen. Unendlich variierte er, wie das Selbst unter bedingten Gegebenheiten im unbedingten, antinomisch erlebten Gottesverhältnis seinen Stand finden kann.[166]

»Der Mensch ist eine Synthese von Unendlichem und Endlichem, von Zeitlichem und Ewigem, von Freiheit und Notwendigkeit, kurz, eine Synthese«.[167] Diese Aussage ist für Kierkegaard Zielbestimmung, und in ihrer Verfehlung verrennt man sich hoffnungslos, oder: verzweifelt. Hierbei wird das zentrale Problemfeld bei Kierkegaard berührt, nämlich das Verhältnis des Menschen zu sich selbst. Das Selbst des Menschen verhält sich einerseits zum Selbst, es hat sich aber nicht selbst gesetzt, sondern es ist abgeleitet. Da es bei drei Größen zwei Verhältnisbestimmungen gibt, folgt nicht nur die eine Form der Verzweiflung, dass der mit sich selbst unstimmige Mensch sein Selbst loswerden will, sondern auch die andere, dass er bestrebt ist, sein Selbst zu erreichen (»verzweifelt nicht man selbst sein wollen; verzweifelt man selbst sein wollen«). Ein abgeleitetes Selbst kann aber nicht durch sich selbst zur Ruhe kommen. Weil alle Selbststrebungen Entfernungen von demjenigen sind, das das Verhältnis setzte, müssen beide Formen der selbsterstrebten Selbstfindung »verzweifelt« genannt werden, denn sie vergrößern das Missverhältnis zum Selbst – ein auswegloses Unterfangen.[168]

---

[166] Vgl. Ringleben: Kierkegaard, 163 f.

[167] Kierkegaard: Krankheit, 13.

[168] Vgl. Kierkegaard: Krankheit, 13 f.

Verzweiflung ist Verlorenheit; sie ist »eine Krankheit zum Tode«. Ihre Folge ist der Tod, und das ist nicht im christlichen Sinn gemeint, nach dem der Tod den Durchgang zum Leben meint, sondern als ein Tod, der zuletzt dasteht.[169] Das Tödlichste an dieser Krankheit ist die Unfähigkeit zu sterben in dem Irrtum, es gäbe noch Hoffnung. Da also der Verzweifelte nicht sterben kann, erfährt er eine Verzehrung, die nun auch wieder nicht gelingt: »... eine ohnmächtige Selbstverzehrung, die nicht vermag, was sie selbst will. Sondern was sie selbst will, ist sich selbst verzehren, was sie nicht vermag, und diese Ohnmacht ist eine neue Form der Selbstverzehrung ... das Gesetz der Potenzierung.« Wer so verzweifelt, verzweifelt nicht an Widerfahrnissen, sondern an sich selbst: Nicht, dass der Herrschsüchtige nicht Cäsar wurde, ist unerträglich, sondern das Selbst, das nicht Cäsar ist, das er als solches nicht ausstehen kann, das er wegwerfen will und dies doch nicht schafft.[170]

Dem Selbst gelingt seine Aufgabe der Selbstwerdung, wenn es die Synthese aus Endlichkeit und Unendlichkeit sowie aus Notwendigkeit und Möglichkeit findet. Das ist gleichbedeutend mit: Konkret werden. Eine solche Findung wird nur im Verhältnis mit Gott möglich. Kierkegaard spielt die Formen von Verzweiflung durch, darunter die zwei obengenannten, übergeordneten, wie sogleich folgt.

■ **ANMERKUNG:** Drewermann beschreibt die Formen durchmischt mit seiner psa. Deutung. Ich folge aber dem Originaltext, um einen Eindruck von Kierkegaards Denken zu geben. Außerdem finde ich, dass die Trennung der philosophischen Aussagen und psa. Deutungen (bei mir in 3.1.2.3) viel besser zeigt, wie ausgefallen Kierkegaards Erkenntnisse und wie genial Drewermanns Deutung sind (womit ich der Beurteilung Drewermanns ein Stückchen vorgreife).[171]

---

169 Vgl. Kierkegaard: Krankheit, 13 f., 15, 17.

170 Kierkegaard: Krankheit, 18 f.

171 Formen bei Drewermann in: SB III, 469–479. Die Durchmischung ist ein Beispiel, um nochmals Drewermanns Darstellungsart zu kritisieren, die neben ihrer Langatmigkeit oft auch umständlich ist und eine Erarbeitung mühevoll macht. Mehr dazu in 3.2.

a) Gestalten der Verzweiflung unabhängig vom Aspekt, ob die Verzweiflung bewusst oder unbewusst ist:[172]

α) »Die Verzweiflung der Unendlichkeit ist das Fehlen der Endlichkeit«:

Sie besagt, dass die verzweifelte Person zeitlich-konkrete Situationen ins Unendliche überzieht. Die Person fühlt sich teilhaftig am Schicksal unbestimmter Größen – ja, der ganzen Menschheit. Solch ein Mensch lebt in der Phantasie, die endlose Räume der Reflexion eröffnet. Das Konkrete wird aufgelöst; zugleich verflüchtigt sich das Selbst. Sehr gut kann ein derart Fliehender gesellschaftlich vorgeschriebene Leistungen wie Ehelichung oder Berufserfolg vollbringen, denn die Mitwelt fragt nicht nach dem Selbst. Das Verhältnis zu Gott ist eigentlich eine Unendlichmachung, aber keine Berauschung: Es lehrt, das Selbst zu akzeptieren und verweist es an endliche Gegebenheiten.[173]

β) »Die Verzweiflung der Endlichkeit ist das Fehlen der Unendlichkeit«:

Hier geht es um eine Begrenztheit, die alle Spontanität und Zufälligkeit verliert. Jedes Selbst erscheint zunächst rauh und muss von der Umgebung und Situation zurechtgeschliffen werden; doch der Verzweifelte der Endlichkeit lässt sich im ständigen Anpassen an endliche Bedingungen ganz und gar abschleifen. Er kann sein Selbst nicht mehr entwickeln, ist zur Nummer geworden. Aber auch er fällt nicht als verzweifelt auf und gilt den anderen überhaupt nicht als beschränkt: Er kennt sich in der Welt aus, kann Geschäfte treiben und Geld sammeln, klug sein und sogar die Weltgeschichte regieren – kurz: Ein Mensch, wie er sein soll. Es ist der Inbegriff des Weltverschriebenen. So selbstisch diese Menschen auch sein mögen – vor Gott haben sie kein Selbst, und nur von Gott her können sie es akzeptieren lernen.[174]

---

[172] Vgl. Kierkegaard: Krankheit, 28.
[173] Vgl. Kierkegaard: Krankheit, 29–31.
[174] Vgl. Kierkegaard: Krankheit, 32 f.

γ) »Die Verzweiflung der Möglichkeit ist das Fehlen der Notwendigkeit«:

Lebensentwürfe und Aufgaben, die dem Selbst entsprechen, werden gemieden, weil das Selbst einem unbekannt oder verhasst ist. Derart Verzweifelte ergreifen alles, was möglich ist, jetzt dieses, gleich ein Anderes und können sich nicht festlegen. Auch sie leben in der Phantasie – die eine ihrer Ausprägungen in offensiver Wunschhaltung, die andere in schwermütiger Sehnsucht. Der Glaube hilft solchem Selbst, auf sich aufmerksam zu werden, seine Grenzen wahrzunehmen und den Notwendigkeiten zu gehorchen.[175]

δ) »Die Verzweiflung der Notwendigkeit ist das Fehlen der Möglichkeit«:

Ein solcher Mensch wird gerade bei extremer Aktivität leblos, weil er nur nach Notwendigkeiten lebt und alle Offenheit für das verliert, was es außerhalb ihrer gäbe. Er sieht unentwegt Vorgaben, die angegangen werden müssen – ein wahnsinniger Kämpfer. Der Glaubende besitzt die einzige Arznei gegen diese Verzweiflung, denn für Gott ist alles möglich in jedem Moment. Die menschlichen Notwendigkeiten werden relativiert. In jeder Hinsicht löst der Glaube Widersprüche, so wie einem gesunden Körper weder Zugluft noch Hitze schaden, denn er spürt sie nicht.[176]

b) Gestalten der Verzweiflung unter dem Aspekt »Bewusstsein«[177]:

Hier lassen sich feststellen: Die Verzweiflung, die sich nicht bewusst ist, ein Selbst zu haben und Verzweiflung zu sein und die, die sich ihrer als solche bewusst ist. Erstere nennt Kierkegaard »uneigentliche Verzweiflung«; sie kann alle genannten Verzweiflungsformen annehmen und verläuft erst recht unaufhaltsam, weil niemals ein Funke Leidensschmerz empfunden wird. Es lassen sich zwei weitere Formen feststellen, die jeweils α) und γ) bzw. β) und δ) umgreifen:

---

175 Vgl. Kierkegaard: Krankheit, 34 f.

176 Vgl. Kierkegaard: Krankheit, 36–38.

177 Vgl. Kierkegaard: Krankheit, 13, 40 f.–42.

ε) »Verzweifelt nicht man selbst sein wollen, die Verzweiflung der Schwachheit«:

Ihr eigentliches Wesen ist, das Selbst nicht zu leben, weil sie es nicht wagt und statt dessen von ihm wegstrebt. Deutlicher müsste man sagen, es ist die Haltung, gar kein Selbst sein zu wollen, oder schlimmer noch: Ein Anderer sein zu wollen.

Verzweifelte sind unwahr, Nachäffer, die in anderen aufgehen, Kirchenchristen, die alles mitmachen und vom Pfarrer bereitwillig in die Ewigkeit befördert werden, ohne je ein Selbst gewesen zu sein. Die Phantasterei, die Illusion, das Sich-Zurückversetzen der Alten in die glückliche Vergangenheit – diese Haltungen zaubern ein neues Selbst herbei. Solche Menschen demütigen sich nicht vor Gott, weil sie ihre Begrenztheit nicht anerkennen.[178]

ζ) »Die Verzweiflung, verzweifelt man selbst sein zu wollen: Trotz«:
Diese Verzweiflung, die sich einen Entwurf von sich selbst macht, nähert sich darin Gott und ist ihm doch abgründig fern, weil sie sich an ihm vergeht. Das Selbst will sich selbst regieren, es arbeitet an sich selbst und will das fertige Produkt genießen, es richtet sich dabei ganz ein in den Begrenztheiten, trotzt Gott seine Macht ab und ignoriert dessen grenzenlose Sphäre.[179]

Ein letztes Postulat Kierkegaards muss heißen: »Verzweiflung ist die Sünde«:

Sie ist deshalb Sünde, weil sie die Gottesvorstellung ignoriert. Sünde geschieht nicht *gegen* Gott, denn Gott ist nichts Äußeres, kein Polizist. Sünde entspringt nicht primär dem Heidentum mangelhafter christlicher Erziehung, sondern dem Bewusstsein des Seins, vor Gott da zu sein. »Sünde ist: vor Gott verzweifelt nicht man selbst sein zu wollen oder vor Gott verzweifelt man selbst sein zu wollen.«[180] Diese Haltungen bringen Unzucht, Herrschsucht oder dergleichen hervor, doch darum geht es nicht. Sünde ist geistig, Sünde ist »nicht eine Negation, sondern eine Position«.[181] »… der Gegensatz zur Sünde ist Glaube, wie es deshalb Röm 14,23 heißt: Alles, was nicht aus

[178] Vgl. Kierkegaard: Krankheit, 48, 51, 57, 60.
[179] Vgl. Kierkegaard: Krankheit, 65, 67–69.
[180] Kierkegaard: Krankheit, 73, 76 f.
[181] Kierkegaard: Krankheit, 91.

Glauben ist, ist Sünde. Und dies ist eine der entscheidenden Bestimmungen für das Christentum, dass der Gegensatz zur Sünde nicht Tugend ist, sondern Glaube.«[182]

Die kleine, aber kompakte Schrift »Die Krankheit zum Tode« gilt als die tiefgründigste Kierkegaards. Zweifellos spiegeln sich im variierten Ringen um ein authentisches Selbstsein seine persönlichen Konflikte um die Akzeptation seiner schwachen Körperlichkeit und um eine Ganzwerdung der eigenen Person, die väterlicherseits einseitig zum Geistigen erzogen worden war. Diese Unausgewogenheit begründete den von Kierkegaard nie verschmerzten Bruch mit seiner Verlobten, doch inwieweit das Erlebnis in die Schrift eingegangen ist, weiß man nicht. Mit Sicherheit ist es die Erfahrung eines elterlichen Christentums, das nicht zum Heil führte und Kierkegaard wie sonst niemanden erfahren ließ, dass die Flucht vor sich selbst und die Flucht vor Gott das Gleiche sind. Die unglückliche Erziehung ließ Kierkegaard außerdem schon sehr frühe Erfahrungen mit dem Gefühl der Angst machen. Von der verzärtelnden Mutter durch den despotischen Vater zu bald und gewaltsam losgerissen, stand er zu beiden Elternteilen in einem ambivalenten Angstverhältnis, zumal deren Ehe äußerst disharmonisch verlief. Das Hin- und Hergeworfensein zwischen zwei nicht beruhigenden Polen dürfte seine Fähigkeit zur Dialektik hervorgebracht haben. Die Angst erlebte er als Triebkraft seines wechselseitigen Fliehens.[183]

Kierkegaard sah die eigentliche Aufgabe des Menschen in der Bewältigung seiner Realität durch den Glauben. Den Ausgangspunkt seines Kreisens um die Gefahren des Daseins bildet die Erbsündenproblematik. Unter der genannten Zielbestimmung musste er sie dem gewohnten dogmatischen Systemdenken entreißen und ins Individuum verlegen. Die Sünde bildet bei Kierkegaard den Schlüssel für Veränderung überhaupt, für Übergänge in der Wirklichkeit.[184] 1844, fünf Jahre vor der »Krankheit zum Tode«, verfasste er die Schrift »Der Begriff Angst. Eine einfache psychologisch hinweisende Erklärung in Bezug auf das dogmatische Problem der Erbsünde«.

---

[182] Kierkegaard: Krankheit, 78.

[183] Vgl. Richter: Zum Verständnis, 127–133.

[184] Vgl. Eichler: Nachwort, 214, 216.

3.1.2.2 Angstgetrieben und doch schuldig

Bei Kierkegaard ist Angst unmittelbar mit dem Phänomen der Freiheit verbunden. Als Geist, der den Menschen zunächst im Nichts gründet, entwirft er seine Freiheit, ein reines Feld von Möglichkeiten und damit verbundenen Unsicherheiten. So ist Angst zwingend an den Zustand des Nichts, der Ungeistigkeit oder: »der Unschuld« gekoppelt. Absichtlich vermeidet Kierkegaard den Begriff »Schuld«, sondern spricht beim Heraustreten aus der Unschuld vom »qualitativen Sprung«, einem Bewusstseinsmoment, das von der Angst der Wahlfreiheit geleitet wird. Die Angst ist als eine an die Freiheit gebundene Erfahrung nichts Zwingendes, sie macht eben als Angst aber auch nicht schuldig. Für Kierkegaard ist die Angst ein Zwischenzustand, der die Schuld gerade nicht erklärt, sie aber auch nicht ethisch rechtfertigt. Dennoch gilt es, wegzukommen von der psa. Begrenztheit, das Ich werde mit der Angst in Form äußerer Triebe konfrontiert.[185]

Sünde besteht für Kierkegaard dort, wo der Mensch in seiner Angst von sich selbst nicht mehr loskommt in einem Teufelskreis der Selbstheit, worin sich Angst und Sünde gegenseitig verstärken (»Angst als die Erbsünde progressiv«[186]).

Der dogmatische Schlüsselbegriff der Konkupiszenz als Sünde ist für Drewermann verkehrt, wenn die Komponente »Angst« übersehen wird. Doch da das Prinzip der Sünde sich auf jeder Stufe gleicht, ist jeder »Adam«, weil er *selber* sündigt *wie* Adam, jedoch nicht, weil Adam alle Menschen mit einem Schicksal überzogen hätte. Nicht die Strebungen und Triebe selbst sind nach Kierkegaard sündhaft, aber sie werden es, wenn der Mensch in ihnen eine Beruhigung seiner Angst sucht. Psychologisch und philosophisch (z. B. anhand von Sartre) kann gut erklärt werden, wie der Mensch im Strudel angstgeleiteter Freiheit untergeht, doch muss theologisch verstanden werden, warum man seine Reaktionen schuldig zu nennen hat. Wie kann Freiheit Schuld hervorbringen und doch als Freiheit in ihr verankert sein? Man kann einerseits sagen, der Mensch vollzöge eine Setzung, durch die er sich in seiner Freiheit fesselt und diese abschafft, andererseits kann man mit der Psa. und entlang des Werdegangs der j Urgeschichte den Menschen zum Gefesselten einer Dyna-

---

185 Vgl. Drewermann: SB III, 436–438; vgl. Kierkegaard: Angst, 50–52, 59.
186 Kierkegaard: Angst, 63.

mik erklären. Die zweite These muss umso mehr gelten, als wir von Kierkegaard lernen, dass die Angst zur Freiheit gehört und in die Entwicklung einer Verzweiflung führt.[187]

Kierkegaards Kerngedanke liegt indes darin, dass die menschliche Freiheit und Bestimmung *vor Gott* erfahren werden. Auf dieser Basis erst kann offengelegt werden, dass die menschlichen Fluchtwege, die von der Psa. als getrieben und daher notwendig erklärt werden, vor Gott – so wie es uns J sagen will – gerade *nicht* notwendig sind.[188] Die Frage ist nämlich, ob die neurotischen Verformungen der Psa, in der wir Muster einer Existenz der Ermangelung Gottes erkannten, von Gott selber her ableitbar sind – und das muss strikt verneint werden. Mit anderen Worten: *Die Hölle, in der der Mensch untergeht, ist nicht die Hölle Gottes.*

Besonders deutlich kann das an Kierkegaards Begriff der Verzweiflung werden. Diese Bestimmung hebt sich darin von der psa. Neurosenstruktur ab, dass sie nicht eine Reaktion auf äußere Einflüsse beschreibt, sondern ein Missverhältnis zum eigenen Ich, um Selbsthass oder Selbstablehnung, und zwar ungeachtet des äußeren Befundes, dagegen aber in stets neuer Aktuierung einer vormals getroffenen Grundentscheidung. Geht es hier um Wiederholungszwang oder Übertragung einer früheren äußeren Situation, so dort um die Fortsetzung des gesetzten Grundentwurfs, der noch nicht einmal mit Leidensdruck empfunden werden muss (»uneigentliche Verzweiflung«) und umso weniger in seinem Rasen zu stoppen ist, so wie bei den am schwersten Kranken, die niemals beim Therapeuten landen.[189]

Man kann den angstgeleiteten Übergang, den wir Sündenfall nennen, nicht allein darin schuldig nennen, dass man ihn als prinzipiengleich mit seinen überdimensionierten Auswüchsen versteht. *Wir können beide, den »Fall« und die Auswüchse, nur darin für schuldig befinden, dass wir einen Gott haben, der unsere Ängste nimmt, womit wir grundlegend unsere falschen Daseinsentwürfe revidieren müssen. Doch erst rückblickend, aus der Überwindung des Daseins durch den Glauben zu einem freieren und gnädigeren Leben, kann das gelingen – dann aber komplett: Wir erkennen, dass wir verkehrt waren vom Anbeginn unseres Seins an, seit wir begannen, uns*

---

[187] Vgl. Drewermann: SB III, 440 f., 447, 452; vgl. Kierkegaard: Angst, 67–69.
[188] Vgl. Drewermann: SB III, 460 f.
[189] Vgl. Drewermann: SB III, 463, 465, 467; vgl. Kierkegaard: Angst, 16 f.

nicht zu akzeptierten, weil das außer durch Gott nicht gelingen kann. Diese Erfahrung umspannt das begriffliche Konstrukt vom Sündenfall und seiner Schuldhaftigkeit.[190]

(Ernst Barlach, Das Wiedersehen, 1926). Angstgetrieben und doch schuldig? Das Erstaunen, von den umgreifenden Armen Gottes nicht getadelt zu werden, ist beglückend und zugleich beschämend. Vielleicht kann diese Empfindung die Rede vom Schuldhaften der Sünde unterstreichen.

Kierkegaard, der »Antisystematiker« aus Dänemark, war kein romantischer Jenseitsschwärmer, sondern einer, der den existenziellen Akt vollzog und auf sein Bestehen prüfte. Es darf aber nicht der Eindruck erweckt werden, der Schritt zum Glauben, der Schuldanerkenntnis und der Änderung einer falschen Existenzeinstellung wären wiederum Klimmzüge der Selbstmächtigkeit, worauf Kierkegaard in einem früheren Werk hinweist. Christlich gesprochen sind sie Werk

190 Vgl. Drewermann: SB III, 501–503.

Gottes, menschlich empfunden das Ergebnis einer derartigen Erfahrung von Liebe, die die abgründige Freiheit erträglich macht.[191] Wichtig ist noch der Aspekt: »Menschen sind es, die diese schreckliche Angst hineinlegen in eine Menschenseele, und Menschen werden es auch sein, die sie ein Stück weit anzubauen beginnen.«[192]

Festzuhalten ist: Der Gegensatz im Menschen lautet nach Kierkegaard nicht »Tugend oder Laster«, sondern »Glaube oder Verzweiflung«. Der weitläufig verstandene Gottesbegriff drückt bei Kierkegaard einen befreienden Gegenpol zur krankmachenden Welt und zur moralistischen Kirche seiner Zeit aus.[193]

3.1.2.3 Verzweiflung als Neurose – Drewermanns »existenzielle Psychoanalyse«[194] schließt den »hamartiologischen Zirkel«

Nachdem »die Kierkegaardsche Trias« »Angst – Verzweiflung – Glaube« vorgestellt wurde[195], die als einzige Philosophie dem theologischen Begriff der Schuld genüge tut, soll jetzt also die Genialität Drewermanns vorgeführt werden. Vielleicht konnten in den Kierkegaardschen Charakterzeichnungen bereits eigene und fremde Fehlhaltungen wiedererkannt werden. Drewermann entdeckte, dass die vier Verzweiflungsformen der Unendlichkeit, Endlichkeit, Möglichkeit und Notwendigkeit (in 3.1.2.1 α–δ) exakt mit den vier klassischen Neuroseformen der Psa. übereinstimmen.[196] Natürlich sind die Klassifizierungen der Psa. Schemata, die nicht nur in Reinform auftreten. Häufig gibt es Mischformen, die insbesondere darin bestehen, dass eine Ichschwache Person je nach Auslöser zur einen oder zur anderen Seite flieht.

■ **ANMERKUNG:** Auch hier verlasse ich eine zeitlang die »Strukturen des Bösen« und folge Drewermanns anschaulichen Charakter-

---

[191] Vgl. Drewermann: SB III, 500, 504; vgl. ders.: Sechster Tag, 414.

[192] Drewermann: Wort des Heils, 29.

[193] Vgl. Drewermann: SB III, 508–510. Den Gottesbegriff veränderte Kierkegaard in seinen Spätwerken, anders als vorher, zum Extrem-Antiweltlichen und legte den Gedanken nahe, Vertrauen wäre ein Entscheidungsakt; vgl. 509 f.

[194] Begriff nach J. P. Sartre, der sich bemühte, Elementarantriebe und -Erlebnisse (Triebe, Sexualität, Angst- und Schuldgefühl) der Existenz zugehörig auszuweisen; d. Verf.

[195] Drewermann: SB III, 436.

[196] Nach Riemann: Grundformen der Angst, s. 282.

zeichnungen aus dem Erfahrungsschatz des Therapeuten, abgedruckt in »Psychoanalyse und Moraltheologie«. Zum depressiven Typus verwende ich auch eine aufschlussreiche Märchenauslegung, eine meiner Lieblingsstücke Drewermanns, die, so müsste man sagen, gehemmten Mut macht »zum Sündigen«. Selbstverständlich sind Charakterzeichnungen exemplarisch, sollen niemanden verletzen, sondern, im Gegenteil, verstehen lassen, wie Menschen sich und anderen entsetzlich wehtun. So enden sie bei Drewermann und nachfolgend auch mit Hilfestellungen zur Heilung.

Zunächst seien die existenziell-psa. Entsprechungen in ihren Polaritäten aufgezeigt:[197]

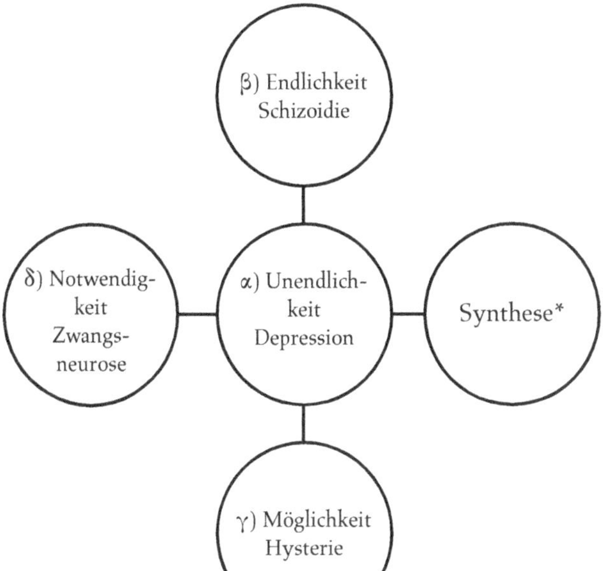

* Der Mensch kann nach Kierkegaard nur dann ein Selbst werden, wenn er imstande ist, sich als geistiges Wesen mit seiner Geschöpflichkeit zu bejahen. Die Synthese könnte man als »Freiheit«, »Wirklichkeit« oder »Augenblick« bezeichnen.[198]

[197] Vgl. Drewermann: Psa. und MT, 133, 136.

[198] Vgl. Drewermann: Psa. und MT, 133.

Zu α) Die Depression
Charakterisierung und Genese:

Einen wirklich Depressiven erkennt man schon am ersten Auftreten. Hinter der ungeheuren Angst, als lästig empfunden zu werden, wird man bald ein permanentes Schuldgefühl erkennen, überhaupt da zu sein. Dass er Kleidung, Nahrung und sogar ab und zu einen Mitmenschen braucht – es kostet Zeit, Geld; es gibt nichts Ekligeres, Minderwertigeres als ihn selbst, der derartige Ansprüche stellt, mit denen er gar nicht am Leben bleiben dürfte, und wenn er denn schon leben muss, so gibt es für ihn nur eine einzige Lösung: »Man muss sich *die Todesschuld des Daseins durch Übernützlichkeit abverdienen.*«[199] Kommt ihm auch die ganze Welt wie eine Orgie aus Fressern, Säufern und Lüsternden vor, so ist seine Bestimmung, sich von den Ansprüchen aller Welt verzehren zu lassen – ja, er drängt sich geradezu auf, geopfert zu werden, denn nur durch Unmengen an Aufgaben, als Arzt, Mutter, Sozialarbeiter, als ständig Karitativer erlebt er eine winzige Erlaubnis zum Leben. Wie sehr der Depressive ein Flüchtender der Endlichkeit, ein Verzweifelter der Unendlichkeit ist, erkennt man daran, dass er niemals Grenzen ziehen und »Nein« sagen kann. Vor nichts graut ihm mehr als dem Zurücktreten, daher muss er im Grunde allmächtig wie Gott sein, der alles weiß, alles kann und immer gegenwärtig ist – *darin* liegt seine Schuld. Depressive stiften in Wahrheit eher Schaden als Nutzen. Ihr ständiges Sorgen und Bemühtsein erdrücken andere in ihrer Entfaltung. Dass das Kind einer depressiven Mutter unselbständig bleibt, dürfte klar sein.[200]

Die Depression wächst bevorzugt unter Lebensbedingungen heran, in denen Kinder tatsächlich allein durch ihr Dasein für ihre Familienangehörigen eine Belastung sind. Wirtschaftliche Not, die Rücksicht gebietende Krankheit eines Familienmitglieds oder der explosive Jähzorn eines Elternteils führen zu oralen Gehemmtheiten. Ihre Schuldgefühle können Depressive ohne Glauben an Gott oft gar nicht ertragen, was nicht heißt, das ihr Glaubensleben problemlos wäre. Christliche Formen, die die Aufopferung heiligsprechen, züchten die Depression förmlich heran.[201]

Heilung ist allein möglich »durch den Glauben, als endliches Wesen berechtigt zu sein«. Gerade Depressive mit ihrem hochfeinen

[199] Drewermann: Psa. und MT, 150.
[200] Vgl. Drewermann: Psa. und MT, 149–152.
[201] Vgl. Drewermann: Psa. und MT, 152 f.

Gespür für die Nichtigkeit der irdischen Dinge brauchen die Geborgenheit in einer Macht, die das Endliche mit Wert versieht. Nur der Gedanke einer Würdigkeit des Lebens, nicht an sich, aber von Gott her, kann Depressive vom Zwang befreien, durch Leugnung ihrer Endlichkeit Gott gleichen zu müssen.[202]

Im Märchen »Das Mädchen ohne Hände« der Gebrüder Grimm schlägt ein Vater seiner Tochter im Pakt mit dem Teufel die Hände ab. Er tut es nicht gern, aber, auf der Deutungsebene, um eigener Vorteile willen; dies verstümmelt fortan das Selbstwertgefühl des Kindes: Jeden Gebrauch seiner Hände, also jede Wunscherfüllung, muss es sich unter einem Höchstmaß an Schuldgefühlen verbieten. Die junge Frau des Märchens lernt einen Prinzen kennen, der der Geliebten silberne Hände macht, doch – gedeutet – da eine solche Beziehung nicht gelingen kann, verläuft sich die Braut im Wald und wird dann sieben Jahre lang in einer Hütte von einem Engel – der göttlichen Gnade – umsorgt. In dieser Zeit wachsen ihr eigene Hände! Natürlich findet ihr Prinzgemahl sie am Ende wieder, anfangs sehr erstaunt, und sie feiern glückliche Hochzeit. Drewermann sagt, das Märchen sei eine positive Erzählung vom Sündenfall der Oralität. »Dieses Mädchen, dem die ganze Welt unter der Last von Schuldgefühlen verboten war, findet den Weg in die Welt hinein nur dadurch, dass es den Mut zum Schuldigwerden aufbringt«, denn, wer leben will, muss ein Dieb sein. Im »Haus der Gnade« kann gelernt werden, dass das subjektiv schuldhaft Erscheinende unter Gottes objektivem Blick anders bewertet wird.[203]

β) Die Schizoidie
Charakterisierung und Genese:

Mit der Schizoidie, dem klassischen Gegenbild zur Depression, ist eine Lebenshaltung gemeint, die gerade nicht in den anderen hineinkriecht, sondern von ihm weg flüchtet. Als Hauptmerkmale sind eine extreme Gefühlskälte, eine übermäßige Distanziertheit zu Menschen und Dingen sowie eine so scheinende Unverbundenheit von Äuße-

---

202 Drewermann: Psa. und MT, 154.

203 Drewermann: Schwesterlein, 17–22, 30. Zurückstecken und ein dauerhaftes Schuldgefühl sind die Frauensünden der psychotherapeutischen Diagnosen: Vgl. Moltmann-Wendel: Milch und Honig, 160. Sie zitiert Luise Rinsers Kindheitserinnerung: »Die ganze Erziehung zielte darauf ab, mich still und gefügig zu machen, klein zu halten, immerzu ein nicht in Worte zu fassendes Schuldgefühl zu haben, immer um Verzeihung bitten zu müssen.«; aus: Den Wolf umarmen, Frankfurt 1981.

rungen zu nennen. Der Schizoide kann die schmerzhaftesten und folgenreichsten Erlebnisse wie nebensächliche Fakten erwähnen und vollkommen »cool« dabei bleiben. Ständig muss man rätseln, ob und was Begebenheiten für ihn bedeuten. Im Gegensatz zum Depressiven mit seiner dauernden Angst, lästig zu sein, empfindet er subjektiv tatsächlich nichts, emotional macht es für ihn keinen Unterschied, vom Tod seiner Mutter oder vom Frühlingswetter zu sprechen; dabei erscheint der eigentlich Hochsensitive in seiner Rationalität und Beherrschtheit äußerlich selbstbewusst bis arrogant. Seine scheinbare Abgeklärtheit zeigt, wie sehr er sich ans Endliche klammert. Alles, was der Schizoide sagt, wirkt unpersönlich, irgendwie hingesetzt und leblos. Schizoide isolieren Einzelwahrnehmungen in ein Nebeneinander unverbundener Fragmente, von denen sie Stücke riesengroß werden und andere ganz verrinnen lassen. Tatsächlich beklagen sie selber die Kälte, Fremde, Sinnlosigkeit und vor allem Beliebigkeit der Welt sowie die eigene Unlust, darin zu leben. Charmant können sie in sog. Kellnerberufen auftreten – sofern diese keine innere Beteiligung verlangen.[204]

Nach psa. Auffassung werden die Ursachen schon in den ersten Lebenswochen gelegt. Schizoide erfahren eine emotional beziehungslose und kalte Kindheit. Die Ferne anderer Menschen ermöglicht ihnen einen Freiraum, ihre Umwelt mit lebhaftesten Einbildungen zu überziehen. In der psychotischen Gipfelung werden Mitmenschen zu Attentätern oder Verfolgern, was intelligente Schizoide mit bestechenden Argumentationsketten belegen können.[205]

Heilung: Schizoide müssen die Erfahrung von Emotionalität und Wärme buchstäblich neu lernen. Nur durch die Entwicklung von Gespür für sich selbst, andere und die Welt kann der Schizoide von seiner berechnenden bis wahnhaften Machtausübung, dem Hang zu zusammenhangslosen bis fatalen Entscheidungen und der rational betriebenen Fehlinterpretation seiner eigenen Vorstellungen befreit werden, worin er sich zum souveränen Macher und Machthaber der Welt, zu Gott, aufschwang. Zuvorderst muss dem Schizoiden die Angst vor sich und damit vor der Welt genommen werden. Wesentlich kann ihn die Erfahrung der absoluten Güte Gottes lehren, Vertrauen zu sich und zur Welt zu fassen.[206]

---

[204] Vgl. Drewermann: Psa. und MT, 155–158.
[205] Vgl. Drewermann: Psa. und MT, 158f.
[206] Vgl. Drewermann: Psa. und MT, 159.

γ) Die Hysterie
Charakterisierung und Genese:

»Man bestellt eine Hysterikerin auf 17.00 Uhr nachmittags; sie erscheint um 17.20 Uhr, dafür aber angetan mit einem Kleid in den ausgesuchtesten Mustern und mit einem Blumenstrauß im Arm, der einem zum Präsent verehrt wird, mit einer hinreißenden Schilderung über die Schönheit eines Spazierganges in den Flußwiesen und das Pfeifen der Pirole daselbst – kurz, man müsste als ›Faschist‹ gelten, wenn man gegenüber soviel Lebenslust und Offenheit noch über die 20 Minuten Verspätung indigniert sein wollte.«

Dennoch sollte man unmenschlich darauf beharren, dass ein Termin gehalten werden muss. »Denn eben: dass überhaupt etwas sein muss, ist jener Punkt der Existenz, vor dem der Hysteriker in seinem ganzen Gehabe flieht.« Hysteriker vermeiden jegliches an Zwang, Pflicht und Notwendigkeit, um sich in ihrer Angst vor dem Festlegen ständig beruhigen zu können, dass noch alle Möglichkeiten offen seien. Im Grunde wird die gesamte Realität ausgeblendet, und die Technik hierzu ist ein stetes Spiel, die Inszenierung des Lebens in ein Bühnendrama. Doch niemals schreibt der Hysteriker ein Drehbuch für sein eigenes Leben. In dem Zwang, sein Leben zu meiden, sucht er laufend neue Auftritte und Rollen, in denen er auffallen und gewissermaßen verführen will, um seine Gunst sogleich einem anderen vorzulegen. Daher bleibt der ständig um Liebe Bettelnde in der Liebe besonders frustriert, die das Äußerste an Bindung bedeuten würde.[207]

Hysteriker wurden als kleine Kinder von ihren Eltern vergöttert und sind von dieser Bindung nie freigeworden. Mit ihren entsprechenden Ansprüchen überfordern sie ihren Lebenspartner, der im Mindesten ein Halbgott oder Aphrodite sein muss, um seinen kleinen Engel oder Helden täglich zu hofieren. Da überhöhte Erwartungen an der Wirklichkeit zerbrechen, wird aus der himmeljauchzenden Komödie schnell ein Trauerspiel.[208]

Heilung kann für Hysteriker nur darin bestehen, dass sie lernen, mit dem Unvollkommenen zu leben. Jeder Mensch besitzt die Sehnsucht nach einer unumschränkten Geborgenheit und Akzeptation, doch muss erkannt werden, dass Menschen trotz bester Absichten diese nicht geben können. Wenn Hysteriker erleben, dass das Abso-

207 Drewermann: Psa. und MT, 143–145.
208 Vgl. Drewermann: Psa. und MT, 145 f.

lute nur bei Gott liegt, können sie frei von dem Anspruch werden, sich selbst und andere zu Göttern zu stilisieren.[209]

δ) Die Zwangsneurose Charakterisierung und Genese:

An der Zwangsneurose ist, historisch gesehen, der Widerspruch von Theologie und Psychologie am heißesten aufgeflammt, nannte doch Freud die von ihm erlebte Religion eine einzig zwangsneurotische Veranstaltung. In der Welt der bitteren Notwendigkeiten des Zwangsneurotikers gibt es kein Wünschen, Dürfen und Mögen, jedenfalls nicht für ihn, dem nach gelegentlichen Eingeständnissen zwar das eine oder andere gut täte – doch sofort kontern glasklare Argumente, die das Tun der Pflicht rechtfertigen. Überhaupt geht es dem Zwangsneurotiker sein ganzes Leben lang nur ums Rechtfertigen. Sein Äußerstes setzt er daran, besser, schneller und ranghöher zu sein als Mitmenschen, und das Non-plus-Ultra dabei besteht in der Erfüllung gesellschaftlicher Pflichten: Im Dienst der Pünktlichkeit wandelt er schon zwanzig Minuten früher ums Haus; Korrektheit, fusselfreie Anzüge, eine geschliffene Rhetorik und jede erdenkliche Erfüllung von Normen machen ihn nicht hinterfragbar. In Wirklichkeit ist das Leben des Zwangsneurotikers eine permanente Selbstanfrage, denn er trifft immer wieder Menschen, die besser sind als er oder es oder sein könnten. Doch der Schock der Konkurrenz, die an die eigene Nichtigkeit erinnert, schlägt sofort um in ein neues Rackern, das insbesondere der Schaffung von Unvergänglichem dient, dem Schutzpanzer aus Ruhm, Macht und Besitz. Wenn irgend der Gesetzesbuchstabe tötet, gilt das für den Zwangsneurotiker, der zur Erreichung seiner Ziele, menschlich gesehen, über Leichen geht, sofern die äußerliche Etikette nicht berührt wird – doch hierfür findet der Getriebene der Notwendigkeit Wege, denn die Notwendigkeit ist erbarmungslos: Bin ich nicht Sieger, darf ich nicht leben.[210]

Den Zwangsneurotiker kennzeichnet von Kind auf die Erfahrung, nicht berechtigt oder überflüssig zu sein bzw. sich die Daseinsberechtigung durch Leistung verdienen zu müssen. Eltern, die ihr Kind einen Schmarotzer nennen, ihm Aufmerksamkeit nur aufgrund von Leistungen schenken oder das ganze Familienleben unter einem Dickicht an Regeln ersticken, Väter, die ihren Kindern stets als Super-

[209] Vgl. Drewermann: Psa. und MT, 146 f.
[210] Vgl. Drewermann: Psa. und MT, 136–140.

männer begegnen und Mütter, die man nur mit dem Putztuch kennt: das sind Elternhäuser, ohne Frage selber hochneurotisch, aus denen – in der extremen Form – Diktatoren und Folterknechte der Sorte »Befehl ist Befehl« hervorgehen.[211]

Die Heilung eines Zwangsneurotikers ist schwer, von Menschen nicht zu erwirken. Der Zwangsneurotiker muss auf eine »vorgängige Bejahung« treffen, die sein Sein rechtfertigt. Erst dann wird er sich in seiner Kontingenz und Nichtigkeit akzeptieren können und im Mitmenschen nicht weiter den Konkurrenten erblicken.[212]

Abschließend sei darauf hingewiesen, dass die Formen α) und γ) bzw. β) und δ) Kierkegaards Kategorien ε) »Verzweifelt nicht man selbst sein wollen« bzw. ζ) »Verzweifelt man selbst sein wollen« entsprechen, wonach man entweder vor sich selber flieht oder sich das eigene Selbst zurechtmeißelt. Ferner sei bemerkt: Wie in der Neurose buchstäblich die Schuld der Väter an den Kindern heimgesucht wird, oft wörtlich bis ins dritte oder vierte Glied (Ex 20,5 par.) – dieser rätselhafte Satz des AT dürfte nach den obigen Ausführungen zur Neurosenlehre mehr als verständlich sein.[213]

Was hat das alles für die j Urgeschichte zu sagen? »Seit 2000 Jahren dient die kirchliche ›Erbsündenlehre‹ wesentlich der Anklage und der Verurteilung des Menschen.«[214] Die j Urgeschichte begründet, wie Menschen aus dem Paradies ihres Lebens eine Folterkammer machen, weil sie ihr als mangelhaft empfundenes Dasein rechtfertigen und mit ihren Mitteln erträglich machen müssen.[215]

Beginnend mit Gen 3,2.3 führt die Urgeschichte primär den Strudel eines oraldepressiven Schuldgefühls vor, zeigt dann aber auch die zwangsneurotische Unerträglichkeit von Fehlern und das daraus folgende Sich-gegenseitige-Erniedrigen (Verse 12, 14, 16) sowie das schizoide Fremdheits- und Feindschaftsgefühl gegenüber der Welt (Verse 17, 18, 23, 24). Das zerstörte Dasein gipfelt mit Gen 4 in der zwangsneurotischen Gewalttat einer grausamen Ich-muss-Einstellung.[216]

---

211 Vgl. Drewermann: Psa. und MT, 140.
212 Vgl. Drewermann: Psa. und MT, 141.
213 Vgl. Drewermann: Sechster Tag, 225.
214 Drewermann: Jesus von Nazareth, 75.
215 Vgl. Drewermann: Wort des Heils, 56.
216 Vgl. Drewermann: SB III, 482; vgl. ders.: Psa. und MT 141, 159. Hysterische Ver-

Philosophisch lautet die Frage, die Kierkegaard stellte: »Wie gehst Du mit der Angst deiner Freiheit um?« Er verstand, dass man Freiheit mit ethischer Zielsetzung nicht in den Gesetzen des Allgemeinen festmachen kann, den Spielregeln der Gesellschaft oder den Dogmen der Papstkirche, quasi als Anwendung auf das Besondere. Das Besondere *ist* die Freiheit, und wer sie zerstört, produziert selbstquälerische und grauenvolle Neurosen.[217] »Erbsünde kann somit als Titel für die Ungeheuerlichkeit der Lebensweise genommen werden, in die ich notwendig und ganz natürlich hineingerate, wenn ich nicht glaube, dass es Gott gibt, der über dem Abgrund der Angst und des Nichts hinweg mein Sein will …« – »*Erbsünde* ist die Existenzweise, die der Mensch als überwunden erkennt, wenn er zum Glauben gekommen ist.«[218]

Drewermann hat inzwischen Bände geschrieben, in denen er von der Neurosenlehre her beweist, inwiefern die Ich-Schwäche das Nährmedium aller Männerbünde[219], Hierarchien, aggressiven Gruppen, Kampforganisationen und Kriege ist. Systematisch arbeiten solche Institutionen daran, das Ich abzubauen, weil ein normaler Mensch ihre wahnsinnigen Ziele nicht mitmachen würde. Nun aber, wo dem fehlenden Ich der Heldenkranz für Irrsinn winkt, wird drangsaliert, gebrüllt, geprügelt, gemordet, und, wo es nichts mehr zu verlieren gibt, ohne Scheu das eigene Fleisch dem Kugelhagel des Schlachtfelds ausgesetzt.[220]

Freiheit, wenn sie denn keine allgemeine Größe darstellt, ist identisch damit, um die Einmaligkeit und Unverfügbarkeit des eigenen Seins zu wissen, die nur in Gott festgemacht werden kannn; Freiheit ist eine personale Größe.

Man mag es selbst so empfinden, dass man Gott, Menschen oder sich selbst nützt nach den Befehlen seines Über-Ichs, aber die erbarmungslose Starre im Umgang mit sich und der ganzen Welt, der per-

---

haltensweisen können lt. Drewermann in Gen 4, 23, 24 (Lamechprahllied) und Gen 6, 1–4 (Engelehe) gesehen werden.

[217] Vgl. Drewermann: Jesus von Nazareth, 64, 67.

[218] Drewermann: SB III, 553.

[219] Besonders scharf attackiert er seitenweise den Patriarchalismus der katholischen Kirche, ihm zufolge ein einzig zwangsneurotisches System; vgl. Glauben in Freiheit, 153–191.

[220] Vgl. Drewermann: Jesus von Nazareth, 76–84; vgl. ebd. 176: »Wie besiegt man den Krieg? Die Bedingung von allem ist ein Mensch, der mit sich selbst *identisch* ist.«; vgl. ders.: Krieg ist Krankheit, 55–58.

manente Drang, zu richten, zu degradieren, zu täuschen oder sich selbst als schlicht »abwegig« wegzuschmeißen – dies alles zeigt überdeutlich den Mangel in verzweifelten Seelen, mit denen man nur mitleidig sein kann.[221] Augustin, Luther, und Kierkegaard – diese drei haben es erlebt und beschrieben, dass Menschen nicht gut sein können, solange sie nicht eine Liebe erfahren, die sie selbst und bedingungslos meint:

– »Kein Mensch kann gut sein, wenn Gott nicht das Gute an ihm wirkt.«[222]
– »Die person aber macht niemant gut denn allein der glaub und niemand (sic!) macht sie boße denn allein der unglaub.«[223]
– Ein Mensch unter Angst hat keine Freiheit zum Guten; seine Freiheit ist »befangene Freiheit«.[224]

Augustin schaute auf das zermarternde Gebeuteltsein des Suchenden und Strebenden zurück, als er in Gott zur Ruhe gekommen war. In den Einleitungssätzen seiner berühmten Autobiographie findet man den in leichter Umformulierung bekannten Satz: »Du hast uns geschaffen hin zu dir, und unruhig ist unser Herz, bis es Ruhe findet in dir.« Lobend schließt Augustin seine »Bekenntnisse« in der Erleichterung, dass die Ruhe Gottes auch die Angst vor dem Sterben nimmt.[225]

In der Paradieserzählung von Gen 2,24 spricht der Jahwist nicht von unmündigen und *so gesehen* nicht unschuldigen Kindern, sondern von Erwachsenen, die in seiner Geborgenheit sich selbst und einander finden und lieben können.[226] Dies bleibt die Gewissheit des Jahwisten auch über Gen 3,24 und bis heute darüber hinaus: *Ein Leben nicht ohne Schuld, aber frei von der Scham der Minderwertigkeit unter Gottes Himmel ist möglich. Menschen müssen sich nicht quälen, Beziehungen müssen nicht scheitern. Der beste Beweis ist Gottes*

---

221 Vgl. Drewermann: Psa. und MT, 164 f.

222 Augustinus: civ. XIII 2; BKV II 252, zit. in Drewermann: SB I, 337.

223 Luther: Libertate, § 40, 291, 32 f.

224 Kierkegaard: Angst, 59.

225 Augustinus: »*... quia fecisti nos ad te et inquietum est cor nostrum, donec requiescat in te.*« conf. I, 1, 1, 6 f. (CChSL); ders.: conf. XIII, 37, 52, 1–6. Gedanken zum Sterben finden sich in den »SB« Drewermanns nicht, aber an anderen Stellen als konsequente Fortsetzung seiner Aussagen zur beruhigten Daseinsangst; z. B. sind sie Thema von: Psychoanalyse und Moraltheologie III. An den Grenzen des Lebens, Mainz [5]1992.

226 Vgl. Drewermann: SB I, 384.

Geschenk der Liebe, unter der sogar das körperliche Schamgefühl zerbricht.[227]

3.2 Beurteilung Drewermanns, Vergleich mit Tillich sowie dem gegenwärtigen Stand der Sündenlehre; Gesamtergebnis der Arbeit

Vorangehen sollen auch zu Drewermanns Sündenlehre eine inhaltliche Zusammenfassung, Systematisierung und Beschreibung der Erscheinungsweise dieser Lehre.

● ZUSAMMENFASSUNG:

Drewermann sieht die Kernaussage von Gen 2 und 3 in der Alternative »Sich-vom-Glauben-ergreifen-Lassen« oder »Die-Verzweiflung-Wollen«. Er will diese nicht beweisen, sondern nachzeichnend in verschiedenen Deutungswegen entdecken lassen.

Zur exegetischen Interpretation: Die j Urgeschichte ist der hebräischen Hermeneutik zufolge als Anfangserzählung über das Wesen der Menschen in ihrem Verhältnis zu Gott zu lesen, die mythisch darstellt, wie der Mensch ohne Gott seine ursprünglich paradiesische Existenz in eine Hölle verwandelt. Solche grundsätzliche Sicht verlangt nach Drewermann die Einbeziehung psychologischen Gespürs in die auch sonst möglichst umsichtige Exegese. Bei der v. a. auf Westermann gestützten exegetischen Untersuchung erweist sich der redaktionskritische Schritt als besonders ergiebig. Er zeigt Gen 2 und 3 als spiegelbildliche Erzählungen auf, deren beider Hälften einerseits die gute Schöpfung in der »Wonne« (Eden) der Gottesgemeinschaft, andererseits die verfluchte Existenz im Zustand der Gottesferne aussagen. Der Brennpunkt dieser Spiegel befindet sich exakt in Vers 3,7, in dem sich die Erkenntnis von Gut und Böse realisiert. Die übliche Interpretation, nach der das Böse zwingend Kulturfortschritt sei, ist für Drewermann – d. h. nach seiner Sicht für J – kurzsichtig und inakzeptabel. Angeleitet durch M. Buber, erklärt Drewermann, dass das Gute oder Böse in der Betrachtungsweise des Menschen liegt, nach der man Gott, die Welt und sich selbst als gut oder schlecht

[227] Vgl. Drewermann: SB I, 374.

interpretiert. Der aus der Gottesgeborgenheit gefallene Mensch empfindet sich umfassend als nackt, mangelhaft, schämenswert, heillos und vernimmt alles innerhalb und außerhalb seiner selbst als feindlich. Der negativen Wahrnehmung entsprechen bei J die Strafen Gottes. Die anschließende »psychologische Fühlung« (so in dieser Arbeit genannt) beleuchtet die Motive, in der der Mensch die Gottesgeborgenheit verlässt.

Mit dieser Fühlung wird abgeschritten, wie Eva in einem feinsten Anflug von Misstrauen gegen Gott in einen Strudel der Angst gerät, der sich proportional zu ihren Anstrengungen, gerade bei Gott zu bleiben, vergrößert. Deutlich wird, dass die einmal aufgekommene Angst den Werdegang des Menschen entschieden hat, der fortan sein Selbst schützen, seine Lebensgrundlagen erkämpfen, sein gesamtes Dasein vor sich, Gott und der Welt, einer ständigen Armee von Konkurrenten, verteidigen muss und mithin alleskönnend »wie Gott« zu sein hat – ein Leben, das eigentlich der Tod ist und negative, aber bemitleidenswerte Gestalten vorführt.

Zur psa. Interpretation: Die Psa. ist für Drewermann notwendig, um die Struktur des Gefühlskomplexes aus Angst und Negativsicht weiter zu erschließen. Das gilt umso mehr, als Mythen in bildhafter Sprache Erfahrungen der Psyche ausdrücken, insbesondere das von C. G. Jung entdeckte kollektive Erfahrungswissen (Archetypen). Nach Jung erweist das psychische Material, dass der Mensch auf Reifung ausgerichtet ist. Seiner Analyse gemäß, von mir »integral« genannt, müssen die Bilder von Gen 2 und 3 als notwendige Stationen der Individuation des Menschen gedeutet werden, auf deren Weg sich das Bewusste vom Unbewussten abspaltet, was dem Begriff der Erkenntnis von Gut und Böse gleicht.

In der sich auf Jung beziehenden Deutung von Gen 3 kommt Fortschritt gerade durch einen regredierenden Trieb zustande. So wird das »Böse« nicht allein als negativ offenbar und das Erstrebenswerte nicht nur als positiv. Nach Jung sind beide Seiten, die den Seelenanteilen *animus* und *anima* in jedem Menschen entsprechen, für die Ganzwerdung des Menschen notwendig, zu bejahen und zu entwickeln. Die Frau in Gen 3 hat wie in vielen Märchen die Funktion, der Seite des Unbewussten zur Integration in die Persönlichkeit zu verhelfen.

Da Jung keine Erklärung für das negative Gefälle von Gen 3 bietet, wird die von mir »konfliktbezogen« genannte Methode Freuds benötigt. Freud wies nach, dass der Mensch krank (v. a. neurotisch) und darin lebensfeindlich wird, wenn die ihn bestimmenden Triebe zu nicht bewältigten Konflikten führen. Psa. Ausgangspunkt in Gen 3 ist die ontogenetisch infantile Situation der oralen Abhängigkeit und des Objektbezugs, die durch einen Triebwunsch gestört wird. Die damit verbundene Angst wird durch die sog. freudschen Abwehrmechanismen zu unterdrücken versucht, was auch gelingt, aber im Schuldgefühl endet.

Drewermann erklärt den freudschen Gang von der Angst zum Schuldgefühl am Verhalten der Eva in Gen 3. Die Angst mit ihren Ausformungen wie Misstrauen oder Sorge muss phylogenetisch von dem Menschen als zugehörig akzeptiert werden wie auch seine anderen Triebe. Die Paläoanthropologie spricht hierbei von Urängsten, die sich ihrem Kern nach um das Verlassen- und Reduziertwerden drehen und in der psa. Neurosenlehre wiederfinden. Auch in ihnen liegt eine Entsprechung zu den Strafen in Gen 3 vor. Die Urängste hängen alle eng zusammen und lassen sich letztlich an den Gefühlen von Schuld und Minderwertigkeit festmachen, die Menschen zu oft kulturfördernden, aber dennoch destruktiven Kompensationshandlungen treiben.

Zur philosophischen Interpretation: Der freudsche Pessimismus eines festgelegten Menschen ignoriert die Fragen von Freiheit, Verantwortung und Schuld des Menschen, die die Philosophie behandelt. Der Mensch muss nicht ein ausweglos gehetztes Tier bleiben. Die Angst ist beim Menschen auch Folge seiner Freiheit. Das Problem ihrer Bewältigung behandelte S. Kierkegaard exzellent, indem er das Verhältnis des Menschen zu sich selbst in seiner Stellung vor Gott reflektierte. In dieser Stellung ist es Bestimmung des Menschen, die Synthese zwischen den ihn umgrenzenden vier Polen der Freiheit, Endlichkeit, Unendlichkeit, Notwendigkeit und Möglichkeit zu finden. Kierkegaard durchlebte persönlich und entdeckte, dass der nicht durch Gott in sich selbst beruhigte Mensch angstgetrieben sein Selbst verlassen oder es extrem verwirklichen will (»man selbst / nicht man selbst sein wollen«), was dem Streben zu den genannten Polen entspricht und misslingen muss, also »verzweifelt« ist. Kierkegaard definierte daraus vier Formen der Verzweiflung. Erst wenn das Selbst unter der durchgreifend akzeptierenden Gnade Gottes Beruhigung findet, wird die Verzweiflung eines vollkommen falsch gepolten Lebens aus der Rückschau als »Sünde« erkannt. Drewermann erinnert daran, dass die Gnade Gottes Werk ist, aber auch durch Menschen wirkt. Genial erkannte Drewermann die Entsprechung der Kierkegaardschen Verzweiflungsformen und der vier psa. Neuroseformen (Depression, Schizoidie, Hysterie und Zwangsneurose). An der Beschreibung neurotischer Charaktere verdeutlicht er, wie in jedem derart verzweifelten Leben der Schrei nach Gott steckt. Er stützt sich auf die augustinische und lutherische Tradition, wonach allein die glaubende Erfahrung der vorausgehenden Gottesliebe – entsprechend den Erkenntnissen Kierkegaards – den Menschen ausgleichen und zum Guten verändern kann und macht damit Hoffnung auf Heilung und Frieden. Systematisch verwendet Drewermann außer beim Bezug auf Kierkegaard keine geprägten Begriffe, doch lässt sich seine Lehre anhand ihrer Aussagen gut systematisieren:

- Im Blick auf das Wesen der Sünde v.a. von ihrer Überwindung her fußt er auf der ***augustinisch-lutherischen Gnadenlehre***, die er in der Frage nach den Motiven der Sünde ergänzt um die Psa. ***Jungs*** (Notwendigkeit der Individuation als Ganzwerdung) und ***Freuds*** (Triebgeschehen, Angst- und Schuldgefühl) sowie durch die Exphil. ***Kierkegaards (Angst)***.[228]
- Phänomenologisch beschreibt er Sünde nach ***Kierkegaard*** als ***Verzweiflung***.[229]

Drewermanns Kennzeichen ist am augenfälligsten in der kaum fassbaren Fülle verwendeten Materials, das ich für meine Arbeit auf das Wichtigste reduzieren musste – die »Strukturen des Bösen« umgreifen 1.600 (!) Buchseiten. Hervorzuheben ist, dass seine Schilderungen aus der praktischen Erfahrung mit Menschen stammen.

Leider beinhalten die »Strukturen des Bösen« keine Fallbeispiele aus der Psychotherapie, sondern nur ihre Erkenntnisse, so dass ich zur besseren Veranschaulichung zu anderen Schriften griff. Wie Tillich betreibt Drewermann in seiner Sündenlehre, ohne es so zu nennen, Entsprechungsdenken und bewirkt Korrelationen, wenn er fühlend mit den Worten des Analytikers, Seelsorgers oder einfach eines Anteilnehmenden existenzielle Situationen vor der Antwort des Glaubens ausbreitet. In seine selbst so gewollten *Nachzeichnungen* wird man hineingenommen, so dass Situationen nicht nur im Begriffsvokabular hingestellt werden, sondern einsehbar werden können. In seiner »Korrelation des Mitfühlens« fügt sich Drewermann

---

228 Vgl. S. 81 oben; vgl. 362.

229 Ganz einstimmen kann er auch in die Beschreibungen Sartres, insbesondere in den Begriff der Obszönität in erweiterter Bedeutung.

in die Sprache der Bibel ein, die wenig Eindeutiges über Sünde sagt, sondern sie und die Überwinderkraft Gottes *vorführt*, so z. B. in meinem früher genannten Beispiel des Hohepriesters oder in den Evangelien an Jesus, der verlorenen Existenzen Halt durch seine Gemeinschaft gibt.[230]

Im Gegensatz zu Tillich, der die zwei Pole Theologie und Philosophie einsetzt, holt Drewermann aus dem immensen Fundus seiner Kenntnisse und Erfahrungen unentwegt »Scheinwerfer« hervor, ob es nun – wie von mir unmöglich erwähnbar – neben Mythen und Märchen romantische Schriftsteller, antike Philosophen, die Archäologie oder Naturwissenschaften sind, um die immer wieder gleichen Zustände unseres Seins vor den Antworten des Glaubens in neuen Farben anzustrahlen (den 1.600 Textseiten folgen über 60 Seiten Literaturangaben). Dieser *»Beleuchtungswechsel«* von Szenen und die durch Nachzeichnungen gegebene Möglichkeit, ihrem Verlauf zu folgen, sind die Hauptmerkmale seiner Denk- und Darstellungsweise.

Beurteilung: Drewermann betreibt den »Beleuchtungswechsel« von erlebbaren Szenen meisterhaft. In meinen Augen führt er das beschriebene Entsprechungsdenken zu einer besonderen Evidenz des christlichen Glaubens gegenüber unseren Daseinssituationen, denn:

- Mit der Vielfalt der »Scheinwerferausrüstung« erhöht sich die Wahrscheinlichkeit, dass Adressaten beleuchtete Situationen unter der Antwort Gottes verstehen.
- Durch die Möglichkeit, in Empfinden und Leben von Menschen einzustimmen, werden diese zu Gleichzeitigen.
- Im vielfältig wiederholten Beleuchten und Verstehbarmachen von existenziellen Situationen kann dann »einleuchten«, dass diese nur *eine einzige* sind (die Tillich »Entfremdung« nannte, aber formal zu hoch ansetzte), so dass letztlich klar werden kann, wie die *eine* Kernantwort des Glaubens, bestehend in der Versöhnung Gottes, tatsächlich immer gilt und daher als »evident« zu bezeichnen ist.

Jedoch ist Drewermanns Überhäufung mit Beispielen höchst umstritten. Aus reicher Kritik ermittelte ich für die Beurteilung der Sündenlehre wichtige Punkte:

---

230 2.2, S. 38 Mitte; z. B. Mk 2, 15–17 par.; Lk 19, 5; v. a. im Abendmahl Mt 26, 26–29 par.

Gegenstand der Kritik	Inhalt der Kritik	Bewertung der Kritik
Allgemein-methodische Kritik zur tiefenpsychologischen Exegese (Die nebenstehenden Punkte kritisieren Drewermanns 1.200-seitiges Grundlagenwerk »Tiefenpsychologie und Exegese« von 1984.)	G. Lohfink / R. Pesch, ev. atl. Exegeten: a) Einzelheiten der Exegese, z. B. Vernachlässigungen in der Formkritik; Willkür der Literaturauswahl zugunsten gewollter Beispiele[231]	Spezialisten sehen immer Fehler. Drewermanns Fachgebiete übergreifendes Vorgehen finde ich prinzipiell gut. Was hier »Willkür« ist, dient dort der Zusammenschau vieler Ebenen – ein für mich an dieser Stelle nicht lösbares Grundsatzproblem.
	b) Drewermann löst das biblische Geschichtshandeln Gottes, den christlichen Bezug auf die Schrift und überhaupt das spezifisch Christliche auf; seine Hermeneutik »hat einen riesigen Magen und verschlingt alle Texte, die ihr in den Weg kommen, seien es Märchen oder Geschichtswerke …«. Religiöse Inhalte können ihm zufolge auf psychischem Weg von überall her geholt werden. Die individuelle Jenseitsorientierung erreicht Menschenmassen und ist nicht neu – die moderne Gnosis.[232] c) Drewermann verwendet Exegese nur, um sie letztlich als Zerstörer des Glaubens abzulehnen.[233]	Die Bewertung sprengt den Rahmen meiner Arbeit. In den »SB« werden spezifisch *christliche* Antworten gegeben. Gnosis stützt sich auf Erkenntnis, Drewermann vertritt den »Glauben«. Die »SB« verwenden multikulturelles Material illustrierend, während es in »Tiefenpsychologie und Exegese« aus apologetischen Gründen und in anderen Werken umgekehrt ist. Festzuhalten bleibt für meine Abschlussdiskussion: *Drewermann hat sich insgesamt (im Laufe der Jahre zunehmend) von der offiziellen christlichen Tradition entfernt.*

231 Vgl. Lohfink / Pesch: Tiefenpsychologie keine Exegese, 16 f.

232 Lohfink / Pesch: Tiefenpsychologie keine Exegese, 33–36; »Textverschlingung« 101 f.; Gnosis: Erlösungsreligion des 2. Jh. nach Chr., weiterhin im Gegensatz zu Drewermann welt- und leibfeindlich, die die Verbindung zum göttlichen Geist auf Wegen der Erkenntnis lehrte; d. Verf.

233 Lohfink / Pesch: Tiefenpsychologie keine Exegese, 11–13.

Gegenstand der Kritik	Inhalt der Kritik	Bewertung der Kritik
Kritik an den »Strukturen des Bösen« (insoweit sie nicht auf Unvollständigkeit beruht; nebenstehende sowie fast alle Kritiken ertönten nach Erscheinen der Bände I, II)	J. Scharfenberg, ev. Pastoraltheologe: d) Drewermann vernachlässigt die Kulturgeschichte, die die Psyche von Menschen beeinflusst; dabei ist heute nicht überprüfbar, ob es zur Zeit des J den Ödipuskomplex, die Neuroseformen usw. gab, die auch Freud als zeitabhängig ansah.[234]	Drewermann bezieht sich oft auf Exegese[236], wobei eine Quantifizierung hier nicht möglich ist. Mit sachlich gutgemeinter, aber Fachleute verletzender Polemik wendet er sich gegen ihre Einseitigkeit. *Damit schürt er Gegenkritik bis zur Geschmacklosigkeit und die Einseitigkeit beider Parteien ins Extreme.*
	e) Gegen das pausenlose Aneinanderreihen von Beispielen: Unwissenschaftlich ist, wer »die Struktur der Mondscheinsonate mit der einer Schimmelpilzkultur vergleicht …«[235]	Es geht in der Sündenlehre um die Existenz des Menschen schlechthin, die aussagekräftige Beispiele aller Art erschließen helfen können. Trotz evtl. anderer Detailstrukturen wurde auch die Psyche unserer Vorfahren von der existenziellen Angst bestimmt. Recht hat Scharfenberg, doch sind die Mondscheinsonate und eine Schimmelpilzkultur keine existenziellen Zustände – aber sich ihrer Nacktheit schämende und in vielerlei Hinsicht fliehende Menschen sind es.

[234] Vgl. Scharfenberg: Bibel hat doch recht, 301 f.
[235] Scharfenberg: Bibel hat doch recht, 302.
[236] Vgl. 160.

Kritik an der Person Drewermanns (soweit ernstzunehmen, d. h. nicht erkennbar von Neid auf Drewermanns Fähigkeiten und Schaffenskraft bestimmt oder dem Unwillen, Denkgewohnheiten zu ändern)	f) Begabungen, sinnvolle Ergebnisse und Einsatz werden geschätzt, das Fehlen von Erfahrbarkeit in der Kirche eingestanden. Ablehnung von Tradition und Kirche sowie Polemik machen Drewermann zur ambivalenten Person und zum »Nestbeschmutzer«.[237]	Dieses »Dilemma« kann ich gut nachvollziehen. *Die Ambivalenz in Drewermanns Person besteht zwischen seinen gutgemeinten Absichten und der oft inhaltlichen und verbalen Überforderung bis Zumutung für die Mitwelt.*

Auf die Punkte a) und d) der Kritik muss ich genauer eingehen. Die lauten wesentlich, Drewermann würde erstens *hineindeuten statt auslegen,* und zweitens geschehe dies in den »Strukturen des Bösen« mittels *Inhalten der Neuzeit.* Die Bände I und II dürfen jedoch nicht so gelesen werden, als wollte J uns tatsächlich eine Beschreibung von psychischen Mechanismen en détail liefern. Stattdessen sind sie *beispielhaft* zu lesen, nach der Weise »so hätte es gewesen sein können«.

Scharfenberg, der sagt, »ich wollte gern einer der wenigen sein, der dieses große Werk Seite für Seite gelesen hat«[238], *hat offensichtlich den entscheidenden Satz bereits auf der dritten Textseite des Bandes I überlesen, den Aufhänger zum Verständnis des gesamten Opus:* Drewermann will gar *keinen Beweis* liefern, sondern eine *Nachzeichnung*[239], d.h. er will zum Mitgehen einladen und Gespür dafür wecken, wie das dem Menschen Wesenseigene ohne Gottesbezug zum Bösen führt (Alternative »Glauben oder Verzweiflung«). Hierfür galt, aufzuzeigen, welche Wege die Angst nimmt (oder vielleicht: nehmen kann), so dass der Mensch böse wird; *doch er wäre es auch mit anderem psychischem Feingefüge geworden,* weil Angst immer so grundstrukturiert ist, dass sie aus Mangelgefühl etwas für sich selber im Überfluss beschaffen muss, das damit anderen genommen wird. Im Übrigen glaube ich nicht, dass uns die atl. Menschen psychisch weit entfernt sind: Sarai und ihre Magd, die sich gegenseitig demütigten (Gen 16,1–9), Ammon, der seine Leidenschaft nicht bremsen konnte und hinterher nicht damit zurechtkam (2 Sam 13,1–19), – das könnte alles heute sein.

---

[237] Ebd., 302.

[238] Scharfenberg: Bibel hat doch recht, 297.

[239] Drewermann: SB I, XIII: »Der Sinn unserer Untersuchung ist nicht, etwas zu beweisen, sondern auf etwas hinzuweisen.« Vgl. 148; vgl. den Beginn der Zusammenfassung S. 89 unten.

Meine eigene Kritik ist wie bei Tillich formaler Art: Die oben inhaltlich gelobte Stofffülle ist praktisch kaum handhabbar. Mein Rat an Drewermann ist für fast alle seine Bücher, bei unverzichtbaren Beispielen jeweils nicht zu weit auszuholen sowie die Texte übersichtlicher zu gestalten, z. B. mit markanten Einteilungen, in Schriftart abgesetzten Beispielen und Vorworten / Zusammenfassungen im angemessenen Umfang (nicht römisch nummeriert), so dass Leser sie leichter erfassen bzw. selektiv vorgehen können. Vor allem sollte Drewermann seine wichtigen Sätze (s. o.) betonen! Für mich waren die drei Bände mit verschwimmender Kleinschrift im Rahmen der für diese Arbeit insgesamt über 3.000 gelesenen Seiten nicht zuletzt eine große Augenbelastung.

Die Kritik speziell an der Sündenlehre ist damit entschärft. Wertvoll ist an ihr für mich folgendes:[240]

– Der psa. Teil macht das Wesen des Menschen in seinen Begrenzungen klar. Dabei erhellen sich die fraglichen »Motive« des »Sündenfalls«. Wir bekommen in den »SB II« keine evtl. erwartete moralische Interpretation der Begriffe »Angst« oder »Zweifel« und erfahren, was wir schon wussten, nämlich, dass der Mensch das Paradies verlassen muss wie der Embryo den Uterus und allerhand tierisches Gepäck zu tragen hat, weil die Natur es so will. Besonders hier finde ich die Gründlichkeit wertvoll, in der Drewermann mit archetypischen Bildern und Angstanalysen das Konstituiertsein des Menschen so vertieft, dass es plausibler werden und besser akzeptiert werden kann als durch blanke Fakten, wie sie uns die Medien vorsetzen. Es kann damit nicht nur oberflächliches Wissen über die menschliche Situation erworben werden, sondern *Verständnis*. Das ist wiederum im Blick auf die Bedürftigkeit des Menschen *vor Gott* und für unser Handeln in der Nächstenliebe wichtig. Anders ausgedrückt: Dass jeder Mensch nur bedingt Zugriff auf sich selbst hat und bedürftig bleibt (selbst im Fall der allerbesten Eltern), kann heute, wenn es vertiefter als im bekannten Schlagwort Freuds ausgedrückt wird, erkennen lassen, dass der Mensch »Geschöpf« ist.

– Wertvolle Erkenntnisse können ferner die Ergebnisse nach der Jungschen Psa. liefern, weil mit ihr eine Abkehr von Frauendis-

[240] Besonders Wichtiges kursiv gedruckt.

kriminierung nicht nur vollzogen, sondern auch gut begründet werden kann. Überhaupt lässt Jung mit seiner Integration von Persönlichkeitsanteilen, die man immer auch im Mitmenschen findet, keine Basis für jegliches Segmentieren – für mich ein Motor des Unfriedens. Nach meiner Vorstellung muss eine moderne, friedenstaugliche Anthropologie eine integrale sein und dabei auch die Verwandtschaft zur Natur einschließen. Im Blick auf Frauendiskriminierung hat die Theologie m. E. immer noch viel gutzumachen, da die Texte ihrer überheblichen »Musterknaben« weiterhin verwendet werden; abgesehen von Freud, Sartre und all den anderen (»Zu-kurz«-)Denkern findet man die bekannten Vorurteile in fast jeder thematisch passenden Schrift bis vor dem 1. Weltkrieg, natürlich auch bei Kierkegaard oder Gunkel.

– *Äußerst wertvoll finde ich im Anschluss an den psa. Teil die exphil.- theologische Bestimmung der Sünde.* Dass Menschen begrenzt sind und in Schuld verfallen, weiß jeder, doch macht Drewermann anhand der authentischen Diagnosen und Lösungen Kierkegaards treffender als in den vorgenannten Positionen dieser Arbeit klar, dass Sünde eine Angelegenheit *coram dei* ist und nicht der Verkehrspolizei, dass sie aber zugleich nach nichts anderem als dem Gott ruft, der sie nehmen kann. Außerdem wird man durch den dritten Band der »Strukturen des Bösen« nochmals genau über das Wesen des Menschseins und damit über die »Motive« der Sünde informiert, indem man erfährt, dass Angst nicht nur ein Programm der Biologie, sondern beim Menschen auch eine Folge seiner Freiheit ist.

– Dass der Mensch zwischen Regression und Fortschritt nur die Wahl zu letzterem hat, machte Tillich am Bild und an Erklärungen der »träumenden Unschuld« sehr deutlich. Bei Drewermann findet man diese Punkt in der Psa. v. a. Jungs und daneben auch Freuds, in den Verzweiflungsformen Kierkegaards und in den Neurosenbeschreibungen. Drewermann lässt m. E. besonders gut ersehen, wie der oft fatale Fortschritt zu harmonisieren ist. Er weckt im Blick auf Einzelfälle große Hoffnung, indem er erschließt, inwiefern Destruktion die Folge von Zwängen ist. Am Ende lässt er *überhaupt* plausibel werden, dass die Gestaltung des Erdenlebens nur in der Hand Gottes gelingen kann. Umgekehrt wird überdeutlich, wie der Ausdruck »Sünde« darin seine volle Berechtigung hat, dass der Mensch ohne Gott hilflos ist – eine sonst oft inhaltslose »fromme Phrase«. *Das schwierige Verhältnis von Sünde und Kultur wird also verständlich; »Erbsünde« kann als Existenzweise wirklich erkannt werden.*

– Die für manche Leser vielleicht zu abstrakten Äußerungen der Exphil. Kierkegaards finden bei Drewermann, anders als bei Tillich, Füllungen aus der Neurosenlehre – genauer: aus den Beschreibungen von Charakteren, wie sie uns täglich begegnen, sehr nahestehen oder sogar wir selber sind. Ich bezeichnete Drewermann in seiner Zuordnung der psa. Neurose- zu den Kierkegaardschen Verzweiflungsformen als »genial« und meine, dass ihm hierin das Aufschließen unserer Situationen in der Alternative »Glauben oder Verzweiflung« am allermeisten gelungen ist. *Das oft missverständliche Verhältnis von Gott- und Selbstfindung kann hier klar werden.*[241] Auch verhilft Drewermann zu tiefem Verständnis gegenüber den Mitmenschen und zu Hilfestellungen an ihnen, so dass Gottes Gnade im Miteinander lebendig und man einander zum Christus werden kann. Ich möchte im Nachwort genauer darauf eingehen.

Sind damit die Fragestellungen dieser Arbeit beantwortet? Ich meine, ja. *Die aktuelle Relevanz des Glaubensinhalts »Sünde und ihre Überwindung durch Gott«* (vgl. 0.0b, c, S. 3 f.) *zeigt Drewermann durch Evidentmachung der Gnadenbotschaft gegenüber einer höchst durchsichtigen Ausbreitung der Menschheitssituation (nicht nur Tatsachen, sondern warum und inwiefern Scheitern? Warum und inwiefern ist dies ungebremst?). Eine derartige Transparenz fehlt der christlichen Anthropologie, eine vergleichbare Hermeneutik der derzeitigen Theologie.* Drewermann erfüllt sein Versprechen, »Glaube oder Verzweiflung« als Alternativen einsehbar zu machen. Er bietet der heutigen Sündenrede eine tiefe und zugleich hermeneutisch brauchbare Fundierung sowie gegenüber Tillich eine erfahrungsbezogene Verstehbarkeit.

Die obige Kritik an Drewermann auch über die Sündenlehre hinaus zielt auf folgendes menschliches Problem: Wie kann eine Lehre angenommen werden, wenn der Graben zwischen ihrem Autor und

---

241 Vgl. S. 57 unten, S. 58 oben.

der Fachwelt unüberwindlich geworden ist? Mein Eindruck während langjähriger Auseinandersetzung mit dem Problem ergab, dass die Einseitigkeit beider Parteien v. a. darin liegt, dass man gegenseitig permanent von Einseitigkeit beim Anderen ausgeht. Man kann Drewermann *so* oder *so* verstehen, als leidenschaftlichen Anwalt des Christentums oder als Vertreter des All-Eins-Glaubens. Man kann aber auch Theologie und Kirche als staubtrockene Instanzen ansehen oder als Orte, die Genuines zum Heil von Menschen beitragen.

Wohin man tendiert, hängt stark von persönlichen Voraussetzungen ab. Ich meine, beide Seiten zu verstehen, nachdem beispielsweise mir selber die Drewermann-Lektüre vor Jahren seelsorgerlich sehr half, ich aber auch der christlichen Tradition Immenses zu verdanken habe. Trotz des mittlerweile festgefrorenen Verhältnisses habe ich noch Hoffnung, dass beide Seiten voneinander lernen können; doch eine Annäherung würde nicht mehr von Drewermann ausgehen, der in seinem Werdegang schwer zu leiden hatte, und müsste von der evangelischen Kirche gewagt werden.[242] Mit meiner Arbeit dürfte das bekannte Faktum offensichtlich geworden sein, dass eine Lehre, die die Erziehbarkeit des Menschen in der erdenklichsten Gründlichkeit weg-argumentiert und den Begriff »Sünde« am liebsten vermeidet[243], von der katholischen Konfession nur verketzert werden kann.

Ein letzter, praktischer Aspekt ist, dass die Sündenlehre Drewermanns zwecks Propagierung natürlich stark gekürzt werden müsste, ohne dass die innere Logik leiden dürfte.

Inhaltlich komme ich nun zum Ergebnis, *dass ich Drewermanns Sündenlehre nicht nur als Chance einer modernen Anthropologie ansehe, sondern als Notwendigkeit.* Ich schrieb diese Arbeit nicht als Anhängerin Drewermanns (kenne ihn auch nicht persönlich), sondern um eine mir sinnvoll erscheinende Lehre zu beurteilen, und zwar um der Menschen willen, die eine neue Hamartiologie suchen.

---

242 Das gilt umso mehr, als ich den Eindruck habe, es werden schon stillschweigend Erkenntnisse Drewermanns übernommen. Sollte dies auf Härle, s. 1.0.0.0, S. 9 Mitte, zutreffen? Es wäre unseriös.

243 Vgl. 358.

GESAMTERGEBNIS DER ARBEIT:

Der heutigen Hamartiologie fehlt eine verstehbare Fundierung, dem Beitrag Tillichs eine allgemeine Verstehbarkeit. *Drewermanns Lehre ist für eine moderne theologische Anthropologie nicht nur Chance, sondern Notwendigkeit.* Sie ist Notwendigkeit aufgrund ihrer anthropologischen Transparenz und hermeneutischen Kraft. Zu ihrer Verbreitung müssen menschliche und praktische Probleme (fachliche Isolation des Autors, Umfang der Lehre) überwunden werden.

Was ist es also, das den Menschen im Paradies misstrauisch macht? Drewermann lässt erkennen, es ist kein unverständliches Schöpferwalten Gottes, kein moralisches Prinzip und überhaupt kein schlagwortartiger Begriff. Es ist: Der Mensch, wie er seinem Wesen nach ist; aber es braucht die Gründlichkeit Drewermanns, das Sein durchsichtig zu machen. *Der Mensch, wie er ist, ist der Mensch in seiner gewaltigen Aussicht, mit den voll entwickelten Anlagen seines Bewusstseins, Fühlens, Denkens und Könnens und der gleichzeitigen Zerbrechlichkeit, Fraglichkeit und Ungesichertheit seiner Existenz in der Schöpferhand seines Gottes Geborgenheit zu finden.*

4. Zusammenfassung der Arbeit

Ausgangspunkt dieser Arbeit ist die Suche nach einer Hamartiologie in einer säkularen Gesellschaft, die sich nicht als »sündig« versteht, aber ohne die Sündenrede ein verkürztes Menschenbild besitzt. Es sollte untersucht werden, ob die Sündenlehre Eugen Drewermanns – im Vergleich zum gegenwärtig theologischen Stand und zu der im 20. Jh. hervorgetretenen Lehre Paul Tillichs – eine Chance für eine moderne, d.h. zeitnahe theologische Anthropologie ist. Die Arbeit sollte hermeneutisch intendiert sein.

Die gegenwärtigen evangelischen und katholischen Theologen haben das Problem erkannt und versuchen, durch Lebensbezüge Verstehbarkeit des an sich zutreffenden Menschheitssymbols »Sünde« (insbesondere als »Erbsünde«) herzustellen. Es mangelt jedoch noch an einer hermeneutische Fundierung, die v.a. die Motive der Sünde erschließt und ebenfalls aus dem Bereich des Erfahrbaren stammen müsste. Paul Tillich erklärt in seinem Hauptwerk »Systematische Theologie« zunächst die Notwendigkeit, die Exphil. zur Konkretisierung theologischer Inhalte im Wege einer »Korrelation« einzusetzen. Er stellt dann eine gelungene Korrelation zwischen Theologie und Philosophie in Bezug auf Wesen und Phänomenalität der Sünde her, indem er Sünde als Entfremdung definiert und beschreibt. Seine Lehre ist jedoch formal abstrakt und daher für ein breite Adressatenschaft unverständlich.

Eugen Drewermann untersucht Phänomen, Herkunft und Bewältigung der Sünde mehrschichtig in seinem dreibändigen Opus »Strukturen des Bösen«. Er will dabei die in Gen 2 und 3 liegende Alternative »Glauben oder Verzweiflung« nicht beweisen, sondern durch nachzeichnende Deutungen verstehbar machen. Im ersten Band bedient er sich einer Exegese, die psychologisches Gespür einbezieht. Hauptergebnisse sind, dass die Bewertung der Daseinsphänomene am menschlichen Selbstgefühl und dieses an der Gottesgeborgenheit oder -ferne liegt, weiter, dass der Motor von Gottesflucht und ungebremster Destruktion die Angst ist. Im zweiten, psa. Band wird neben der Deutung des Sündenfalls als Individuationssymbol (nach C. G. Jung) vor Augen geführt, wie Angst und Negativgefühle, maßgeblich Minderwertigkeits- und Schuldgefühl, in ihren Wechselwirkungen und der Erzwingung von Destruktion eine ungebremste Dynamik entfalten (nach der Neurosenlehre S. Freuds). Der dritte, philosophische Band soll die Frage beantworten, wie der Mensch mit seiner Angst, eine philosophisch Folge seiner Freiheit, umgeht. Die Exphil. Kierkegaards erschließt, wie angstgeleitetes Dasein als »Verzweiflung« gesehen werden muss, die allein durch die Gnade Gottes beruhigt werden kann. Drewermann kombiniert Kierkegaards Einsichten genial mit der Neurosenlehre und veranschaulicht die Dimension des Glaubens an Erfahrungen aus der Psychotherapie.

Die Beurteilung Drewermanns ergab, dass er durch inhaltliche Vielfalt einander entsprechender Beispielsituationen (von mir »Beleuchtungswechsel« genannt) und miterlebbarer Szenen (gemäß seiner Absicht des »Nachzeichnens«) die aufgestellte Alternative »Glauben oder Verzweiflung« einsehbar macht und der christlichen Botschaft in unseren Daseinssituationen eine außerordentliche Evidenz verschafft. Im einzelnen kann Drewermanns Lehre u. a. »Sünde« als religiösen Begriff verstehbar machen, und insbesondere als »Erbsünde« kann in ihr ein existenzielles Symbol gesehen sowie dessen Verhältnis zur Kultur und individueller Lebensgestaltung gefunden werden. Die fraglichen »Motive« der Sünde erweisen sich als Konstituenten des Menschseins schlechthin, das nach der Geborgenheit in Gott sucht.

Da eine derartige Transparentmachung und wirksame Hermeneutik der modernen theologischen Anthropologie fehlen, ist Drewermanns Sündenlehre – so das Ergebnis dieser Arbeit – nicht nur Chance, sondern Notwendigkeit. Drewermanns Theologie insgesamt und seine Person werden in der Fachwelt umstritten bzw. ambivalent bewertet, weil Drewermann sich fachlich über die offizielle christliche Tradition hinausbewegt hat und sich im Diskurs so gesehen unkommunikativ verhielt. Kommunikationsprobleme auf beiden Seiten schürten bisher Einseitigkeiten der Parteien. Sollte die notwendige Sündenlehre propagiert werden, müssten sie sich annähern. Der Schritt wäre von der evangelischen Theologie aus zu wagen.

Nachwort: »Überwinde das Böse mit Gutem.« Was kann uns Drewermann praktisch bieten? Eine Drewermann entnommene Haltung auf dem dornigen Weg zum Frieden

Der obige Vers aus Röm 12,21 war früher für mich rätselhaft, weil ich merkte, wie ich mit übereifrigem Bestreben zum Streitschlichten oder »Verbessern« schwieriger Menschen erst recht Scherben anrichtete. Von Drewermann habe ich dann gelernt, dass es beim Überwinden des Bösen nur um eines gehen kann: *Menschen die Angst zu nehmen – in jeder Situation und Hinsicht.*

Scharfenberg, der in der Kritik an Drewermann zu Wort kam, meint, man könne Sünde nicht mit Neurosen gleichsetzen, weil gilt, dass zwar alle Menschen sündig, aber nicht alle neurotisch sind.[1] Das ist richtig, wenn man »Neurose« nach engem Verständnis als Waschzwang oder Essstörung definiert, aber nicht, wenn man sie als Lebensausrichtung innerhalb der vier Kierkegaardschen Koordinaten ansiedelt. So gesehen kann man bei *allen* Menschen Formen der Verzweiflung bemerken, und man wird nach und nach sensibler dafür.

Wohl jeder kennt solche Erlebnisse auch an sich selbst: Menschen geben sich im Gegenüber unsicher, verkrampft oder exaltiert. Allein die veräußerlichten Maßstäbe der Gesellschaft nähren bei innerlich unsicheren Menschen allzu leicht Schuldgefühle. Man stelle sich daher auf »Angst-Nehmen« ein, verhalte sich so offen wie möglich und lächle die Kontaktperson an passender Stelle kurz, natürlich und unaufdringlich an, um zu zeigen: Ich mag dich, wie du bist; ich will dir nichts Böses. Für Menschen, die nur Selbstzweifel kennen, wirkt das Wunder. Meist ist es sofort sichtbar.

Es gibt unzählige solcher Konflikte unter Menschen und nicht immer mustergültige Lösungstechniken. Doch ich habe gemerkt, mit der Grundhaltung, Menschen die Angst zu nehmen, bekommt man Gespür und Ideen. Drewermann hat Recht, dass die massiven Zwangsneurotiker am schwierigsten heilbar sind.

Egal, wie man sich auf sie einstellt – selbst im Lob sehen sie

---

[1] Vgl. Scharfenberg: Bibel hat doch recht, 297.

einen Schlich, der sie herunterdrücken soll. Ich erzählte einmal einem Zwangsneurotiker ganz freimütig von einer meiner Schwächen. Da in seinem Lebensmuster nur Übermenschen galten, empfand er das als Beleidigung und mich als falschen Umgang für ihn. Das größte Problem ist, dass man unter den ständigen Demütigungen eines echten Zwangsneurotikers selbst aggressiv oder depressiv wird. Ich konnte aber in jahrelanger Kontaktpflege zu zwangsneurotisch Veranlagten die Erfahrung machen, dass diese Menschen Vertrauen entwickeln zu der Akzeptanz, die man ihnen erweist, und selbst ihre Seelen ein Stück freier werden. Solche Menschen brauchen den dauerhaften Kontakt. Drewermann schreibt in seinen Anti-Kriegs-Büchern, auch im Kontakt mit militanten Völkern oder Terroristen dürfe nur der Grundsatz des Angst-Nehmens gelten. Man sollte diesen Gedanken den Institutionen und Beteiligten erklären. Von Drewermann lernen wir, dass es sich dabei nicht um einen Psychotrick handelt, sondern dass wir, wenn wir versuchen die Angst zu nehmen, im Auftrag Gottes handeln, der sie wirklich nehmen kann.

Menschen die Angst nehmen – das stellt dem Bösen die stärkere Kraft Gottes entgegen und durchbricht die Macht der Sünde. Das ist die Botschaft Drewermanns, die ich hier vermittle und die die christlichen Kirchen umsetzen sollten.

(Christusskulptur in Nürnberg, Hans-Sachs-Gasse 12). Menschen die Angst nehmen, ihnen Freiheit schenken – so kann Christus wahr werden, so kann die Macht der Sünde durchbrochen werden, so kann Friede werden. Die großen Hände dieser Statue zeigen: Es soll in die Tat umgesetzt werden.

Personenregister

Sachregister

Literaturverzeichnis

Quellenschriften

Artikel christlicher Lehre, so da hätten sollen aufs Concilium zu Mantua … Anno 1537 (Die Schmalkaldischen Artikel), in: Die Bekenntnisschriften der evangelisch-lutherischen Kirche, hg. v. Deutschen Evangelischen Kirchenausschuss der EKD, Göttingen [12]1998.

Augustinus, Aurelius: Confessiones, in: CChSL XXVII. Sancti Augustini Opera, Turnhout (Belgium) 1990.

Augustinus, Aurelius: De Correptione et Gratia liber unus, in: MPL XLIV, Paris 1865.

Augustinus, Aurelius: De Gratia Christi et de Peccato Originali libri duo, in: MPL XLIV, Paris 1865.

Augustinus, Aurelius: De Gratia et Libero Arbitrio liber unus, in: MPL XLIV, Paris 1865.

Augustinus, Aurelius: De Natura et Gratia liber unus, in: MPL XLIV, Paris 1865.

Augustinus, Aurelius: Sermones de Scripturis, in: MPL XXXVIII, Paris 1841.

Bilz, Rudolf: Paläoanthropologie. Der neue Mensch in der Sicht einer Verhaltensforschung I, daraus: Das Syndrom unserer Daseins-Angst (Existenz-Angst). Erörterungen über die Misère unseres In-der-Welt- Seins, Frankfurt 1971.

Buber, Martin: Bilder von Gut und Böse, in: Werke in 3 Bänden III. Schriften zum Chassidismus, München / Heidelberg 1963.

Buber, Martin: Die chassidische Botschaft, in: Werke in 3 Bänden III. Schriften zum Chassidismus, München / Heidelberg 1963.

Buber, Martin: Schriften zur Philosophie, in: Werke in 3 Bänden I, München / Heidelberg 1962.

Die Augsburgische Konfession. Confessio oder Bekanntnus des Glaubens etlicher Fürsten und Städte uberantwort Kaiserlicher Majestat zu Augsburg Anno 1530, in: Die Bekenntnisschriften der evangelischlutherischen Kirche, hg. v. Deutschen Evangelischen Kirchenausschuss der EKD, Göttingen [12]1998.

Drewermann, Eugen: Strukturen des Bösen I. Die jahwistische Urgeschichte in exegetischer Sicht; II. Die jahwistische Urgeschichte in philosophischer Sicht; III. Die jahwistische Urgeschichte in psychoanalytischer Sicht, Sonderausg. Paderborn 1988.

Erikson, Erik H.: Kindheit und Gesellschaft, Stuttgart (überarb. u. erw.) [2]1965.

Freud, Anna: Das Ich und die Abwehrmechanismen (1936), Fischer Tb. [4]2001, Frankfurt 1984.

Freud, Sigmund: Das Unbehagen in der Kultur, in: Gesammelte Werke XIV (1925–1931), Frankfurt 1948.

Freud, Sigmund: Die Traumdeutung, in: Gesammelte Werke II / III (1900–1901), Frankfurt 1942.

Freud, Sigmund: Vorlesungen zur Einführung in die Psychoanalyse, in: Gesammelte Werke XI (1917), Frankfurt 1944.

Gunkel, Hermann: Genesis, Göttingen [8]1969.

Jung, Carl Gustav: Analytische Psychologie und Erziehung (1926), in: Gesammelte Werke XII. Über die Entwicklung der Persönlichkeit, Olten / Freiburg 1972.

Jung, Carl Gustav: Antwort auf Hiob (1952), dtv 35171, München 2001.

Jung, Carl Gustav: Archetypen (1935), dtv 35175, München 2001.

Kierkegaard, Søren: Der Begriff Angst. Eine einfache psychologisch hinweisende Erklärung in Bezug auf das dogmatische Problem der Erbsünde von Vigilius Haufniensis. Reclam 8792, Stuttgart 2003.

Kierkegaard, Søren: Die Krankheit zum Tode, EVA Tb. 24, Frankfurt [3]1996.

Luther, Martin: De libertate Christiana / Von der Freiheit eines Christenmenschen (1520), in: Delius, Hans-Ulrich (Hg.): Martin Luther. Studienausgabe II, Berlin 1982.

Luther, Martin: Der Prophet Jona ausgelegt (1526), in: Hermann Böhlaus Nachf. (Hg.): D. Martin Luthers Werke. Kritische Gesamtausgabe XIX, Weimar 1897.

Luther, Martin: De servo arbitrio (1525), in: Hermann Böhlaus Nachf. (Hg.): D. Martin Luthers Werke. Kritische Gesamtausgabe XVIII, Weimar 1908.

Luther, Martin: Tischrede, in: Hermann Böhlaus Nachf. (Hg.): D. Martin Luthers Werke. Kritische Gesamtausgabe. Tischreden I 1532–46, Weimar 1912.

Luther, Martin: Vorlesung über den Römerbrief (1515/16), in: Hermann Böhlaus Nachf. (Hg.): D. Martin Luthers Werke. Kritische Gesamtausgabe LVI, Weimar 1938.

Rad, Gerhard von: Das erste Buch Mose. Genesis, in: Kaiser, Otto / Perlitt, Lothar (Hg.): ATD II – IV, Göttingen [9]1972.

Sartre: Jean-Paul: Das Sein und das Nichts. Versuch einer phänomenologischen Ontologie (1943), Reinbek 1962.

Steck, Odil Hannes: Die Paradieserzählung. Eine Auslegung von Genesis 2,4b–3,24, in: Gollwitzer, Helmut / Hahn, Ferdinand / Kraus, Hans- Joachim (Hg.): Biblische Studien 60, Neukirchen 1970.

Szondi, Leopold: Triebpathologie I. Elemente der exakten Triebpsychologie und Triebpsychiatrie, Bern 1952.

Tillich, Paul: Systematische Theologie I / 1. Vernunft und Offenbarung; I / 2. Sein und Gott; II / 3. Die Existenz und der Christus, Stuttgart [8]1984.

Westermann, Claus: Genesis 1–11, in: Herrmann, Siegfried / Wolff, Hans Walter (Hg.): Biblischer Kommentar AT I / 1, Neukirchen 1966–1974.

Übrige Literatur

Axt-Piscalar, Christine: Sünde VII. Reformation und Neuzeit, in: TRE XXXII, Berlin / New York 2001, S. 400–402, 404–406, 408–413, 417 f., 428–430.
Beatrice, Pier-Franco: Sünde V. Alte Kirche, in: TRE XXXII, Berlin / New York 2001, S. 392 f.
Drecoll, Volker Henning: Gratia, in: AL III, Sonderdruck Basel 2004, Sp. 226, 235.
Drecoll, Volker Henning: Gratia et libero arbitrio, in: AL III, Sonderdruck Basel 2004, Sp. 253–255, 258 f.
Drewermann, Eugen: Das Markusevangelium. Bilder von Erlösung I. Mk 1,1 bis 9,13; II. Mk 9,14 bis 16,20, Olten / Freiburg i. B. 71991.
Drewermann, Eugen: Dein Name ist wie der Geschmack des Lebens. Tiefenpsychologische Deutung der Kindheitsgeschichte Jesu nach dem Markusevangelium, Herder Spektrum Bd. 4113, Freiburg i. B. 31986.
Drewermann, Eugen: Der sechste Tag. Die Herkunft des Menschen und die Frage nach Gott, in: Glauben in Freiheit III / 1. Religion und Naturwissenschaft, Düsseldorf / Zürich 21998.
Drewermann, Eugen: Ein Mensch braucht mehr als nur Moral. Über Tugenden und Laster, Düsseldorf / Zürich 2001.
Drewermann, Eugen: Glauben in Freiheit oder Tiefenpsychologie und Dogmatik I. Dogma, Angst und Symbolismus. Solothurn / Düsseldorf 21993.
Drewermann, Eugen: Jesus von Nazareth. Befreiung zum Frieden, in: Glauben in Freiheit II, Düsseldorf / Zürich 51998.
Drewermann, Eugen: Krieg ist Krankheit, keine Lösung. Eine neue Basis für den Frieden. Im Gespräch mit Jürgen Hoeren, Freiburg / Basel / Wien 2002.
Drewermann, Eugen: Lieb Schwesterlein, laß mich herein. Grimms Märchen tiefenpsychologisch gedeutet, dtv 35050, München 1992.
Drewermann, Eugen: Psychoanalyse und Moraltheologie II. Wege und Umwege der Liebe. Mainz 81991.
Drewermann, Eugen: Psychoanalyse und Moraltheologie III. An den Grenzen des Lebens. Main 51992.
Drewermann, Eugen: Tiefenpsychologie und Exegese I. Traum, Mythos, Märchen, Sage und Legende, Olten / Freiburg i. B. 31992.
Drewermann, Eugen: Wort des Heils Wort der Heilung. Von der befreienden Kraft des Glaubens. Gespräche und Interviews. Herausgegeben von Bernd Marz I, Düsseldorf 61991.
Eichler, Uta: Nachwort, in: Kierkegaard, Søren: Der Begriff Angst. Eine einfache psychologisch hinweisende Erklärung in Bezug auf das dogmatische Problem der Erbsünde von Vigilius Haufniensis. Reclam 8792, Stuttgart 2003.
Evangelischer Erwachsenen Katechismus. Glauben, erkennen, leben, im Auftrag der Vereinigten Evangelisch-Lutherischen Kirche Deutschlands VELKD hg. von den Geschäftsführern der Katechismuskommission der VELKD Manfred Kießig u. a., 7., aktualis. Aufl g. Gütersloh 2001.
Gräb, Wilhelm: Sünde VIII. Praktisch-Theologisch, in: TRE XXXI, Berlin / New York 2001, S. 436–441.

Grund, Alexandra: Sünde / Schuld und Vergebung IV. Altes Testament, in: RGG VII, Tübingen [4]2004, Sp. 1874.

Häring, Hermann: Sünde und Schuld, in: Wörterbuch des Christentums, Zürich 1988, S. 1208.

Härle, Wilfried: Dogmatik, Berlin / New York [2]2000.

Härle, Wilfried: Tillich, Paul (1886–1965) in: Theologenlexikon. Von den 113 Kirchenvätern bis zur Gegenwart, BsR 321, München [2]1994, S. 275–277.

Hauck, Friedrich / Schwinge Gerhard: Religiöser Sozialismus, in: Theologisches Fach- und Fremdwörterbuch, Göttingen [9](bearb.) 2002, S. 171.

Hauschildt, Wolf-Dieter: Lehrbuch der Kirchen- und Dogmengeschichte I. Alte Kirche und Mittelalter, Gütersloh [2]2000.

Holze, Heinrich: Sünde / Schuld und Vergebung VI. Kirchengeschichtlich und dogmengeschichtlich, in: RGG VII, Tübingen [4]2004, Sp. 1881, 1884 f.

Johannes Paul II., Papst: Weltkatechismus von 1992, in: www.kirchenweb.at, 13.2.2005. Katechismus der Katholischen Kirche, verfasst im Anschluss an das Zweite Vatikanische Konzil 1962–1965, fertiggestellt unter Papst Johannes Paul II. 1992, deutsche Taschenbuchausgabe R. Oldenbourg Verlag München 1993.

Krötke, Wolf: Sünde / Schuld und Vergebung VII. Dogmatisch, in: RGG VII, Tübingen [4]2004, Sp. 1887–1889.

Kuptz-Kimpel, Annette: Libido, in: Wörterbuch der Analytischen Psychologie, Düsseldorf / Zürich 2003, S. 255 f.

Lehmann, Karl, Bischof: Was für ein Konsens wurde erreicht? Zur Struktur der Übereinkunft der Gemeinsamen Erklärung zur Rechtfertigungslehre, in: www.kath.de/bistum/mainz/bischof/Lehmann, 14.2.2005.

Lohfink, Gerhard / Pesch, Rudolf: Tiefenpsychologie und keine Exegese. Eine Auseinandersetzung mit Eugen Drewermann, in: Merklein, Helmut / Zenger, Erich: Stuttgarter Bibelstudien CIXXX, Stuttgart 1987.

Metzner, Rainer: Sünde / Schuld und Vergebung V. Neues Testament, in: RGG VII, Tübingen [4]2004, Sp. 1877.

Moltmann-Wendel, Elisabeth: Das Land, wo Milch und Honig fließt. Perspektiven einer feministischen Theologie, GTB 486, Gütersloh 1995.

Müller, Anette: Ich, in: Wörterbuch der Analytischen Psychologie, Düsseldorf / Zürich 2003, S. 183.

Müller, Anette: Kastration / Kastrationshysterie, in: Wörterbuch der Analytischen Psychologie, Düsseldorf / Zürich 2003, S. 216 f.

Müller, Gerhard Ludwig: Katholische Dogmatik. Für Studium und Praxis der Theologie, Freiburg / Basel / Wien [6]2004.

Nicol, Martin: Grundwissen Praktische Theologie. Ein Arbeitsbuch, Stuttgart / Berlin / Köln 2000.

Nicol, Martin: Meditation bei Luther, Göttingen [2]1991.

Obleser, Horst: Es, in: Wörterbuch der Analytischen Psychologie, Düsseldorf / Zürich 2003, S. 110 f.

Obleser, Horst: Über-Ich, in: Wörterbuch der Analytischen Psychologie, Düsseldorf / Zürich 2003, S. 434 f.

Pascal, Blaise: Gedanken (Pensées) I, Jena / Leipzig 1905.

Pius XXII., Papst: Enzyklika »Humani generis«, in: www.intratext.com/IXT/ DEU 0275/-P1.HTM, 13.02.2005.
Richter, Liselotte: Zum Verständnis des Werkes, in: Kierkegaard, Søren: Die Krankheit zum Tode, EVA Tb. 24, Frankfurt ³1996.
Ringleben, Joachim: Kierkegaard, Søren (1813–1855), in: Theologenlexikon. Von den Kirchenvätern bis zur Gegenwart, BsR 321, 114 München ²1994, S. 163 f.
Rister, Rüdiger R., MCR Media: Drewermann. Pazifist – Theologe – Therapeut, in: www.drewermann.linfs.org/biographie, 22.02.2005.
Saarinen, Risto: Erbsünde I. Zum Begriff, in: RGG II, Tübingen ⁴2004, Sp. 1394.
Scharfenberg, Joachim: … und die Bibel hat doch recht – diesmal psychologisch? Zu Eugen Drewermanns Konzept der Sünde als »Neurose vor Gott«, in: Wege zum Menschen. Monatsschrift für Arzt und Seelsorger, Erzieher, Psychologen und soziale Berufe, 31. Jg. 1979 (gebunden), 297, 299, 201 f.
Scheffczyk, Leo: Sünde, in: Handbuch theologischer Grundbegriffe IV, dtv WR 4085, München 1970 (v. Hg. durchges. u. erg.) S. 167.
Schmidt, Werner H.: Einführung in das Alte Testament, Berlin / New York (erw.) ⁵1995.
Schneider-Flume, Gunda: »Entsprechungsdenken« und Sündenerkenntnis. Die Auswirkung der Methode der Korrelation auf das Sündenverständnis in der Systematischen Theologie Paul Tillichs, in: ZthK 76 / 1979, S. 491–495, 501, 505, 507, 509, 512 f.
Schneider-Flume, Gunda: Grundkurs Dogmatik. Nachdenken über Gottes Geschichte, Göttingen 2004.
Schneider-Flume, Gunda: Sünde 3. Dogmatisch, in: EKL IV, Göttingen ³1996, Sp. 568, 570, 571.
Schnelle, Udo: Neutestamentliche Exegese, UTB 1253, Göttingen (völlig neubearb.) ⁵2000.
Sparn, Walter: Supranaturalismus, in: Wörterbuch des Christentums, Zürich 1988, S. 1210 f.
Ulfig, Alexander: Lexikon der philosophischen Begriffe, Frankfurt 1992 (erw. Neuausg.), S. 134.
Wolff, Hans Walter: Anthropologie des Altes Testaments, München 1973.

Nachweis der Abbildungen und Bildtexte

S. 59, Käthe Kollwitz, Nachdenkende Frau, 1920, Bild in: Evangelisches Gesangbuch, Ausgabe für Bayern und Thüringen, 2. Auflg. 1995, S. 436. – Text von d. Verf.

S. 118, Jan Bruegel d. J., Paradies, Bild und Text in: Wörterbuch der Analytischen Psychologie, Düsseldorf / Zürich 2003, S. 68.

Umschlag und S. 129, Edvard Munch, Der Schrei, 1895, Titelbild von: Kierkegaard, Søren: Der Begriff Angst, Reclam 8792, Stuttgart 2003. Text nach: Drewermann, Eugen: Das Markusevangelium. Bilder von Erlösung I. Mk 1,1 bis 9,13, Olten / Freiburg i. B. [7]1991, S. 218.

S. 143, Ernst Barlach, Das Wiedersehen, 1926. Bild aus: https://upload.wikimedia.org/wikipedia/commons/8/87/Ernst_Barlach_Das_Wiedersehen_1926_Mahagoni-3.jpg, 14.09.2016. Text d. Verf.

S. 171, Christusskulptur am Haus der christlichen Buchhandlung in Nürnberg, Hans-Sachs-Gasse 12. Foto und Text d. Verf.